U0794284

轨道交通检修运维关键技术创新丛书

地铁车辆段工艺设计

肖瑞金 ◎ 编著

西南交通大学出版社
·成 都·

内容提要

本书基于《地铁设计规范》GB 50157，从地铁车辆检修制度、车辆段功能、车辆段组成、车辆段规模计算、线路功能、总平面布置、单体设计、工艺设备等多方面，系统的介绍了地铁车辆段的工艺设计。书中理论联系实际，采用了大量设计案例和照片，图文并茂，具有较高的实用价值。

本书可作为从事城市轨道交通车辆段设计人员、车辆段运营管理人员的参考书，也可以作为大专院校相关专业的教学参考书。

图书在版编目（CIP）数据

地铁车辆段工艺设计 / 肖瑞金编著. —成都：西南交通大学出版社，2023.1
ISBN 978-7-5643-8297-1

Ⅰ. ①地… Ⅱ. ①肖… Ⅲ. ①地下铁路－车辆段－设计－研究 Ⅳ. ①U231.4

中国版本图书馆 CIP 数据核字（2021）第 206603 号

Ditie Cheliangduan Gongyi Sheji
地铁车辆段工艺设计

肖瑞金 / 编　著

责任编辑 / 宋浩田
封面设计 / 何东琳设计工作室

西南交通大学出版社出版发行
（四川省成都市金牛区二环路北一段 111 号西南交通大学创新大厦 21 楼　610031）
发行部电话：028-87600564　028-87600533
网址：http://www.xnjdcbs.com
印刷：成都勤德印务有限公司

成品尺寸　185 mm × 260 mm
印张　14　　字数　348 千
版次　2021 年 10 月第 1 版　　印次　2023 年 1 月第 2 次

书号　ISBN 978-7-5643-8297-1
定价　39.80 元

课件咨询电话：028-81435775
图书如有印装质量问题　本社负责退换

前　言

地铁车辆段是地铁系统重要的组成部分，用于地铁列车的停放和维修。车辆段的建设由设计开始，一个好的车辆段设计，首先要有好的工艺设计，从对厂房要求、设备选择、管线敷设到轨道铺设，最终目的都是要满足工艺的要求，工艺设计是面向最终生产需要的，而其他专业的设计应满足工艺设计的要求。

本书从工艺设计的角度介绍了地铁车辆段的设计原理和方法，书中理论联系实际，引用了大量设计案例，具有简明扼要、图文并茂、实用性强的特点，适合车辆段设计人员、车辆段运营管理人员阅读，也可以作为大专院校相关专业的教学参考书。

由于编著者水平有限，书中难免有不妥之处，敬请读者予以批评指正。

编著者

2021 年 10 月

目　录

1 概　述

1.1 世界地铁简史

世界上第一条地铁线路为英国伦敦的大都会线（Metropolitian Line），见图 1.1-1 所示，该线于 1863 年 1 月 10 日通车，是世界上最早开通的地铁线路，长约 6.5 km，由于当时电力尚未普及，所以即使是地下铁路也只能使用蒸汽机车来提供牵引动力，见图 1.1-2。

1890 年，第一条由电力机车作为牵引动力的线路 City & South London Railways（如今伦敦地铁北线一部分）建成，长约 5.2 km，这也是世界上第一条电气化铁路，见图 1.1-3。

图 1.1-1　1863 年伦敦地铁列车

图 1.1-2　伦敦地铁的蒸汽列车

图 1.1-3　第一条电气化铁路

1.2 中国地铁简史

1965 年 7 月 1 日，北京地下铁道一期工程正式开工，1969 年 10 月 1 日建成并开始试运营，线路全长 23.6 km，设有 16 座车站和 1 座地面车辆段——古城车辆段。北京地铁一期工程线路于 1981 年 9 月 15 日开始正式运营。

图 1.2-1 为中国第一组 DK1 型地铁电动客车，该电动客车由长春客车厂于 1967 年为北京地铁制造，共制造 2 辆，由于限界的原因，没有上线行驶。

DK2 型地铁电动客车是长春客车厂在 DK1 型地铁电动客车的基础上于 1969 年制成的，见图 1.2-2，该车于 1969 年制造 75 辆，1970 年制造 5 辆，共制造了 80 辆。

图 1.2-1　DK1 型地铁电动客车

图 1.2-2　DK2 型地铁电动客车

1.3 中国第一座地铁车辆段

北京地铁筹建时，在古城设有机务营（今古城车辆段），占地 16 公顷（1 公顷=10 000 m^2）。1969 年 10 月 1 日，中国第一列地铁列车就是从这里驶出的，见图 1.3-1。古城车辆段设有 38 股道供列车停放、检修用，另有一条试车线、一条连接地面铁路的专用线、一条供列车调头的环形线。古城车辆段承担北京地铁 1 号线车辆的架修、定修任务。

图 1.3-1　北京地铁古城车辆段

1.4　地铁

地铁是在城市中修建的快速、大运量、用电力牵引的轨道交通。列车在全封闭的线路上运行，位于城区的线路基本设在地下隧道内，城区以外的线路一般设在高架桥或地面上。

1.5　地铁车辆种类

在《城市轨道交通分类》（T/CAMET 00001-2020）中，地铁系统的车辆类型分为 A 型车、As 型车、B 型车和 Lb 型车，其中几种车型见图 1.5-1 ~ 图 1.5-5。

图 1.5-1　地铁 A 型车

图 1.5-3　地铁 B2 型车

图 1.5-2　地铁 B1 型车

图 1.5-4　地铁 Lb 型车

图 1.5-5　地铁 As 型车

表 1.5-1 为各类型车辆的主要技术规格。

还有一种车型是杭州地铁使用的 Ah 型车辆，该车型集合了 A 型、B 型车的特点，见图 1.5-6。

表 1.5-1　各类型车辆主要技术规格表

项目名称			A 型车	B 型车	Lb 型车
供电电压/V			DC 750、DC 1 500		
受电方式			接触网、接触轨		
车辆驱动特征			钢轮/钢轨		
			旋转电机		直线电机
车轴数			四轴	四轴	四轴
车辆轴重/t			≤16	≤14	≤13
车厢基本长度/m	单司机室车厢		23.6（24.4）	19（19.55）	17.2
	无司机室车厢		22.0（22.8）	19（19.55）	16.84
车辆基本宽度/m			3.0	2.8	2.8
车辆高度/m	受流器车	有空调	3.8	3.8	≤3.625
		无空调	3.6	3.6	—
	受电弓车（落弓高度）		3.81	3.81	3.56
	受电弓工作高度		3.9～5.6	3.9～5.6	—
车内净高/m			2.10～2.15	2.10～2.15	≥2.1
地板面高度/m			1.13	1.10	0.93
转向架中心矩			15.7	12.6	11.14
固定轴距/m			2.2～2.5	2.2～2.3	1.9～2.0
车轮直径			Φ840		Φ660～Φ730
车门数			5	4	3
定员/人	单司机室车厢		310（超员 432）	230（超员 327）	217
	座席		56	36	28
	无司机室车厢		310（超员 432）	250（超员 352）	242
	座席		56	46	32
车辆最高速度/（km/h）			80～100	80～100	90
启动平均加速度（0～35 km/h）/（m/s²）			0.8～1.0		0.95～1.0
常用制动减速度/（m/s²）			1.0		≥1.0
紧急制动减速度/（m/s²）			1.2		≥1.3

图 1.5-6　地铁 Ah 型车

表 1.5-2 为 Ah 型车辆的主要技术规格。

表 1.5-2　Ah 型车辆主要技术规格表

供电电压/V		DC 1 500
受电方式		接触网受电弓
车体长度/mm		19 520
受电弓落弓时距轨顶面的高度/mm		≤3 810
车体最大宽度/mm		3 080
车辆转向架中心距/mm		12 600
固定轴距/mm		2 300
客室地板面距走行轨顶面高度/mm		1 100
车轮直径/mm		Φ840
载客能力/人	Tc 车	257
	Mp/M 车	275
最高运行速度/（km/h）		80
平均加速度/（m/s^2）	（0～40 km/h）	≥1.0
	（0～80 km/h）	≥0.6
最大常用制动（80～0 km/h）/（m/s^2）		≥1.0
紧急制动（80～0 km/h）/（m/s^2）		≥1.2

1.6　地铁车辆段和停车场

地铁车辆段是供地铁列车停放，承担列车运用管理、整备保养、检查和承担车辆各级修程检修任务的基本生产单位。

地铁停车场是停放配属列车，承担列车的运用管理、整备保养、检查的基本生产单位。

车辆段通常由检修工厂和停车场组成，车辆按各级修程在工厂内进行修理，停车场只对列车进行日常检查。

作为地铁系统的重要组成部分，车辆段具备以下基本功能。

（1）列车停放及日常保养功能：包括地铁列车的停放和管理，司乘人员每日出、退勤前的技术交接，对运用列车的日常维修保养及一般性临时故障的处理，列车内、外部的清扫、洗刷及定期消毒等。

（2）车辆检修功能：依据地铁车辆的检修制度，定期完成对地铁车辆的计划性修理（包括定修、架修和大修）。

（3）列车救援功能：列车发生事故（如脱轨、颠覆）或接触网中断供电时，能迅速出动救援设备起复车辆，将列车牵引至临近车站或地铁车辆段，并排除线路故障，恢复行车秩序。

（4）综合维修功能：对地铁各系统，包括供电、环控、通信、信号、防灾报警、自动售检票、给排水、自动扶梯等机电设备和房屋建筑、轨道、隧道、桥梁、车站等建构筑物进行维护、保养和检修等。

（5）材料供应功能：负责地铁系统在运营过程中所需的各种材料、设备器材、备品备件、劳保用品以及承担其他非生产性固定资产的采购、储存、保管和供应工作。

（6）技术培训功能：负责对地铁系统的工人和技术人员进行技术培训。

（7）办公综合功能：负责提供工作人员的办公场所以及食堂、公寓、文体活动场所。

地铁车辆段属于铁路工厂类型，供地铁列车行驶的轨道是主要的设施，库内外轨道所占的面积占整个车辆段面积的60%以上，车辆维修的大部分工艺流程都是在轨道上完成的。

车辆段和停车场按其功能可分为四类：大架修车辆段、定修车辆段、停车场和辅助停车场。

大架修车辆段承担车辆的大架修修程及以下修程的工作，是功能最全的车辆段，通常每3条线路或每 100 ~ 120 km 长度的线路便设置一座大架修车辆段；定修车辆段承担车辆定修修程及以下修程的工作，在不设大架修车辆段的每条线路上设置一座定修车辆段；当车辆段距线路端部超过 20 km 时，可以增设一座停车场，停车场只承担车辆的周月检等的检查工作；当同一条线路设置 3 座以上车辆段和停车场时，其中一座停车场可设置为辅助停车场，只承担列车的停放和列检工作。

图 1.6-1 ~ 图 1.6-4 为各类型车辆段、停车场的平面布置示意图。

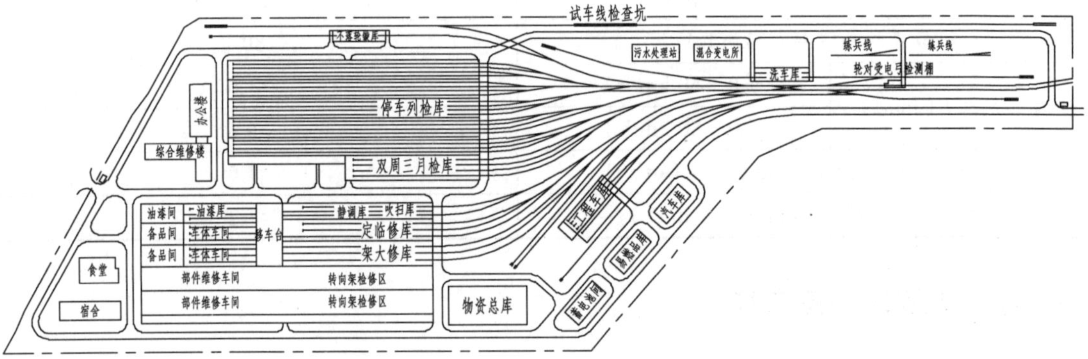

图 1.6-1　大架修车辆段平面布置示意图

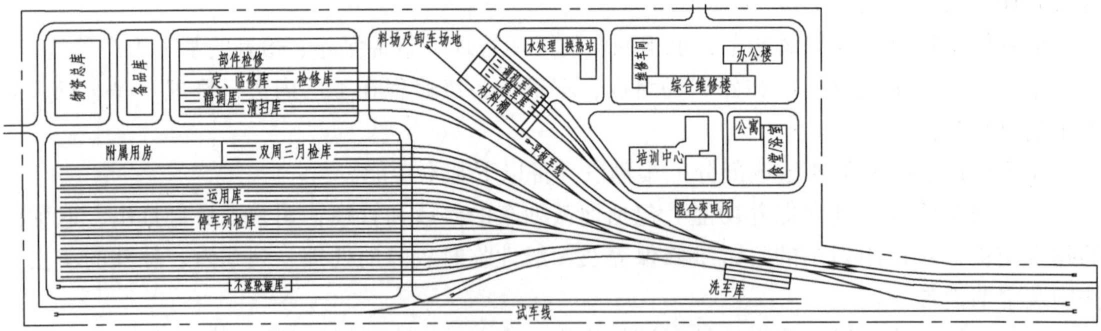

图 1.6-2　定修车辆段平面布置示意图

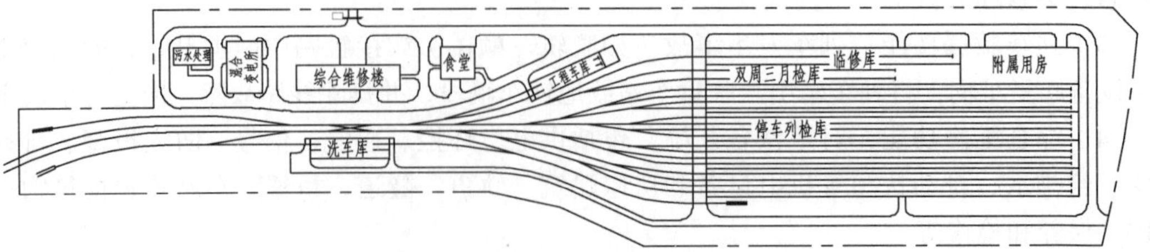

图 1.6-3　停车场平面布置示意图

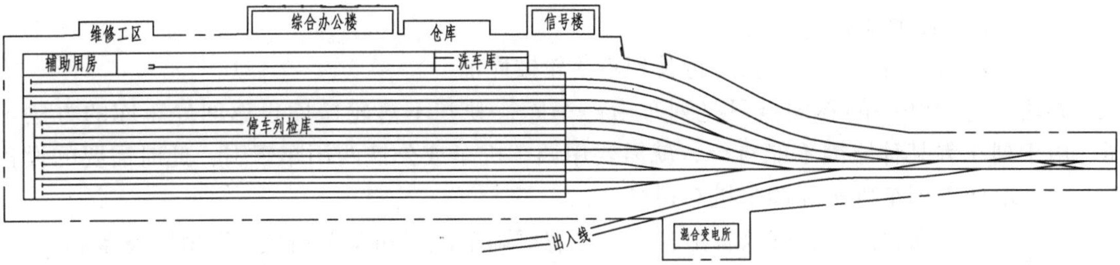

图 1.6-4　辅助停车场平面布置示意图

1.7　地铁车辆维修工艺

1.7.1　工艺

工艺是指劳动者利用各类生产工具和设备对各种原材料、半成品进行加工或处理，最终使之成为成品的方法与过程。制定工艺的原则是技术上的先进和经济上的合理。好的生产工艺是生产低成本、高质量产品的前提和保证。

一个好的车辆段设计，首先要有好的工艺设计，不管是对厂房要求、设备选择、管线敷设还是轨道铺设，最终的目的都是满足工艺的要求。因此，在车辆段的设计阶段，工艺专业除了做好本专业的设计之外，还应向其他相关专业提出必要的设计资料和要求，作为这些专业的设计依据。工艺设计是车辆段设计的主要环节，是决定全局的关键，工艺专业设计是面向最终生产需要的，而其他专业的设计应满足工艺专业设计的要求。

工艺专业设计人员的一个主要工作就是在工艺设计基本稳定后，向相关专业以文件的形式提出设计资料，供建筑、结构、电力、给排水等众多专业设计参考之用。

对于地铁车辆段，工艺主要是指地铁车辆的维修工艺，工艺的实现需要通过以下因素来保证，即设施、设备、材料、动力、人力和时间。

设施包括车辆的维修设备、建构筑物、厂房、轨道等，设备包括起重机、架车机、洗车机、各种机床等。对于车辆段这种机械修理厂而言，很少有对原材料加工的生产过程，因此从广义上讲，材料主要为车辆的各类零部件。动力包括电力、压缩空气、燃油等，人力包括各种生产、管理和后勤人员，而每个修程和流程的完成都有一定的时间要求。

工艺的实现需要一个过程，这个过程通常通过工艺过程图表示，工艺设计就是为每一个工艺过程设计设施、设备、动力、人力和时间。

以车辆轮对不落轮镟修为例，列车的工艺流程为：停车库→不落轮镟库→轮对镟修→停车库。

工艺流程被编制出来之后，就要设计实现工艺流程的方法。

实现上述工艺流程的方法可以不同，不同的方法需要的设施、设备等也是不同的。

方法一：列车由停车库自行行驶到不落轮镟库前。

该方法需要的设施有停车库、连接停车库和不落轮镟库的轨道、向列车供电的接触网或接触轨、不落轮镟库；需要的设备有公铁两用车、不落轮镟床、起重机等；需要的动力有列车牵引电源、设备动力和照明电源、压缩空气、公铁两用车燃油等；需要的人力包括列车司机、公铁两用车司机、不落轮镟床操作人员等；需要的时间根据工作量制定，一般此流程所需时间按 1 d 的标准计算。

方法二：列车由停车库非自行行驶到不落轮镟库前。

方法二与方法一的不同点只是列车由停车库行驶到不落轮镟库再返回停车库的方法不同。由于列车因某种原因不能自行，就需要用调车机车或公铁两用车牵引，此时需要的设备和人力就增加了调车机车和调车机车司机。

比较方法一和方法二，可以看出，方法二需要调车机车和调车司机，即增加设备和人力，还要增加时间，由于不论列车是否自行，接触网或接触轨都是存在的，因此方法一优于方法二。

上述例子说明，实现同一工艺流程的方法是不同的，不是唯一的，作为设计人员应设计出最省时、省力、省工的工艺流程。

1.7.2　工艺提资

车辆段在地铁系统中是一个相对独立的子系统，涉及有工艺、车辆、行车、站场、轨道、建筑、结构、牵引供电、动力照明、给排水、通风采暖、信号、通信等近 30 个专业，作为“龙头”的工艺专业，是车辆段设计的起始专业，与其他专业有着明显的上下序关系，也是互相配合和互相制约的关系。工艺专业需要给各专业“提资”，也就是工艺要求，首先就是向站场线路专业提资，以便稳定车辆段总图布置。给站场线路专业的资料是在明确车辆段功能定位的基础上，根据行车资料、车辆资料、设计规范等计算出的车辆段的规模和各工艺轨道长度、线路的电化要求、各运用检修库房的基本尺寸等。

工艺专业向站场专业提资可分为图纸和文字两部分，见图 1.7-1。

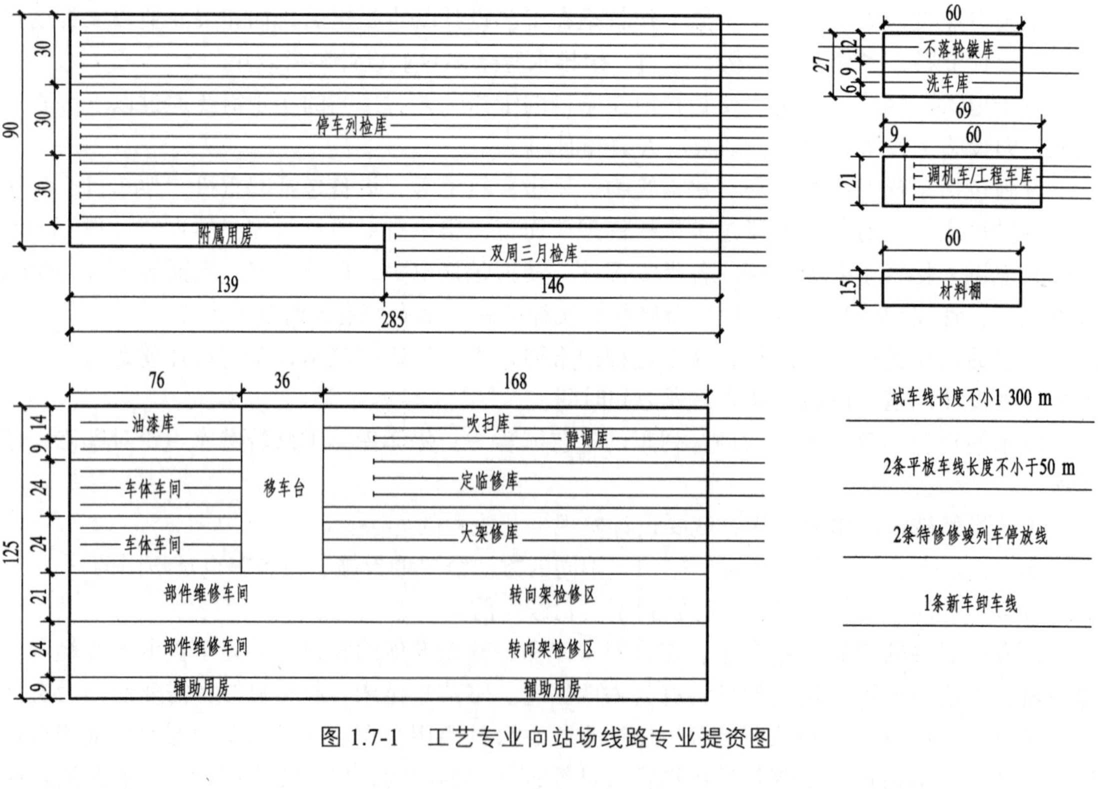

图 1.7-1　工艺专业向站场线路专业提资图

互提资料通知单

V0/6　　　　编号：QR-43-施设（艺）

项目名称	××地铁二号线工程×××车辆段		
工程号	200106		
提出时间	2015 年 1 月 12 日	项目负责人	
提出专业	工　艺	接收专业	建筑、结构
×××车辆段易燃品库土建资料 1．易燃品库平面布置详见附图。 2．各房间门宽 1.5 m，门向外开，门扇下设百叶通风，后窗为高窗。 3．室内净高 3.6 m，地面为混凝土地面。 4．设实体围墙，高度不小于 2.2 m，防火间距由建筑专业确定。 5．围墙大门净宽不小于 3.2 m。 6．设雨棚，用于放置灭火器材，棚高 2.5 m。 7．沥青混凝土地面			
设计人		专业负责人或校核人	
签收			

2

地铁车辆的检修制度

地铁车辆是机电一体化的产品，地铁车辆的维修成本较高，约占整个地铁维修成本的40%，建立经济合理、切实可行的车辆检修制度，对确保车辆安全运行、降低运营成本和延长车辆寿命有十分重要的意义。因此，应以最小的设施规模（包括占地规模、机械设备数量等）与最少的检修人员发挥最大的检修效能；充分研究并采用先进的检修工艺，尽可能地缩短车辆停修时间，有效提高车辆周转率，从而达到减少列车配属数量、减少检修设施规模、降低运营和维修成本的目的。

各种机电设备在使用过程中，其零部件会逐渐磨耗、腐蚀和损伤，为使设备经常处于质量良好的状态，确保设备使用安全并延长其使用寿命，必须对设备进行各种检查和修理。地铁列车属于高度先进的机电一体化设备，也需要各种检查和修理。

对于机电设备的维修，国际上通行两种检修制度，即计划预防修理制度和技术状态修理制度。

计划预防修理制度是我国企业从20世纪50年代开始从苏联引进并普遍推行的一种制度，即首先摸清设备主要零部件的损伤规律，然后确定其使用期限，再在此基础上确定合理的检修循环结构和检修周期，使设备的零部件在使用中产生的损伤尚未达到极限时，就能加以修复。

技术状态修理制度是在设备工作寿命期内，利用先进的状态监测和诊断技术，按照规定的状态值监察设备的运行参数，只要设备运行参数在规定的状态限界值以内，就一律不予检修。当运行参数超出规定的状态限界值时，就按照规定工艺进行检修，使其恢复到规定的状态值后继续使用，设备达到有效使用寿命期后，则予以更新。这种修理制度在保证设备安全前提下，能充分发挥设备的内在潜力，将检修工作量减小到最低限度。

目前，我国地铁车辆的维修采用的是计划预防修理制度，按修理内容的不同分为定期检修和日常维修两类。

定期检修是指对运用中的车辆，每隔一定时间周期进行一次具有一定内容的检修工作。定期检修能有计划地使车辆恢复运用功能，保持良好的技术状态，并保证在下一个定期检修以前，不出现重大故障。地铁车辆定期检修修程分为大（厂）修、架修和定修三种。

车辆日常维修可以保证车辆在运用中有良好的技术状态，防止事故发生，确保行车安全，地铁车辆日常维修包括三月检、双周检和列检。

2.1　地铁车辆检修制度

地铁车辆检修制度（以下简称车辆检修制度）是地铁车辆段设计和列车运营的重要依据，也是车辆制造的重要依据。对于设计单位，车辆检修制度是计算配属列车数量和计算车辆段规模的重要依据；对于车辆使用单位，车辆检修制度是编制车辆检修计划、劳动力组织和设备使用计划、材料备品订购计划等的重要依据；对于车辆检修制度的提出者，车辆制造单位依据车辆检修制度制造、采购车辆零部件、规定各种零部件的设计使用寿命、编制车辆检修工艺。

2.2　车辆检修制度的表现形式

检修制度主要包含车辆的修程、检修周期以及检修内容三个基本要素。这三个基本要素一般由车辆制造厂提供基础数据，而作为运营企业，应根据车辆的运用情况在此数据的基础上进行修正，在保证安全性、准确性的基础上实现更高的经济效益。

车辆的技术水平对车辆维修制度的确定有着重要的影响，对于不同技术水平的车辆，其修程、内容和检修周期有所不同。

地铁车辆采用的是计划预防修检修制度，通常以表格形式表示，表格的组成内容包括 6 部分:（1）表格名称,（2）检修类别,（3）检修修程（种类),（4）检修周期,（5）检修时间和（6）备注。

以《地铁设计规范》(GB 50157—2013) 规定的车辆检修制度为例（见表 2.2-1)，对各部分说明如下。

表 2.2-1　车辆检修修程和检修周期表

类别	检修修程	日常维修和定期检修周期指标		检修时间/d
		走行里程/万千米	时间间隔	
定期检修	大修	120	10 年	35
	架修	60	5 年	20
	定修	15	1.25 年	7
日常维修	三月检	3	3 月	2
	双周检	0.5	0.5 月	0.5
	列检	—	每天或两天	—

注：1. 表中检修时间按部件互换修确定。
2. 设计中的检修周期，应采用年走行公里指标。
3. 可行性研究报告阶段可采用时间间隔指标。

《地铁设计规范》(GB 50157—2013) 规定的车辆检修制度的名称为“车辆检修修程和检修周期”；检修类别分为“定期检修”和“日常维修”；检修修程分为“大修”“架修”“定修”“三月检”“双周检”“列检”；检修周期依据“走行里程”和“时间间隔”；检修时间表示的是停修时间；备注有 3 条，说明检修制度的使用条件。

2.3　地铁车辆检修制度分析

我国地铁车辆主要有 A 型车和 B 型车，但各城市的地铁系统采用的车辆检修制度并不完全相同，大致分为国家标准车辆检修制度和地方标准车辆检修制度，地方标准车辆检修制度主要是各地方地铁运营单位在国家标准基础上，因地制宜地结合车辆运营、检修经验得出的检修制度与标准。

2.3.1　国家标准地铁设计规范规定的车辆检修制度

自 1992 年以来，国家标准地铁设计规范有过 3 个版本。

2.3.1.1　《地下铁道设计规范》(GB 50157—1992）规定的车辆检修制度

《地下铁道设计规范》(GB 50157—1992) 只提及了检修制度中的检修类别为“技术检查”“月修”“定修”“架修”“临修”“厂修”，没有规定检修周期和检修时间。

2.3.1.2 《地铁设计规范》（GB 50157—2003）规定的车辆检修制度

《地铁设计规范》（GB 50157—2003）规定的车辆检修制度见表 2.3-1。

表 2.3-1 车辆日常维修和定期检修周期表

类别	检修种类	检修周期		检修时间/d
		里程/万千米	时间	
定期检修	厂修	100～120	10～12 年	35/32
	架修	50～60	5～6 年	20/18
	定修	12.5～15	1.5 年	8/6
日常维修	月检	—	1 月	2/2
	列检	—	每天或双日	—

注：1. 表中分子为近期天数，分母为远期天数。
2. 表中检修时间是按部件互换修确定的。

2.3.1.3 《地铁设计规范》（GB 50157—2013）规定的车辆检修制度

《地铁设计规范》（GB 50157—2013）规定的车辆检修制度见表 2.3-2。

表 2.3-2 车辆检修修程和检修周期表

类别	检修修程	日常维修和定期检修周期指标		检修时间/d
		走行里程/万千米	时间间隔	
定期检修	大修	120	10 年	35
	架修	60	5 年	20
	定修	15	1.25 年	7
日常维修	三月检	3	3 月	2
	双周检	0.5	0.5 月	0.5
	列检	—	每天或两天	—

注：1. 表中检修时间按部件互换修确定。
2. 设计中的检修周期，应采用年走行公里指标。
3. 可行性研究报告阶段可采用时间间隔指标。

2.3.2 北京市地方标准规定的车辆检修制度

北京市《轨道交通工程设计规范》（DB11/995—2013）规定的车辆检修制度见表 2.3-3。

表 2.3-3 车辆定检标准表

检修种类	检修周期		检修时间/d（停修/库停）	备 注
	里程/万千米	时间		
厂修	150～160	15～16 年	70/60	车辆厂
架修	37.5～40	3～4 年	24/17	架修车辆段
月检	2	2 个月	1/1	车辆段、停车场
列检	—	每天或双日	—	车辆段、停车场

2.3.3 上海市地方标准规定的车辆检修制度

上海市《城市轨道交通设计规范》（DGJ08-109—2017）规定的车辆检修制度见表 2.3-4。

表 2.3-4 车辆日常维修和定期检修周期表

类别	检修周期		检修时间	
	走行制/万千米	时间制	休时/d	库停/d
大修	150	10 年	40	34
架修	75	5 年	25	19
定修	15	1 年	10	8
双月检	2.5	2 月	1.5	1.5
双周检	0.625	2 周	0.5	0.5
列检	当日运用车			

2.3.4 其他城市的地方标准规定的车辆检修制度

其他城市的地方标准中车辆检修制度与地铁设计规范基本相同，例如《浙江省城市轨道交通设计规范》（DB33/T1146—2018）规定的车辆检修制度即与国家标准规定的车辆检修制度相同。

《浙江省城市轨道交通设计规范》（DB33/T1146—2018）规定的车辆检修制度见表 2.3-5。

表 2.3-5 车辆日常维修和定期检修周期表

类别	检修修程	检修周期指标		检修时间/d
		走行里程/万千米	时间间隔	
定期检修	大修	120	10 年	35
	架修	60	5 年	20
	定修	15	1.25 年	7
日常维修	三月检	3	3 月	2
	双周检	0.5	0.5 月	0.5
	列检	—	每天或两天	—

注：1. 表中检修时间按部件互换修确定。
2. 设计中的检修周期，应采用年走行里程指标。
3. 可行性研究报告阶段可采用时间间隔指标。

2.3.5 京港地铁车辆检修制度

港铁在北京地铁 4 号线采用的车辆检修制度见表 2.3-6。

表 2.3-6 港铁在北京地铁 4 号线采用的车辆检修制度

检修修程	检修周期/（$\times 10^4$ km）	停修时间/d
厂修（半寿命周期）	160	45
架修	40	14
B 列检	1.5	1
A 列检	0.5	0.5

2.4 车辆检修制度比较

不同制式的地铁车辆采用的车辆检修制度是不同的，即使是相同制式的地铁车辆，不同的城市采用的车辆检修制度也有所不同。在此仅对具有代表性的国家标准、北京地方标准规定的车辆检修制度进行比较。

车辆检修制度优劣的判定有 3 个指标，即车辆寿命周期内的使用率、车辆寿命周期内的维修费用和根据检修制度计算的检修设施的规模。

影响上述 3 个指标的因素主要有：修程数量、定检里程、定检时间、停修时间、库停时间、日走行公里等，见表 2.4-1。

表 2.4-1　各种因素对车辆使用率、维修费用和检修设施规模影响

序号	因素	说明	影响		
			使用率	维修费用	检修设施规模
1	修程类型	修程的种类	√	√	√
2	修程数量	修程的数量	√	√	√
3	定检里程	进入各修程的行驶公里	√		
4	定检时间	进入各修程的使用时间	√		
5	停修时间	退出运营的时间	√		
6	库停时间	在检修库内的时间			√

国家标准《地铁设计规范》和北京市地方标准《轨道交通工程设计规范》各项指标的对比见表 2.4-2。

表 2.4-2　车辆检修制度对比表

序号	修程	指标	《地铁设计规范》	北京市《轨道交通工程设计规范》
1	大修	定检里程/km	1.2×10^6	$1.5\sim1.6\times10^6$
		定检时间/年	10	15～16
		停修时间/d	35	70
		库停时间/d	35	60
		30 年次数	2	1
2	架修	定检里程/km	6×10^5	$3.75\times10^5\sim4\times10^5$
		定检时间/年	5	3～4
		停修时间/d	20	24
		库停时间/d	20	17
		30 年次数	3	6
3	定修	定检里程/km	1.5×10^5	—
		定检时间/年	1.25	—
		停修时间/d	7	—
		库停时间/d	7	—
		30 年次数	18	—

续表

序号	修程	指标	《地铁设计规范》	北京市《轨道交通工程设计规范》
4	月检	定检里程/km	3×10^5	2×10^4
		定检时间/月	3	2
		停修时间/d	2	1
		库停时间/d	—	1
		30年次数	97	173
5	周检	定检里程/km	0.5×10^4	—
		定检时间/月	0.5	—
		停修时间/d	0.5	—
		库停时间/d	—	—
		30年次数	600	—
6	列检	定检时间	每天或两天	每天或两天
7	修程数量		6	4
8	架车次数		5	7
9	30年检修天数		750	387
10	车辆时间利用率		93.15%	96.47%
11	30年大、架、定修费用		230%购置费	160%购置费

表2.4-2的对比结果说明：

（1）检修时间不含库停时间时，库停时间与停修时间相同。

（2）根据《地铁车辆通用技术条件》（GB/T 7928—2003），地铁车辆使用寿命周期为30年。

（3）车辆寿命周期维修费只计大修、架修和定修费用，车辆大修费用按购置费的40%、架修费用按购置费的20%、定修费用按购置费的5%计算。

从表2.4-2中两种检修制度对比来看，北京市地方标准规定的车辆检修制度相对来说较好。

2.5 车辆检修制度的编制

合理的地铁车辆检修制度不仅可以用来指导车辆的设计、使用和车辆段的设计，而且还能带来较大的经济效益。

车辆检修制度的编制建议如下。

2.5.1 表格名称

各城市地铁设计规范规定的车辆检修制度的表格名称并不一致，比如“车辆检修修程和检修周期”“车辆定检标准”“车辆日常维修和定期检修周期表”，但名称反映的内容比较片面，没有反映表格内的全部内容，应统一为“车辆检修制度表”。

2.5.2 检修类别

检修类别可分为“定期检修”和“日常维修”，定修以上（含定修）的修程为定期检修，周月检和列检为日常维修。

2.5.3 检修周期

“定检周期”意为“规定的各检修修程的周期”。定检周期由“定检时间间隔”和“定检行驶里程”组成。

“定检时间间隔”和“定检行驶里程”的选择有 4 点需要注意。

（1）检修周期中的“走行里程”“时间间隔”上、下修程之间的数值应为倍数关系。

（2）“定检时间间隔”和“定检行驶里程”指标一定要相匹配，即定检时间和定检公里应同时达到。可将列车的日走行千米指标稍做提高，使其稍高于设计计算值和实际运用值，其目的是进入各修程的指标只由时间控制，这样对于使用单位是非常有利的，可以方便地安排车辆的检修。

（3）对于最高运行速度不同的车辆，定检里程应规定不同的数值。

（4）“定检时间间隔”和“定检行驶里程”不应是范围值，避免对计算取值造成困难。

2.5.4 检修时间

检修时间分为停修时间和库停时间：停修时间是从列车退出运营开始，进入修理状态直到重新投入运营的时间段，用以计算每日需要检修的列车数量；库停时间是车辆进入检修库，并占用检修台位的时间，用来计算检修设施的规模，两者不可互相代替。

2.5.5 备注

检修制度的实现通常是有条件的，因为采用互换修和现车修所需的检修时间是不同的。备注中应规定检修制度和检修制度中各项指标的使用条件。

2.6 车辆修程

地铁车辆在复杂的运用条件下，经过一段时间运行后，不可避免会出现一定程度的损伤，具体可表现为各零部件会发生不同程度的自然磨耗、腐蚀、损伤、松旷、变形或物理化学变化，电气装置会出现电磨损或绝缘老化。为更好地保障车辆的正常运用，把故障率降到最低，使车辆在运行中可靠地发挥其作用，确保行车安全并延长车辆使用寿命，除了提高车辆本身的可靠性，加强车辆运用操作的规范性、准确性外，有计划性地定期对车辆进行全面维护保养也是保证其运行可靠性的必要条件，修程是根据车辆技术状态和寿命周期所确定的车辆检查、修理的等级。

根据地铁设计规范的规定，地铁车辆的修程分为大修、架修、定修、三月检、双周检和列检 6 种。

（1）大修：对车辆包括车体在内的零部件进行全面的分解、检修，对部分系统进行全面的更换，对车辆各系统进行全面检测、调试和试验，使修理后的车辆接近新造车的水平。

大修一般在车辆修理工厂进行，必要时可以在有条件的车辆段进行。

当采用架大修分修制时，车辆要返厂或送到专门设置的车辆大修厂进行大修，此时大修又称作“厂修”。

（2）架修：对车辆重要部件如转向架、电机等进行全面的分解、检修并更换部分部件，对车辆各系统进行全面检测、调试和试验。

车辆的架修在车辆段进行。

（3）定修：对车辆的各系统进行状态检查和测试，对各部件进行全面检查、清洁、润滑以及对部分部件进行修理。

车辆的定修在车辆段进行。

（4）三月检：对列车进行全面、细致检查，更换接近使用限度的易损、易耗件，并对主要部件的技术状态进行检查、测试和保养。

（5）双周检：对主要部件的运用状态进行技术标准检查。

（6）列检：车辆外观检查和有电功能检查。

临修：临修不属于定期检修，是超计划的检修。临修由两类检修工作组成，一是超越计划修程规定的范围或成本的检修工作；二是正线运营列车非正常下线产生的检修工作。

对于第一类临修，通常定修以下的修程会产生临修，架修修程不会产生临修。

地铁车辆段工艺设计(初稿)增加内容如下：

2.7　地铁车辆的检修制式

2.7.1　大修架修分修制和合修制

地铁车辆的检修制式有两种，一种是大修架修分修制，另一种是大修架修合修制。

大修架修分修制是指修建专门的车辆大修厂或利用车辆制造厂，承担线网所有线路配属车辆的大修任务。车辆的架修、定修及其以下的修理工作，由各条线的车辆段承担。

大修架修合修制是指不设专门的车辆大修厂或不利用车辆制造厂，车辆的大修和架修都在地铁系统设置的各车辆段内进行。

在《地铁设计规范》（GB 50157—2013）中，“27.2.6 车辆段内设备的大修宜就近委托专业工厂承担。有条件时，车辆的大修也可委托地铁车辆制造厂或修理厂承担。”，“27.2.6 条文说明 为避免设备投资过大并保证设备的大修质量，设备的大修应尽可能外委相关的专业工厂承担。至于车辆的大修则应进行具体分析。目前我国已有几家车辆工厂能够生产地铁车辆，并提供国内城市地铁车辆，有条件时，利用地铁车辆制造厂的设备能力完成地铁车辆的大修任务是最佳选择。此外，随着地铁建设的发展，有的城市已有地铁线路数百千米，拥有上千辆地铁车辆，城市轨道交通线路成网后车辆数量还会更多，根据所在城市的技术水平和力量，组建本市地铁车辆修理厂完成本市地铁车辆的大修任务也是发展方向之一。”

上述条文和条文说明中所说的“有条件时，车辆的大修也可委托地铁车辆制造厂或修理厂承担”“利用地铁车辆制造厂的设备能力完成地铁车辆的大修任务”和“组建本市地铁车辆修理厂完成本市地铁车辆的大修任务”，即是所谓的“大修架修分修制”，并指出“是最佳选择”和“是发展方向之一”。

现行地铁设计规范车辆基地部分是以大修架修合修制为基础编写的，大部分城市的线网规划中的车辆基地也是按大修架修合修制规划确定的。

前苏联地铁采用的是大修架修分修制；在国内的城市中，北京地铁采用的是大修架修分修制，建有地铁车辆大修厂；长春地铁利用长春客车厂的资源承担地铁车辆的大修，是与北京不同的大修架修分修制的另一种方式。

2.7.2 大修架修分修制和合修制比较

对于采用大修架修分修制的地铁系统，整个城市的轨道交通（不仅是地铁交通系统）车辆的检修系统可根据轨道交通线网规划的线路长度，建设 1 ~ 2 座车辆大修厂，承担全线网配属轨道交通各种车型车辆的大修任务。

一座年车辆大修能力为 300 辆的大修厂，如果车辆的大修周期为 10 年，可承担 300 km 长的线路配属车辆的大修任务，如果车辆的大修周期延长到 15 年，则可承担 450 km 长的线路配属车辆的大修任务。

现行地铁设计规范规定的车辆的大修周期为 10 年，大修厂可在首条线路运营后的 7 年再行建设，并且可根据线网各条线路的建设情况分期建设，即可减少地铁建设的初期投资，也利于地铁公司取得运营经验后，再制定车辆大修策略。

由于车辆大修厂只承担车辆的修理任务，不承担列车的停放，占地不是很大，年修理 300 辆车的大修厂占地为 30 公顷左右。

在采用大修架修分修制的地铁系统，可以每 3 条线路或 100 km ~ 120 km 长线路建设一座架修车辆段，相比于大架修车辆段，架修车辆段占地面积较小。

架修车辆段不需要大修车辆段特有的设备，如移车台、固定架车机、工艺转向架、车体喷漆设备、称重设备等。

对于架修车辆段，没有移车台、油漆库等跨距较大的空间，有利于上盖开发综合利用。

对于采用大修架修合修制的轨道交通系统，每 3 条线路或 100 km ~ 120 km 长线路需要建设一座大架修车辆段，不同制式的轨道交通大架修车辆段只能修理本系统制式的车辆，车辆大修做不到资源共享。

对于线网规划线路长度为 300 km 的中小城市，需要建设 3 座大架修车辆段，造成修理设备重复配置，检修资源分散。

从土地利用、检修资源共享、车辆段上盖开放、投资等方面讲，采用大修架修分修制是有很大优势的。

3 车辆段检修能力计算

地铁车辆段是地铁车辆检修、停放、运用、整备的重要基地，是线网规划中不可缺少的重要组成部分。合理确定车辆段规模，保证车辆始终保持良好的技术状态，实现运输的安全、准点、便捷、经济和舒适，是至关重要的，将直接影响到运营的合理性、经济性、高效性。

根据行车组织资料，进行车辆段检修能力计算，是进行检修设施设计和计算车辆配属数量的主要依据，也是车辆段、停车场功能合理划分的前提。

3.1 运用列车数

地铁每日运营时间一般为 18 h 左右，运用车是投入正线运营的列车，不同时段的运用车数量是不同的，通常高峰小时投入的运用车数量最多，如表 3.1-1 所示，在远期早高峰 7:00 ~ 9:00 的两个小时时段内，同时在线的列车数最多，为 30 对 60 列，即此条线路最大运用列车数为 60 列，而在清晨 5:00 ~ 6:00 时段内，同时在线的列车数只有 10 对 20 列，相差 40 列。

表 3.1-1 全日行车计划表

时段	年限		
	初期（2022 年）	近期（2029 年）	远期（2044 年）
5:00 ~ 6:00	7	8	10
6:00 ~ 7:00	14	16	20
7:00 ~ 8:00	22	26	30
8:00 ~ 9:00	22	26	30
9:00 ~ 10:00	15	18	20
10:00 ~ 11:00	12	14	15
11:00 ~ 12:00	12	14	15
12:00 ~ 13:00	12	14	15
13:00 ~ 14:00	12	14	15
14:00 ~ 15:00	12	14	15
15:00 ~ 16:00	12	14	15
16:00 ~ 17:00	15	18	20
17:00 ~ 18:00	20	24	26
18:00 ~ 19:00	20	24	26
19:00 ~ 20:00	15	18	16
20:00 ~ 21:00	12	14	16
21:00 ~ 22:00	6	7	8
22:00 ~ 23:00	6	7	8
合计	246	290	320

运用车的数量决定着停车列检库的规模，因此需要计算出最大的运用车数量。

运用列车数是根据列车运营密度（列车开行对数）、全周转时间等确定的，具体计算公式如下：

（1）列车全周转时间。

列车全周转时间是列车完成一次交路运行所需要的时间，与线路长度、列车平均旅行速度和列车折返时间有关。

$$T = \frac{2S \times 60}{V_{均}} + (T_1 + T_2) \tag{3.1-1}$$

式中　T——列车全周转时间（min）；

S——线路（或区间）长度（km）；

$V_{均}$——列车平均旅行速度（km/h）；

T_1、T_2——运营线路两端终点站列车折返时间（min）。

（2）列车最小运营间隔时间。

$$t = \frac{60}{n} \tag{3.1-2}$$

式中　t——列车最小运营间隔时间（min）；

n——高峰小时列车开行对数（对/小时）。

列车开行对数就是某一时段内上、下行列车数量之和除以 2。例如，30 对指的是某时段内上行列车和下行列车各有 30 列。

（3）运用列车数。

$$m = \frac{T}{t} \tag{3.1-3}$$

式中　m——运用列车数（列）。

（4）运用车数量的简单计算公式。

由公式（3.1-1）（3.1-2）和（3.1-3）可以推导出式（3.1-4）：

$$m = \frac{2nS}{V_{均}} + \frac{(T_1 + T_2)n}{60} \tag{3.1-4}$$

在计算时，（T_1+T_2）通常取值为 3 min，在忽略（T_1+T_2）n/60 条件下，m 的近似值为 m=$2nS/V_{均}$，等号右边除以线路长度 S，得到每千米运用车数 m_1=$2n/V_{均}$。

以远期为例，对于地铁系统，远期高峰小时列车开行对数通常为 30 对、列车运行速度通常为 35 km/h，经计算，每条线路每千米配属列车数为 $m_{远}$ =$2n/V_{均}$=1.71 列。

按远期备检率为 20%计算，远期配属列车数为 1.2 $m_{远}$ =2.06，可以用此指标粗略估算线路配属列车数量是否合理。

3.2　备用列车数

备用列车是考虑当运用列车出现临时故障不能正常使用或出现客流突发增长（遇节假日、沿线集会、体育赛事等）时，而备用的列车。根据车辆性能指标及运营状况，备用列车数一般按运用列车数的 8%～10%计算。

3.3　检修列车数

检修列车数和检修列位数的计算以车辆检修制度为依据，对于地铁车辆目前采用日常维修和定期检修相结合的检修制度。修程和检修周期应根据车辆制造商提供的资料确定，厂商未能提供资料时可参照《地铁设计规范》等相关标准确定。

车辆检修周期有时也称作车辆定检标准。

除了车辆定检标准，检修列车数和检修列位数的计算也与列车日走行公里数、列车平均日车公里和列车全年走行公里有关。

3.3.1 列车日走行公里

列车日走行公里指的是每日所有上线列车所行驶的公里数之和。

$$S_0 = D \times S \times 2 \times 1.1 \qquad (3.3.1\text{-}1)$$

式中 S_0——列车日走行公里（列公里/日）；

D——全日列车开行对数（对/日）；

S——线路或区间长度（km）；

1.1——计算系数，主要考虑节假日增加行车对数和往返车辆段增加的运行里程。

每列车是否上线行驶是有计划的，某一天所有列车的行驶里程不是平均的，但从一年的时间角度来看，列车的每日行驶里程基本上是平均的。

3.3.2 列车平均日车公里

列车平均日车公里指的是运用车和备用车每日平均行驶的里程。

$$S_1 = \frac{S_0}{(\text{运用列车数+备用列车数})} \qquad (3.3.2\text{-}1)$$

式中 S_1——平均日车公里（km/d）。

3.3.3 列车全年走行公里

列车全年走行公里指的是所有列车每年行驶里程之和。

$$SS = S_0 \times d \qquad (3.3.3\text{-}1)$$

式中 SS——列车全年走行公里（列公里）；

d——全年运行天数（d），一般按 365 天计。

3.3.4 基于定检里程标准的计算方法

地铁检修列车数的计算方法有两种，一种是基于检修制度中定检里程标准的计算方法，一种是基于检修制度中定检时间标准的计算方法。

基于定检里程标准的计算方法的计算原理是列车行驶的里程数达到了定检里程标准规定的里程数就要进入相应的修程检修。

每日检修列车数量的计算以检修制度中的定检里程，即表 2.3-2 中检修周期标准中的“走行里程（万千米）”为基础，先计算出各修程的年检修列车数，再计算出各修程的每日检修列车数。

计算所需的数据包括需要检修的列车总数和各修程的定检里程。

3.3.4.1 年检修列车数的计算

各修程年检修列车数量的通用计算见公式（3.3.4.1-1）。

$$各修程年检修列车数=\frac{SS}{各修程定检里程}-上一级修程年检修列车数 \quad (3.3.4.1\text{-}1)$$

从公式（3.3-1）和公式（3.3.4.1-1）可以推导出公式（3.3.4.1-2）。

$$各修程年检修列车数=\frac{D\times S\times 2\times 1.1\times d}{各修程定检里程}-上一级修程年检修列车数 \quad (3.3.4.1\text{-}2)$$

大修、架修、定修、三月检和双周检修程的年检修列车数量的计算公式见式（3.3.4.1-3）~（3.3.4.1-7）。

大修年检修列车数的计算公式如下：

$$A_1=\frac{D\times S\times 2\times 1.1\times d}{大修定检里程} \quad (3.3.4.1\text{-}3)$$

架修年检修列车数的计算公式如下：

$$A_2=\frac{D\times S\times 2\times 1.1\times d}{架修定检里程}-A_1 \quad (3.3.4.1\text{-}4)$$

定修年检修列车数的计算公式如下：

$$A_3=\frac{D\times S\times 2\times 1.1\times d}{定修定检里程}-A_1-A_2 \quad (3.3.4.1\text{-}5)$$

三月检年检修列车数的计算公式如下：

$$A_4=\frac{D\times S\times 2\times 1.1\times d}{三月检定检里程}-A_1-A_2-A_3 \quad (3.3.4.1\text{-}6)$$

双周检年检修列车数的计算公式如下：

$$A_5=\frac{D\times S\times 2\times 1.1\times d}{双周检定检里程}-A_1-A_2-A_3-A_4 \quad (3.3.4.1\text{-}7)$$

3.3.4.2 每日检修列车数的计算

各修程每日检修列车数的通用计算见公式（3.3.4.2-1）。

$$各修程每日检修列车数=\frac{各修程年检修列车数\times 各修程停修时间}{年工作日}\times 不平衡系数 \quad (3.3.4.2\text{-}1)$$

对于不平衡系数规定如下：双周、三月检取值 1.2，定修、架修、大修取值 1.1。

大修、架修、定修、三月检和双周检修程的每日检修列车数量的计算公式见式（3.3.4.2-2）~（3.3.4.2-6）。

大修每日检修列车数的计算公式如下：

$$AT_1=\frac{A_1\times 大修停修时间}{年工作日}\times 1.1 \quad (3.3.4.2\text{-}2)$$

架修每日检修列车数的计算公式如下：

$$AT_2=\frac{A_2\times 架修停修时间}{年工作日}\times 1.1 \quad (3.3.4.2\text{-}3)$$

定修每日检修列车数的计算公式如下：

$$AT_3=\frac{A_3\times 定修停修时间}{年工作日}\times 1.1 \quad (3.3.4.2\text{-}4)$$

三月检每日检修列车数的计算公式如下：

$$AT_4 = \frac{A_4 \times \text{三月检停修时间}}{\text{年工作日}} \times 1.2 \quad (3.3.4.2\text{-}5)$$

双周检每日检修列车数的计算公式如下：

$$AT_5 = \frac{A_5 \times \text{双周检停修时间}}{\text{年工作日}} \times 1.2 \quad (3.3.4.2\text{-}6)$$

3.3.5 基于定检时间标准的计算方法

基于定检时间标准的计算方法的原理是列车使用的时间到了定检时间标准规定的时间就要进入相应的修程检修。

每日检修列车数量的计算以定检时间为基础，并结合具体的检修计划进行计算。

基于定检时间标准的计算方法需要依据车辆检修制度进行选择，不同的检修制度，计算方法有所不同，本节计算方法的选择依据《地铁设计规范》（GB 50157—2013）规定的车辆检修制度，具体见表 2.3-2。

计算所需的数据包括需要检修的列车总数和完成列车各修程检修的时限。

各修程每日检修列车数量的通用计算公式如下：

$$\text{各修程每日检修列车数} = \frac{\text{需要检修的列车总数}}{\text{完成各修程列车检修时限}} \quad (3.3.5\text{-}1)$$

列检、双周检和三周检修程的每日检修列车数和定修、架修、大修修程的每日检修列车数的计算方法是不同的。

对于不同修程，完成列车检修的时限是不同的，对于列检，所有列车都必须在一天内检查完毕，那么列检修程的每日检修列车数计算公式如下：

$$\text{列检修程的每日检修列车数} = \frac{\text{需要列检的列车总数}}{\text{列检时限}} \quad (3.3.5\text{-}2)$$

对于双周检修程，需要检查的列车应在 2 周内检查完毕，然后每两周检查一次，循环往复，双周检修程的每日检修列车数计算公式如下：

$$\text{双周检修程的每日检修列车数} = \frac{\text{需要双周检的列车总数}}{\text{双周检时限}} \quad (3.3.5\text{-}3)$$

同理三月检修程的日检修列车数计算公式如下：

$$\text{三月检修程的每日检修列车数} = \frac{\text{需要三月检的列车总数}}{\text{三月检时限}} \quad (3.3.5\text{-}4)$$

地铁列车的列检、双周检和三周检的检修时限与定检时限相同，列检、双周检和三月检属于日常维修，年工作日按 365 天计算，完成各修程列车检修的时限不去除公休日，而车辆的定修、架修和大修属于定期检修，工作人员的年工作日按 250 天计算。

对于定修修程，定检时间标准为 1.25 年，即在 1.25 年之内需要定修的列车都要定修一次，然后再每隔 1.25 年定修一次，循环往复；由于地铁线路配属列车并不是在 1.25 年内按日期均匀采购并投入运营，因此，待定修的列车不能平均在 1.25 年内的每天进行定修修程的修理，故应集中在某一时间段内完成，否则会造成列车的失修或过修。各修程的定检标准可在 10%～

15%的范围内调整，假定需要定修的列车可以在列车运行第 1.25 年的前后各 45 天内，即 90 天的时间段内完成，定修修程的日修理列车数计算公式如下：

$$\text{定修修程的日检修列车数} = \frac{\text{需要定修的列车总数}}{90-26} \quad (3.3.5\text{-}5)$$

公式中的（90-26）为去掉周末两天公休日的实际工作日。

对于架修修程，定检时间标准为 5 年，假定需要架修的列车可以在列车运行第 5 年的前后各半年内，即 365 天的时间段内完成，架修修程的日修理列车数计算公式如下：

$$\text{架修修程的日检修列车数} = \frac{\text{需要架修的列车总数}}{250} \quad (3.3.5\text{-}6)$$

公式中的 250 为每年的实际工作日。

对于车辆的大修，理想的状态是所有配属列车应在定检时间标准年限的前后 1.5 年时间段内，共 3 年、750 天内完成，定检标准为 10 年时，配属列车应在运行第 9 年时开始大修，到第 11 年年底时完成，大修修程的日修理列车数计算公式如下：

$$\text{大修修程的日检修列车数} = \frac{\text{需要大修的列车总数}}{750} \quad (3.3.5\text{-}7)$$

3.4 检修台位（列位）的数量计算

《地铁设计规范》（GB 50157—2013）规定："车场线是车辆段、停车场内线路的统称，包括运用和检修库线、调机及工程车库线、试车线、洗车线、吹扫线、镟轮线、平板车停放线、待修车和修竣车存放线、走行线、牵出线、回转线及国铁专用线等，应根据作业需要设置""车辆段运用整备设施应根据生产需要配备停车列检库（棚）、双周/三月检库和列车清洗洗刷及相应线路和必要的办公、生活房屋和设施""车辆检修设施包括定修库、大架修库、临修库、不落轮镟轮库、列车吹扫设施和辅助生产房屋及设施"。

从地铁设计规范的规定来看，车辆段的设施分为车辆运用整备设施和车辆检修设施，属于车辆运用整备设施的为停车列检库和周月检库，属于车辆检修设施的为定修库、架修库和大架修库。

运用库和检修库都具有运用和检修"能力"。这种能力的直接标志就是运用库或检修库内有多少供列车停放、检修的位置，即股道数，铁路系统检修能力通常以台位为单位计算，由于地铁列车是以"列"为单位行驶、停放和检修的，因此地铁系统用"列位"替代"台位"表示运用或检修股道数。

"列位"有两个含义，不可混淆，一是表示计量单位，比如大架修规模为 5 列位，表示的是有停放 5 列车的股道用于车辆的大修；二是表示具有一定物理尺寸的场地，比如"停车列检线 2 列位之间的距离"中的"列位"应理解为列检线上具有某一长度的固定位置。

运用、检修能力的计算主要依据检修制度中规定的定检公里标准和定检时间标准，还有线路的配属列车数等。既然车辆段的设施包括运用整备设施和检修设施，那么这两种设施的能力的计算方法也是有区别的。

检修能力的计算方法有两种，一种是以地铁车辆行驶里程为基础的计算方法，一种是以地铁车辆行驶时间为基础的计算方法。

3.4.1 基于定检里程标准的计算方法

基于车辆检修制度中定检里程标准的通用计算公式见公式（3.4.1-1）。

$$各修程检修列车数=\frac{各修程年检修列车数\times各修程库停时间}{年工作日}\times不平衡系数 \quad (3.4.1\text{-}1)$$

《地铁设计规范》（GB 50157—2013）规定的车辆检修制度中，没有规定各修程的库停时间，只有检修时间，相应公式（3.4.1-1）的“库停时间”即为“检修时间”。

大修、架修、定修、三月检和双周检修程的检修列位数量的计算公式见式（3.4.1-2）~（3.4.1-6）。

$$大修检修列位数=\frac{A_1\times大修修程库停时间}{年工作日}\times1.1 \quad (3.4.1\text{-}2)$$

$$架修检修列位数=\frac{A_2\times大修修程库停时间}{年工作日}\times1.1 \quad (3.4.1\text{-}3)$$

$$定修检修列位数=\frac{A_3\times定修修程库停时间}{年工作日}\times1.1 \quad (3.4.1\text{-}4)$$

$$三月检检修列位数=\frac{A_4\times大修修程库停时间}{年工作日}\times1.2 \quad (3.4.1\text{-}5)$$

$$双周检检修列位数=\frac{A_5\times大修修程库停时间}{年工作日}\times1.2 \quad (3.4.1\text{-}6)$$

3.4.2 基于定检时间标准的计算方法

基于定检时间标准的检修列位的计算方法可分为运用设施列位数量的计算和检修设施列位数量的计算。

以地铁车辆行驶时间为基础的计算方法依据检修制度中的定检时间标准，在某一时间段内一定要完成对应的修程，否则可能会出现车辆失修或过修的情况，这个时间段可控制在定检时间标准的-10%~+15%之内。例如，架修修程的定检时间为5年，那么同一批次购买的车辆必须在自投入运营后的第4.5年到第5.75年内完成架修，这个时间段为1.25年（或15个月）。

每条地铁线路的配属列车并不是一次性购置后同时投入运营的，而是分批次购置的，批次的划分是依据地铁设计年限，《城市轨道交通工程项目建设标准》（JB104—2008）规定：“建设项目的设计年限按项目建成通车年为基准年，可分为初期、近期和远期。初期为建成通车后第3年，近期为第10年，远期为第25年。建设项目的设计运能，应根据各设计年限的客流预测，对客流特征进行定性、定量分析后合理确定。”此规定中的运能也包括线路的配属列车数。

依据设计年限的划分，配属列车是分3批次购置的，每一批次的比例是有一定规律可循的，见表3.4-1。

表3.4-1 各设计年限列车购置数量统计表

线路名称	线路长度/km			配属车数/列		
	初期	近期	远期	初期	近期	远期
某市1号线	33.82	41.79	41.79	36	63	75
某市19号线	20.5	58.7	58.7	15	40	48
某市6号线	42.52	50.75	50.75	55	76	94

续表

线路名称	线路长度/km			配属车数/列		
	初期	近期	远期	初期	近期	远期
某市 12 号线	59.9	59.9	59.9	83	91	125
某市 3 号线	43.6	54.5	54.5	72	105	113
某市 3 号线	20.6	37.1	37.1	37	63	71
某市 7 号线	26.43	26.43	48.67	28	41	72
某市 1 号线	44.64	44.64	44.64	67	75	82
某市 9 号线	75.6	80.6	80.6	70	92	112
某市 12 号线	16.7	28.41	28.41	17	44	55
某市 5 号线	48.3	48.3	48.3	62	75	90
某市 1 号线	44.5	44.5	44.5	44	70	85
某市 6 号线	68.2	72.5	72.5	108	118	142
某市 2 号线	36.2	38.4	38.4	36	64	79
某市 9 号线	21.4	69.5	69.5	26	96	117
某市 8 号线	28.04	43.18	43.18	43	78	96
某市 4 号线	39.3	40.9	40.9	43	53	77
某市 3 号线	28.09	28.09	28.09	32	36	49
某市 7 号线	38.6	38.6	38.6	45	71	76
某市 5 号线	24.38	31.73	31.73	31	72	81
某市 10 号线	43.3	43.3	43.3	53	75	85
某市 7 号线	82.9	82.9	82.9	85	101	150
某市 16 号线	29.1	29.1	29.1	32	50	58
某市 3 号线	36.2	36.2	36.2	36	55	75
某市 4 号线	15.32	46.06	46.06	12	61	71
某市 1 号线	29.3	32.4	32.4	43	63	71
某市 3 号线	25.2	25.2	25.2	28	38	52
某市 2 号线	22.94	36.15	36.15	24	55	70
某市 2 号线	20.2	37	37	21	41	63
某市 5 号线	26.7	38.3	38.3	26	50	64
合计	1 092.48	1 345.13	1 367.37	1 310	2 012	2 498
每公里平均配属列车数/（列/km）	—	—	—	1.20	1.50	1.83
各设计年限购车数合计/列	—	—	—	1 310	702	480
各设计年限购车数与远期配属车数之比	—	—	—	0.524 4	0.281	0.194 6

从表 3.4-1 可以看出，地铁线路初期，即刚开通运营时购置的列车数量最多，占配属列车总数的 52.44%，后两批次购置的列车数量依次递减为 28.1%和 19.46%。

检修能力计算中还涉及年工作日的选择，列检修程是每日检或隔日检，要求列检是不间断的，按每年 365 天的工作日计算，由于双周检、三月检与列检同属日常维修修程，故双周检和三月检的工作日也可以认为是 365 天；定修、架修和大修修程的工作日按每年 250 天计算。

这里需要对车辆检修时间做说明，列车检修时间可细分为停修时间、库停时间和线停时间。列车停修时间为列车退出运营进入修程到修程完毕重新投入运营的时间段；库停时间是列车进入某个检修库完成相应维修程序后退出此检修库的时间段；线停时间为进入、退出某个检修股道的时间段。

列车停修时间是用来计算每日需要检修列车数量的，关系到线路配属列车的数量；库停时间和线停时间是用来计算检修设施能力的，与检修设施、设备的规模有关。对于不同的修程，库停时间和线停时间是有时相同，有时不同的。

对于列检、双周检和三月检修程，停修时间、库停时间和线停时间是相同的，这三个修程的列车退出运营即进入检修库（线），退出检修库（线）即开始重新投入运营。

而对于定修、架修和大修修程来讲，停修时间、库停时间和线停时间是不同的。

以定修为例，地铁设计规范规定车辆定修停修时间为 7 天，在这 7 天内，列车所处的位置是不同的，其工艺流程为：吹扫线→定修线→静调线→试车线。

每道工序所需的时间为吹扫线 1 天、静调线 1 天、试车线 1 天，留给列车停在定修线上的时间只有 4 天；还可细分为吹扫库停时间和线停时间 1 天，定修库停时间和线停时间相等，共 4 天，静调库停时间和线停时间 1 天，试车线停时间 1 天。

由于定修修程的库停时间实际上只有 4 天，如果按停修时间 7 天代替库停时间 4 天计算，计算出的定修列位数量是远大于实际需要。

对于架修修程，与定修修程基本相似，由于检修作业的复杂性，各库停时间和线停时间相对于定修比较长。

架修修程的工艺流程为：待修修竣线→吹扫线→架修线→静调线→试车线→待修修竣线。

架修修程各库停时间、线停时间见表 3.4-2。

表 3.4-2　车辆架修工艺流程表

序号	作业内容	车辆状态	作业线路	作业库房	作业时间/d	线路占用时间/d
1	待修停放	列车	待修修竣线	—	1	1
2	车辆清洁	列车	吹扫线	吹扫库	1	1
3	解编	列车	架修线	架修库	1	1
4	分解	车辆	架修线	架修库	2	2
5	组装	车辆	架修线	架修库	3	11
6	编组	列车	架修线	架修库	1	1
7	静调	列车	静调线	静调库	1	1
8	动调	列车	试车线	试车线	1	1
9	修竣停放	列车	待修修竣线	—	1	1
合计					12	20

表 3.4-2 中线路占用时间和在此线路上的作业时间是不同的，是因为有些工序作业时间和线路占用时间是一样的，有的是不一样的，比如解编作业的作业时间和线路占用时间是相同的，而组装的作业时间和线路占用时间是不一样的，因为车辆分解和组装作业之间如不是换件修，会有一段等待各部件完成检修的时间，这段时间内车体还要停放在架修线上。

车辆的大修修程相比于定修修程和架修修程更加复杂，列车、车辆或车体在整个大修过程中，会进出更多的“库”或“线”，进出每一个库或线都要产生库停时间和线停时间。

大修修程的工艺流程为：待修修竣线→吹扫线→解列编组线→车体线→车体表面处理线→油漆线→车体线→称重线→解列编组线→静调线→试车线→待修修竣线。

大修修程各库停时间、线停时间见表 3.4-3。

表 3.4-3　车辆大修工艺流程表

序号	作业内容	车辆状态	作业线路	作业库房	作业时间/d	线路占用时间/d
1	待修停放	列车	待修修竣线	—	1	1
2	车辆清洁	列车	吹扫线	吹扫库	1	1
3	解编	列车	解列编组线	大修库	1	1
4	分解	车辆	车体线	车体库	2	6
5	车体表面处理	车体	车体表面处理线	油漆库	2	2
6	涂装	车体	油漆线	油漆库	4	4
7	组装	车辆	车体线	车体库	2	14
8	称重	车辆	车辆称重线	—	2	2
9	编组	列车	解列编组线	大修库	1	1
10	静调	列车	静调线	静调库	1	1
11	动调	列车	试车线	—	1	1
12	修竣停放	列车	待修修竣线		1	1
合计					19	35

3.4.2.1　运用设施列位数量的计算

列检、双周检和三月检属于车辆的日常维修修程，这三种修程的检修周期相对比较短，车辆最初的维修周期可能不符合规定的时间周期，但最多经过 3 个月的调整即可完全达到所有维修修程的周期的要求，这对于列车的运用影响不大，在计算时不考虑失修与过修的问题，只要保证应修列车在规定的定检周期内完成维修即可。

运用设施列位数量的通用计算公式见公式（3.4.2.1-1）。

$$\text{检修列位数量}=\frac{\text{需要检修的列车总数}\times\text{各修程库停时间}}{\text{完成各修程列车检修的时限}} \tag{3.4.2.1-1}$$

（1）列车列检列位数量的计算。

列车列检可采用每日检或隔日检。

每日检列检列位数计算公式如下：

$$\text{每日检列位数量}=\frac{(\text{运用列车数}+\text{备用列车数})\times 0.5}{0.5} \tag{3.4.2.1-2}$$

式中　0.5（分子）——列检停修时间（d）；

0.5（分母）——列检间隔时间（d）。

隔日检列检列位数量的计算公式如下：

$$\text{列检列位数量}=\frac{(\text{运用列车数}+\text{备用列车数})\times 0.5}{1} \tag{3.4.2.1-3}$$

式中 0.5——列检停修时间（d）;

1——列检间隔时间（d）。

（2）列车双周检列位数的计算。

双周检列位数量的计算公式如下：

$$双周检列位数量=\frac{配属列车数\times 0.5}{14} \quad (3.4.2.1\text{-}4)$$

式中 0.5——双周检停修时间（d）;

14——双周检间隔时间（d）。

（3）列车三月检列位的计算。

三月检列位数量的计算公式如下：

$$三月检列位数量=\frac{配属列车数\times 2}{90} \quad (3.4.2.1\text{-}5)$$

式中 2——三月检停修时间（d）;

90——三月检间隔时间（d）。

3.4.2.2 检修设施列位数量的计算

定修、架修和大修属于车辆的定期检修修程，这三种修程的检修周期相对比较长，检修能力与各批次列车购置的数量关系密切。

（1）定修列位的计算。

车辆的定修周期为 1.25 年，为了避免车辆的失修或过修，理想的状态是保证车辆每隔 1.25 年即进行一次定修，然后循环往复。

定修列位的计算公式如下：

$$定修列位数量=\frac{全线远期配属列车数\times 7}{1.25\times 250} \quad (3.4.2.2\text{-}1)$$

式中 7——列车定修停修时间（d）;

1.25——定修间隔时间（a）;

250——年工作日（d）。

从表 3.4-1 可以看出，线路刚开通运营时，全线只需购置远期配属列车数量的一半，即至少在 10 年内，定修线的利用率只有 50%。

每批次购置的列车，不会平均在 1.25 年的每一天内修理，而是在一个合理的时间段内完成，这个合理时间段可控制在定检标准 1.25 年的-10%～+15%之内。每批次列车的首次定修周期可能会出现部分列车超出上述差值的情况，但从第二次定修开始，所有列车的定修检修周期就会满足定修定检时间标准 1.25 年的要求。

（2）架修列位的计算。

对于采用大架修分修制的地铁系统，通常设有架修车辆段，承担 3 条线路或 100～120 km 长线路配属列车的架修任务。

对于 3 条线路来说，建设时间通常是不同的，配属列车投入运营的时间也是不同的，3 条线路按初、近、远三期购置的列车会分 9 批投入运营，因此，可按所有配属列车的架修平均在定检时间标准内的每一年完成计算架修列位。

根据现行地铁设计规范规定，地铁车辆的架修定检标准为 5 年，大修定检标准为 10 年，故同批次的车辆首次架修时间为投入运营后的第 5 年，车辆在 30 年寿命期内的第二次、第三次架修间隔时间都是 10 年，在计算时架修修程的间隔时间可按 10 年取值。

架修列位计算公式如下：

$$\text{架修列位数量}=\frac{\text{配属列车总数}\times 20}{10\times 250} \tag{3.4.2.2-2}$$

式中　20——列车架修停修时间（d）；

10——架修间隔时间（a）；

250——年工作日（d）。

（3）大架修列位的计算。

对于采用大架修合修制的地铁系统，通常设有大架修车辆基地，承担 3 条线路或 100～120 km 长线路配属列车的架修、大修任务。

对于 3 条线路来说，由于建设时间通常不同，配属列车投入运营的时间也是不同的，3 条线按初、近、远三期购置的列车会分 9 批投入运营，因此，所有配属列车的架修、大修可平均在时间标准内的每一年完成。

大修列位计算公式如下：

$$\text{大修列位数量}=\frac{\text{配属列车总数}\times 35}{10\times 250} \tag{3.4.2.2-3}$$

式中　35——列车大修停修时间（d）；

10——大修间隔时间（a）；

250——年工作日（d）。

经过公式 3.4.2.2-2 计算后的架修列位计算值取整与大修列位计算值取整之和即为大架修车辆段的大架修列位数。

（4）车辆大修厂检修台位数的计算。

对于采用大架修分修制的地铁系统，通常设有车辆大修厂，承担线网内所有线路配属列车的大修任务，与车辆段不同，大修厂的修理能力是以台位为单位的，对于全线网来讲，在大修定检标准 10 年内，所有配属列车必须大修完毕，每 10 年大修一遍，因此，大修厂检修台位的计算公式如下：

$$\text{大修厂修理台位数量}=\frac{\text{线网所有配属车辆数}\times 35}{10\times 250} \tag{3.4.2.2-4}$$

式中　35——列车大修停修时间（d）；

10——大修间隔时间（a）；

250——年工作日（d）。

计算举例，某城市地铁线网线路长度为 300 km，以远期每千米配属 2 列车（12 辆车）计，全线网配属列车为 600 列（3 600 辆），大修厂的修理台位数为：

$$\text{大修厂修理台位数量}=\frac{3\,600\times 35}{10\times 250}=36\text{（台位）。}$$

（5）均衡修列位的计算。

均衡修是对列车的维护保养、外观状态检查、通电功能试验进行均衡性计划安排，尽量利用运营列车的天窗期进行维修，实现少扣车或不扣车维修，从而提高列车上线率的一种检修模式。

地铁运营时段一般为 05:00 ~ 24:00，还具有存在早、晚客流高峰时段的特点，在高峰期和非高峰期采用不同的运行图，运行列车数各不相同（见表 3.1-1），相差很大。自早高峰结束至晚高峰开始，约有 5 ~ 8 h 的平峰时段，在此期间内通常有近一半的列车不上线运营而是停在车辆段内，利用此段时间对列车进行检修的方式，就是均衡修，也被称为全效修、系统修。

均衡修不属于现行检修制度规定的修程，但属于计划性维修，是在传统日检、双周检、三月检、定修等计划性维修的基础上对修程的一种优化，根据车辆运行经验和故障统计数据等，对车辆设备检修项和周期进行合理调整，使车辆维修计划更加均衡合理，是在保证车辆设备维保不超期的原则下实施的一种新型维修方式。均衡修可以减少列车检修停时，提高列车上线率。

有一种均衡修是将定修以下的计划修内容按照均衡修的模式分为 12 级修程或 12 个检修模块，每列车每月完成一级修程或一个检修模块，检修周期为（30±10）d，安排在周一至周五进行。

均衡修的检修周期为 1 个月，实际上相当于是月检的一种形式，只是每个月的检修内容不相同，每 12 个月轮换一次。

虽然均衡修是利用运营列车的天窗期进行的一种维修，不具有传统意义上的停修时间，但每一级修程或每一个检修模块不都是在一天内的窗口期完成，可能是需要利用 1 ~ 3 d 的窗口期才能完成。

均衡修检修列位的计算方法与月检列位的计算方法相似，假定列车在均衡修时占用检修线的时间平均为 2 d 内的窗口期，计算公式如下：

$$\text{均衡修检查列位} = \frac{\text{配属列车数} \times 2}{20} \tag{3.4.2.2-5}$$

式中　2——均衡修检修时间（d）

20——均衡修检修周期内的工作日（d）。

3.4.3　其他运用和检修设施能力的计算

除了上述各运用和检修设施能力的计算之外，还有一些运用和检修设施也需要核算其能力。

以洗车线为例，如列车洗车周期为 3 d，每洗 1 列车需要 1 h，每天按 16 h 工作，那么洗车线的能力为 3×16=48 列列车的洗车任务。

同样，临修线、不落轮镟线、静调线、吹扫线、试车线等也需要根据具体情况进行能力核算。

实际设计中就有因 1 条试车线能力不够就在一座车辆段中设置 2 条试车线（见图 6.3-15）和配置双轴不落轮镟轮机床的案例。

4 车场线工艺要求

地铁线路按其在运营中的功能定位，分为正线（包括支线）、配线和车场线，完好的线路是地铁列车运行的基础，起着承载列车重量和引导列车运行方向的作用。

车场线是车辆段、停车场内线路的统称，包括运用库线和检修库线、调机及工程车库线、试车线、洗车线、吹扫线、镟轮线、平板车停放线、待修车和修竣车存放线、走行线、牵出线、回转线及国铁专用线，以及相应的渡线等，各线应根据作业需要设置。

车场线按照是否露天分为库内线和露天线，按照功能不同分为检修库线和运用库线。

库内线包括停车线、列检线、三月检线、双周检修、洗车线、大修线、架修线、解列编组线、车体检修及组装线、称重线、油漆线、定修线、临修线、静调线、吹扫线、镟轮线、调机车线、工程车线。

露天线包括试车线、牵出线、机车走行线、待修车和修竣车存放线、平板车停放线、材料装卸线、回转线、新车卸车线、吹扫线、国铁专用线。

运用库线包括停车线、列检线、双周检线、三月检线、洗车线等。

检修库线包括定修线、架修线、大修线、临修线、静调线、吹扫线、油漆线、称重线、镟轮线等。

车场线的配备和布置应根据功能需要、工艺要求进行，并应做到安全、方便、经济合理。

4.1 车场线工艺要求

4.1.1 出入线

地铁车辆段是列车运营的起始和终止场所，出入线是车辆段车场线与地铁正线的连接线，应保证收发车顺畅，满足能力要求。

出入线应按双线双向运行设计，并避免与正线平面交叉。根据车辆段的位置和接轨条件，必要时也可设置八字形出入线。规模较小的停车场，其工程实施确受条件限制时，在不影响功能前提下，可采用单线双向设计。出入线与正线间的接轨形式，应满足正线设计运能要求。

4.1.2 停车线

停车线仅用于停放地铁列车，根据车辆的受电方式设置接触网或接触轨，接触轨分段设置并装有安全防护罩。

停车线不设检查坑。

停车线设置供司机上下司机室的平台。

停车线附近设置用于清扫列车客室和在库内地面的上下水设施。

尽端式停车线按 1 线 1 列位或 1 线 2 列位设计；贯通式停车线按 1 线 2 列位或 1 线 3 列位设计。

停车线计算长度不应小于公式（4.1.1-1）的计算值。

$$L_t = (L+1) \times N_t + (N_t - 1) \times 8 \tag{4.1.1-1}$$

式中 L_t——停车线计算长度（m）；

（L+1）——列车长度加停车误差 1 m（m）；

N_t——每条线停车列位数；

8——两列车端部之间的距离（m）。

图 4.1-1 ~ 图 4.1-4 为各种形式的停车线。

图 4.1-1　接触网供电有检查坑的停车线

图 4.1-2　接触网供电无检查坑的停车线

图 4.1-3　接触轨供电有检查坑的停车线

图 4.1-4　接触轨供电无检查坑的停车线

4.1.3　列检线

列检线用于停放和检查地铁列车，根据车辆的受电方式设置接触网或接触轨，接触轨分段设置并安装安全防护罩。

接触网供电列检线设置柱式检查坑；接触轨供电列检线设置柱式或壁式检查坑。

列检线设置供司机上下司机室的平台。

一些接触网供电的列检线设置有受电弓检查平台。

一些列检线上还设有空调机组检修平台。

列检线附近设置有供清扫列车客室和在库内地面的上下水设施。

尽端式列检线按 1 线 1 列位或 1 线 2 列位设计；贯通式列检线按 1 线 2 列位或 1 线 3 列位设计。

列检线列位之间设置隔离开关或分段器。

列检线计算长度分为设置壁式检查坑和柱式检查坑两种。

（1）壁式检查坑列检线长度计算公式：

$$L_{lj} = L_j \times N_{lj} + (N_j - 1) \times 8 \quad (4.1.3\text{-}1)$$

式中　L_{lj}——列检线长度（m）；

L_j——检查坑长度（m）；

N_{1j}——每条线列检列位数；

N_j——每条线列检列位数；

8——两列车端部之间的距离（m）。

检查坑长度计算公式：

$$L_j = L + 4 \qquad (4.1.3\text{-}2)$$

式中　L_j——检查坑长度（m）；

L——列车长度（m）；

4——附加长度（m）（包括停车误差 1 m 和检查坑两端阶梯踏步各 1.5 m）。

（2）柱式检查坑计算公式：

$$L_{1j} = (L+1)\times N_{1j} + (N_{1j}-1)\times 4 + N_{1j}\times 2\times 8 \qquad (4.1.3\text{-}3)$$

式中　L_{1j}——列检线计算长度（m）；

（L+1）——列车长度加停车误差 1 m（m）；

N_{1j}——每条列检线列位数；

4——每条列检线检查坑之间距离（m）；

8——列检线柱式检查坑坡道底边长度（m）。

图 4.1-5 ~ 图 4.1-11 为各种形式的列检线。

图 4.1-5　接触网供电有柱式检查坑的列检线

图 4.1-6　接触轨供电有壁式检查坑的列检线

图 4.1-7　接触网供电有壁式检查坑的列检线

图 4.1-8　接触轨供电有柱式检查坑的列检线

图 4.1-9　接触轨供电半柱半壁式检查坑列检线

图 4.1-10　接触轨供电有空调机组检修平台的列检线

图 4.1-11　有受电弓检查平台的列检线

4.1.4　双周检线和三月检线

双周/三月检线用于地铁列车的双周/三月检修程，双周检线和三月检线的长度与设备设置相关。

车辆采用接触网供电时，双周/三月检线应设接触网；车辆采用接触轨供电时，双周/三月检线不设接触轨。有的接触轨供电的双周/三月检线，设置有移动式滑触线（stinger）供电系统。

双周/三月检线设置柱式检查坑。

双周/三月检线设置车顶作业平台和中间作业平台。

双周/三月检线设置上下水设施、调试外接电源设备，位于停车场的双周/三月检线可设置伸缩臂式起重机用于吊装空调机组和受电弓。

双周/三月检线按 1 线 1 列位设计，困难时可按 2 列位设计。

双周/三月检线计算长度不应小于公式（4.1.4）的计算值。

$$L_y = (L+1)\times N_y + (N_y - 1)\times 4 + N_y \times 2\times 8 \tag{4.1.4}$$

式中　L_y——双周/三月检线计算长度（m）；

　　（$L+1$）——列车长度加停车误差 1 m（m）；

N_y——每条双周/三月检线列位数；

4——每条双周/三月检线检查坑之间距离（m）;

8——双周/三月检线柱式检查坑坡道底边长度（m）。

图 4.1-12 ~ 图 4.1-16 为各种形式的双周/三月检线。

图 4.1-12　接触网供电的双周/三月检线

图 4.1-13　接触网供电双周/三月检线的静调电源柜

图 4.1-14　双周/三月检线上的悬臂式起重机

图 4.1-15　接触轨供电的双周/三月检线

图 4.1-16　移动式滑触线供电的双周/三月检线

4.1.5　定修线

定修线用于地铁车辆的定修修程。

定修线不设接触网或接触轨，兼做静调线的定修线可设置侧移式刚性接触网。

定修线通常设宽型检查坑。

一些定修线设置有车顶作业平台和中间作业平台。

定修线设置有起重机、上下水设施，兼做静调线时设置有调试外接电源。

定修线计算长度不应小于公式（4.1.5）的计算值。

$$L_d = L + N_d \times 1 + 2 \times 8 \tag{4.1.5}$$

式中　L_d——定修线计算长度（m）；

N_d——列车单元数；

1——列车单元解钩后车钩检修作业所需距离为 1 m；

8——定修线宽型检查坑坡道底边长度（m）。

图 4.1-17 为定修线，图 4.1-18 为定修线上的刚性侧移式接触网。

图 4.1-17　定修线

图 4.1-18　安装在定修线上的侧移式刚性接触网

4.1.6　临修线

临修线用于列车临时性故障和超修程故障的修理，见图 4.1-19 和图 4.1-20。

临修线一般设置壁式检查坑或不设置检查坑。

临修线设置地下式固定架车机或移动式架车机、起重机等工艺设备。

临修线计算长度不应小于公式（4.1.6）的计算值。

$$L_l = L + L_z + 9 \tag{4.1.6}$$

式中　L_l——临修线计算长度（m）；

L_z——转向架长度（m）；

9——临修线设计附加长度（m）。

附加长度 9 m 为临修作业推出一个转向架进行换轮作业的长度 6 m 与检查坑两端阶梯踏步长度各 1.5 m 之和。

图 4.1-19　设置地下式固定架车机组的临修线

图 4.1-20　设置移动式架车机的临修线

4.1.7 大、架修线

现行地铁设计规范没有对大、架修线给出定义，广义上讲，列车解列编组线、组装线、车体整修线、车体表面处理线、车体表面油漆线、称重线等都应属于大修线的范围，此处暂且将大架修线定义为“用于列车车辆进行大、架修的线路。”。

大架修线一般不设检查坑或设置壁式检查坑。

大架修线设置地下式固定架车机或移动式架车机、起重机、工艺转向架、车体支架等工艺设备，见图 4.1-21。

根据经验，用于整列车的大、架修线计算长度不应小于公式（4.1.7）的计算值。

$$L_{dj} = L + (n+1)L_z \quad (4.1.7)$$

式中 L_{dj}——大架修线计算长度（m）；

L_z——转向架长度（m）；

n——列车编组数。

图 4.1-21 大架修线

4.1.8 解列编组线

解列编组线通常设置在大修车辆段，用于大架修车辆的解列和编组，解列后的车辆通过移车台转线至分解组装线（车体线），大架修后的车辆再通过移车台转线至解列编组线上编组成列，见图 4.1-22。

图 4.1-22 解列编组线

如果采用移动式架车机起落车，解列编组线一般不设置检查坑或设置壁式检查坑。

如果采用固定式地下架车机起落车，解列编组线不设置检查坑。

根据经验，解列编组线计算长度不应小于公式（4.1.8）的计算值。

$$L_{j1} = L + 10 \tag{4.1.8}$$

式中 L_{j1}——解列编组线计算长度（m）；

10——解列编组线附加长度（m）。

4.1.9 静调线

静调线用于地铁列车静态调试，见图 4.1-23 ~ 图 4.1-24。

图 4.1-23 接触网供电静调线

图 4.1-24 由移动式滑触线（stinger）供电的静调线

车辆采用接触网供电时，设接触网；当车辆采用接触轨供电时，不设接触轨，可设置移动式滑触线（stinger）供电系统作为静调电源。

静调线设置柱式检查坑。

静调线设置车顶作业平台和中间作业平台。

静调线设置上下水设施、调试外接电源设备、限界检查装置等。

设有限界检测装置的静调线应为零轨。

静调线的计算长度不应小于公式计（4.1.9）的计算值。

$$L_{jt} = (L + 1) + 2 \times 8 \tag{4.1.9}$$

式中 L_{jt}——静调线计算长度（m）；

（L+1）——列车长度加停车误差 1 m（m）；

8——静调线柱式检查坑坡道底边长度（m）。

4.1.10 吹扫线

吹扫线用于地铁列车车内定期消毒洗刷和列车检修前对车辆下部设备的清洁，见图 4.1-25 和图 4.1-26。

车辆采用接触网供电时，设接触网；当车辆采用接触轨供电时，不设接触轨。

吹扫线设置柱式检查坑。

吹扫线设置车顶作业平台和中间作业平台。

吹扫线设置吹扫设备、上下水设施。

吹扫线的计算长度不应小于公式（4.1.10）的计算值。

$$L_{cs} = (L+1) + 2\times 8 \tag{4.1.10}$$

式中　L_{cs}——吹扫线计算长度（m）;

8——吹扫线柱式检查坑坡道底边长度（m）。

图 4.1-25　室内吹扫线

图 4.1-26　室外吹扫线

4.1.11　洗车线

洗车线用于地铁车辆两侧和端部的洗刷，见图 4.1-27。

图 4.1-27　洗车线

采用接触网供电时，洗车线按接触网供电设计。采用接触轨供电时，洗车库内线路不设接触轨。

洗车线设置机械洗车设施。

洗车线的有效长度不应小于公式（4.1.11-1）的计算值。

（1）尽端式洗车线有效长度：

$$L_{sj} = 2L + L_s + 10 \tag{4.1.11-1}$$

式中　L_{sj}——尽端式洗车线有效长度（m）;

$2L$——洗车机设备前后各一列车长度（m）;

L_s——洗车机长度（包括连锁设备）（m）;

10——线路终端安全距离（m）。

（2）贯通式洗车线有效长度：

$$L_{st} = 2L + L_s + 12 \tag{4.1.11-2}$$

式中 L_{st}——贯通式洗车线有效长度（m）；

$2L$——洗车机设备前后各一列车长度（m）；

L_s——洗车机长度（包括连锁设备）（m）；

12——信号设备设置附加长度（m）。

4.1.12 镟轮线

镟轮线用于地铁车辆轮对镟修，见图 4.1-28。

图 4.1-28 镟轮线

镟轮线不电化。

镟轮线轨道应设绝缘节。

镟轮线设置不落轮镟床、起重机和公铁两用车。

镟轮线的有效长度不应小于公式（4.1.12）的计算值。

$$L_{x1} = 2L + L_x + L_t + 10 \qquad (4.1.12)$$

式中 L_{xl}——镟轮线有效长度（m）；

$2L$——镟床设备前后各一列车长度（m）；

L_x——镟床设备长度（m）；

L_t——调车机车长度（m）；

10——线路终端安全距离（m）。

4.1.13 调机线

调机线用于调车机车的停放及日常整备维护，见图 4.1-29。

调机线一般不电化。采用接触网和蓄电池供电的双电源调车机车停放线也可电化。

调车机车线一般设置壁式检查坑。

调机线设置起重机。

调机线的计算长度不应小于公式（4.1.13）的计算值。

$$L_n = (L_n + 2) \times N_n + (N_n - 1) \times 4 \qquad (4.1.13)$$

式中 L_n——调机线计算长度（m）；

（L_n+2）——调机长度加停车误差 2 m（m）；

N_n——每条线停放调机台数；

4——两调机检修台位之间通道宽度（m）。

图 4.1-29　调机线

4.1.14　工程车线

工程车线用于各种工程车的停放及日常整备维护，见图 4.1-30。

图 4.1-30　工程车线

工程车线一般不电化。

工程车线一般设置壁式检查坑。

工程车线设置起重机。

工程车线的计算长度参照调机线计算长度计算。

4.1.15　称重线

称重线用于车体和车辆称重，见图 4.1-31。

称重线通常设置在移车台两侧，设置移动式架车机和称重设备。

图 4.1-31　称重线

4.1.16 材料线

材料线用于装卸各种物资、设备、维修工料等，见图 4.1-32。

图 4.1-32　材料线

材料线不电化。

材料线设置起重机。

材料线有效长度应不小于“调车机车长度+平板车辆连挂长度+安全距离（10 m）”。

4.1.17 试车线

试车线用于地铁列车动态试验。试车线应能完成正线 ATP/ATO（含无人驾驶）车载系统功能的测试和试验，见图 4.1-33。

图 4.1-33　试车线

试车线根据列车的供电方式设接触网或接触轨供电。

试车线在适当位置设置检查坑。

试车线的有效长度应根据车辆性能、技术参数以及试车综合作业要求计算。

4.1.18 卸车线

卸车线用于地铁车辆的装卸，见图 4.1-34。

卸车场地尺寸不应小于 45 m×20 m（长×宽），卸车线不电化，为便于车辆卸车后编组成列，卸车线宜与 1 列车长度的平直线路相接。

图 4.1-34　卸车线

4.1.19　平板车线

平板车线用于停放平板车，见图 4.1-35。

平板车线不电化。

平板车线有效长度应不小于“2 台调车机车长度+平板车辆连挂长度+安全距离（10 m）”。

图 4.1-35　平板车线

4.1.20　回转线

回转线用于地铁列车调头，以平衡车轮轮缘偏磨。回转线分为圆形回转线（灯泡线）（见图 4.1-36）和三角形回转线。

图 4.1-36　灯泡型回转线

回转线应电化。

4.1.21　牵出线

牵出线用于调车机车牵出列车进行转线的调车作业，设置于便于进行调车作业，能与段内各线路连通的位置；牵出线应平直，以便于摘钩和挂钩作业。

牵出线应电化。

牵出线的有效长度不应小于公式（4.1.21）的计算值。

$$L_{q} = L_{qc} + L_{n} + 10 \tag{4.1.21}$$

式中 L_q——牵出线有效长度（m）;

L_{qc}——通过牵出线的列车长度（m）;

L_n——调车机车长度（m）;

10——牵出线终端安全距离（m）。

4.1.22 待修车和修竣车存放线

待修车和修竣车存放线用于临时存放待修和修竣列车。

待修车和修竣车存放线应电化。

待修车和修竣车存放线的有效长度不应小于公式（4.1.22）的计算值。

$$L_{cf} = L_{cf} + L_{n} + 10 \tag{4.1.22}$$

式中 L_{cf}——待修车和修竣车存放线有效长度（m）;

L_{qc}——停放在待修车和修竣车存放线上的列车长度（m）;

L_n——调车机车长度（m）;

10——待修车和修竣车存放线终端安全距离（m）。

4.1.23 机车走行线

机车走行线简称机走线，是供调车机车折返的轨道。

机车走行线应电化。

机车走行线长度应不小于列车长度与调车机车长度之和。

4.1.24 国铁专用线

国铁专用线是连接地铁线路与国家铁路线路的线路，用于地铁列车和物资运输，国铁专用线线路技术标准应与国家铁路标准一致。

4.2 车场线的布置和组合

4.2.1 停车线和列检线

停车线和列检线通常合称为停车列检线，实际上列检线是具备列车检查条件的停车线。

停车列检线是维持地铁正常运营必不可缺少的部分，用于停放等待随时可能投入运营的列车，所有停车列检线都必须直接与出入线相连，每一根出入线所接的停车列检线的数量应尽量相等。停车线和列检线通常组合设置在停车列检库（棚）内。

图 4.2-1 为 1 线 1 列位或 1 线 2 列位尽端式停车列检库示意图。

图 4.2-2 为 1 线 3 列位或 1 线 2 列位贯通式停车列检库示意图。

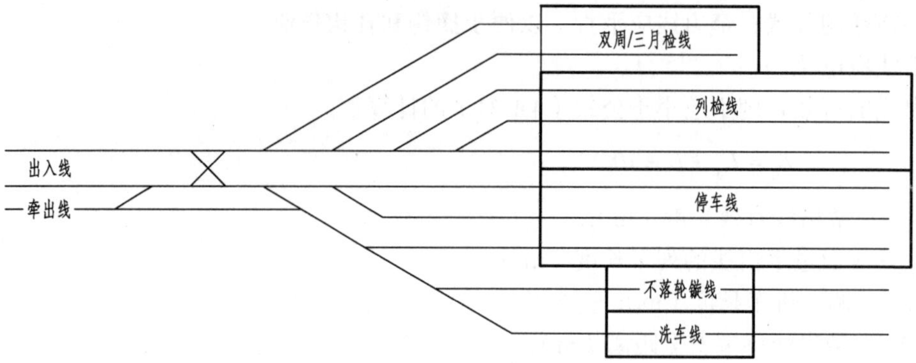

图 4.2-1　尽端式停车列检线、双周/三月检线、不落轮镟线、洗车线布置和组合示意图

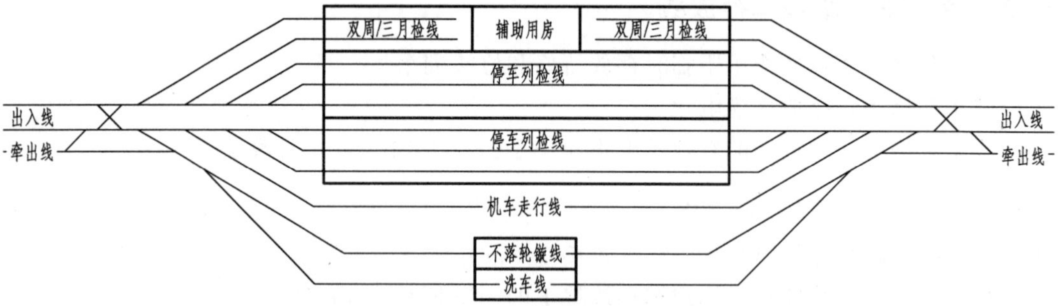

图 4.2-2　贯通式停车列检线、双周/三月检线、不落轮镟线、洗车线、机车走行线布置和组合示意图

4.2.2　双周/三月检线

在停车场中，双周/三月检线通常与停车列检线组合成运用库，如图 4.2-1、图 4.2-2 所示。

对于贯通式 1 线 3 列位的停车列检库，双周/三月检线宜设置在停车列检库两端的侧面，双周/三月检线库之间可以用于布置辅助用房，见图 4.2-2。

在定修车辆段或大架修车辆段中，双周/三月检线既可以与停车列检线组合成运用库，也可以与定、大架修线组合成联合检修库，见图 4.2-3。

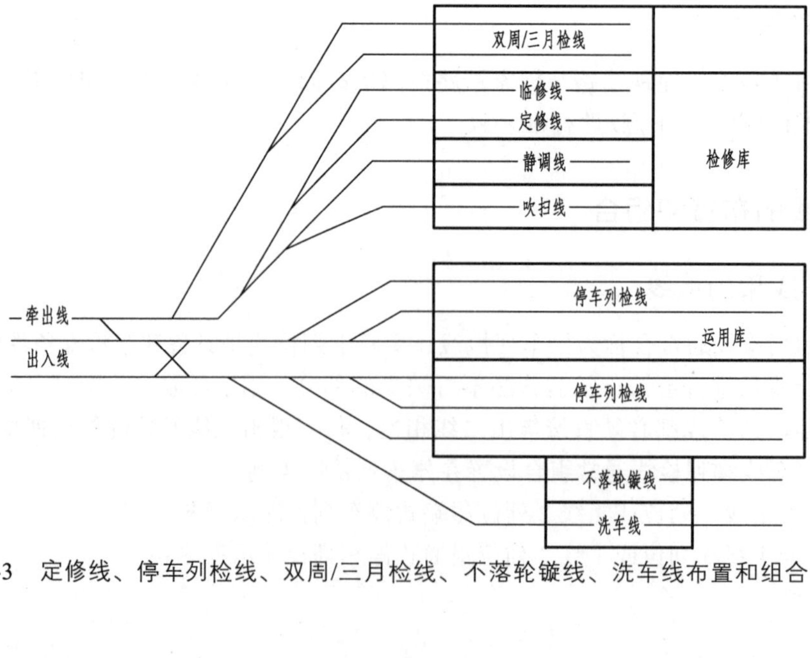

图 4.2-3　定修线、停车列检线、双周/三月检线、不落轮镟线、洗车线布置和组合示意图

4.2.3 定修线

定修线设置在定修车辆段和大架修车辆段中，通常与临修线、吹扫线、静调线合建成库，有时也与双周/三月检库合建，见图 4.2-3。

4.2.4 临修线

临修线通常设置在定修车辆段和大架修车辆段中，有时根据需要，停车场也可设置临修线，停车场设置临修线时，通常与双周双月检线合建，见图 4.2-3、图 4.2-4。

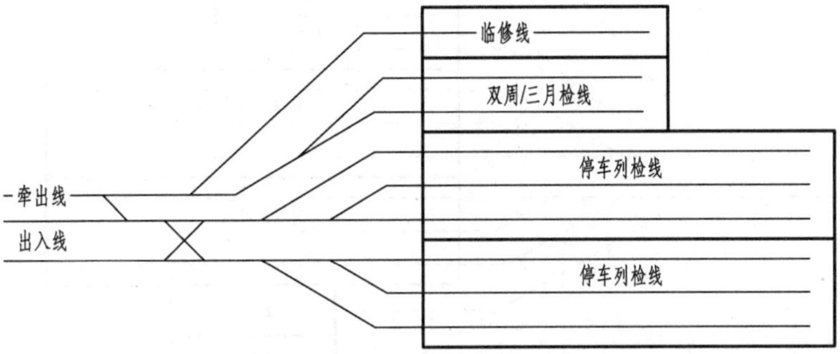

图 4.2-4　设置在停车场的临修线布置示意图

4.2.5 大架修线

车辆的架、大修通常同时出现在大架修车辆段，也有只承担车辆架修的架修车辆段，见图 4.2-5。架修车辆段中，架修线与定修线、临修线、吹扫线、静调线合建为联合检修库。

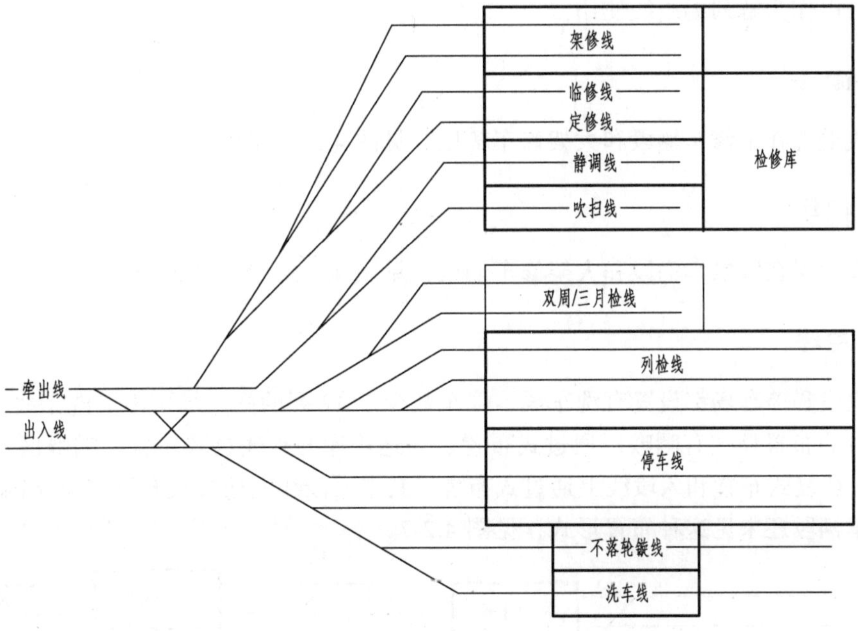

图 4.2-5　架修车辆段车场线布置示意图

对于大架修车辆段，架、大修线通常是通用的。

大架修库通常设置有移车台，列车解编后，车辆按工艺要求可经移车台转线至各个工位，车辆大架修工艺的部件拆卸和组装工序都在组装线上完成，见图 4.2-6。

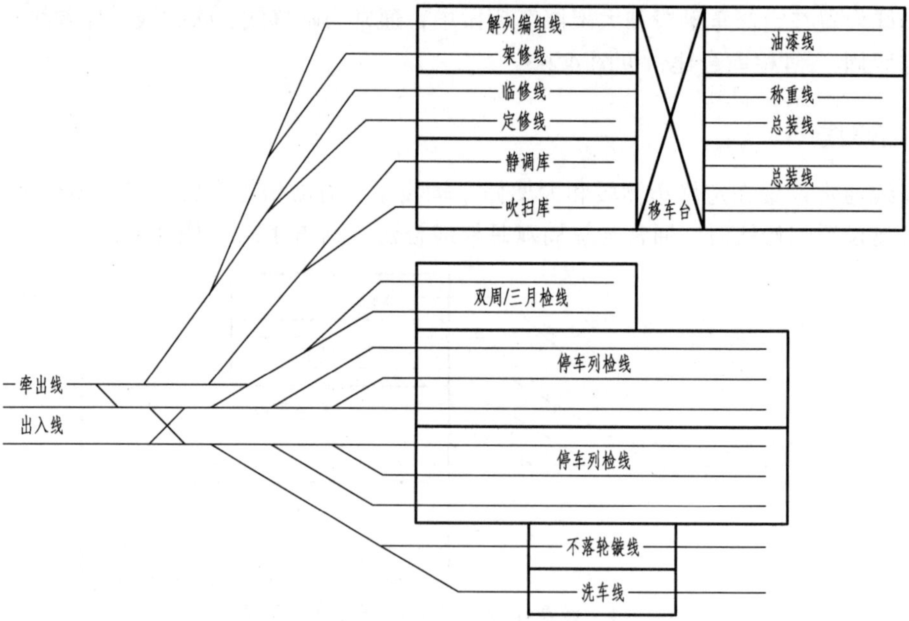

图 4.2-6　大架修车辆段车场线布置示意图

4.2.6　解列编组线

解列编组线设置在大架修库中，见图 4.2-6，由于需要在临修线上作业的列车故障很少，临修线也可以作为解列编组线使用。

4.2.7　静调线

静调线设置在定修车辆段和大架修车辆段，见图 4.2-5、图 4.2-6。

4.2.8　吹扫线

吹扫线设置在定修车辆段和大架修车辆段，见图 4.2-3、图 4.2-5、图 4.2-6。

4.2.9　洗车线

在车辆段和停车场都设置有洗车线，停车数少于 12 列的停车场可不设洗车线。

洗车线的布置型式有咽喉区通过式布置、与运用库并列通过式布置、咽喉区八字线式布置、尽端线往复式布置和入段线上通过式布置，其中入段线上通过式布置多见于国外车辆段，国内地铁车辆段还未见这种布置形式，见图 4.2-7。

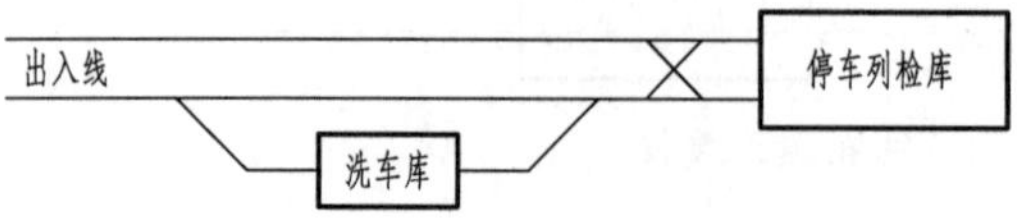

（a）咽喉区侧通过式布置

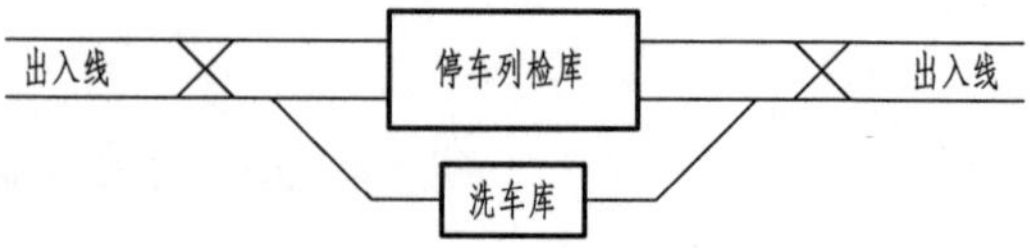

（b）运用库侧并列通过式布置

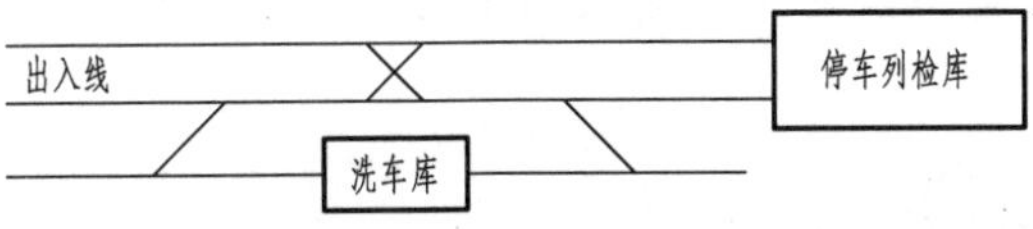

（c）咽喉区八字式布置

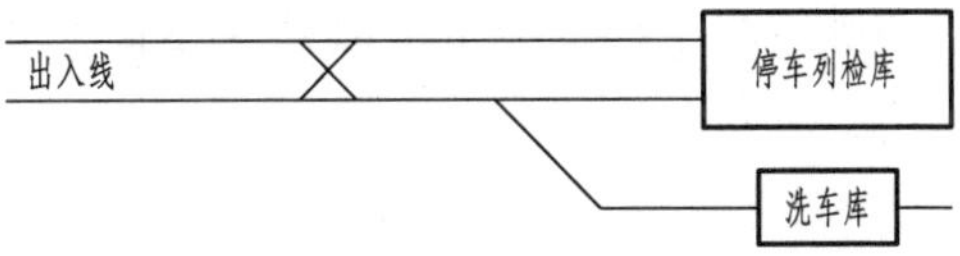

（d）尽端式往复式布置

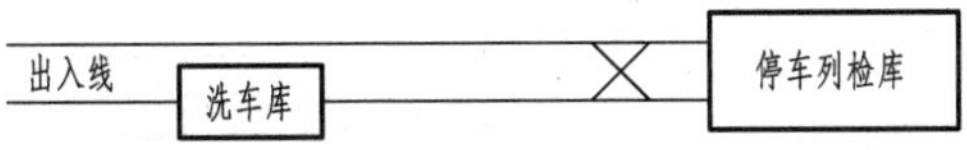

（e）入段线上通过式布置

图 4.2-7　洗车线 5 种布置示意图

4.2.10　镟轮线

镟轮线通常设置在车辆段中，当正线线路过长时，也可在停车场设置镟轮线，见图 4.2-1、图 4.2-3、图 4.2-5、图 4.2-6。

4.2.11　调机线

调机线通常设置在车辆段中，由于调车机车主要用于车辆段内停车列检库与联合检修库之间的调车作业，调机线应与停车列检库和联合检修库对向设置，以避免调车机车折返作业，见图 4.2-8（a）。

如果调机线与停车列检库和联合检修库并列布置，则停车列检库与联合检修库之间的列车转线会出现调车机车折返作业现象，见图 4.2-8（b）。

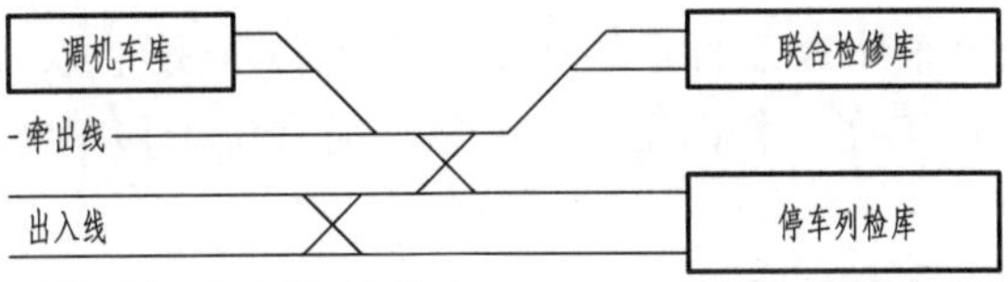

（a）调机线与停车列检库和联合检修库对向设置

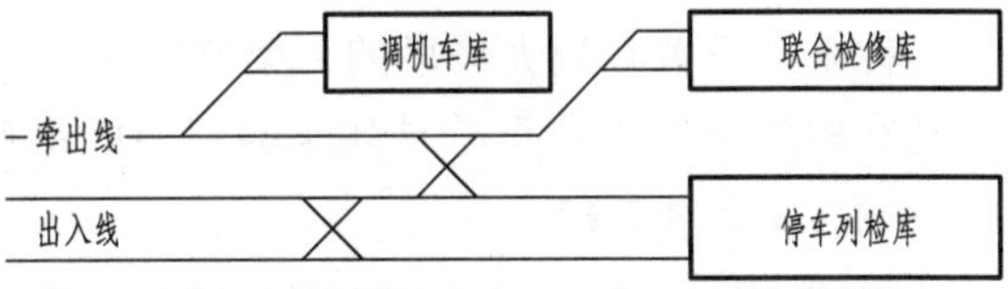

（b）调机线与停车列检库和联合检修库并列布置

图 4.2-8　调机线布置示意图

4.2.12　工程车线

工程车线设置在车辆段和停车场内，由于工程车主要是去正线作业，工程车线应连接在出入线上的交叉渡线之后，工程车则可直接进出车辆段或停车场，见图 4.2-9（a）。困难条件下，直接接在任意一条出入线上也是可以接受的，见图 4.2-9（b）。

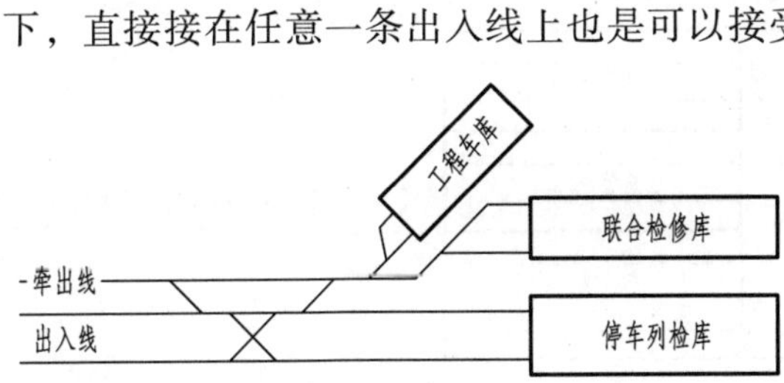

（a）连接在交叉渡线之后

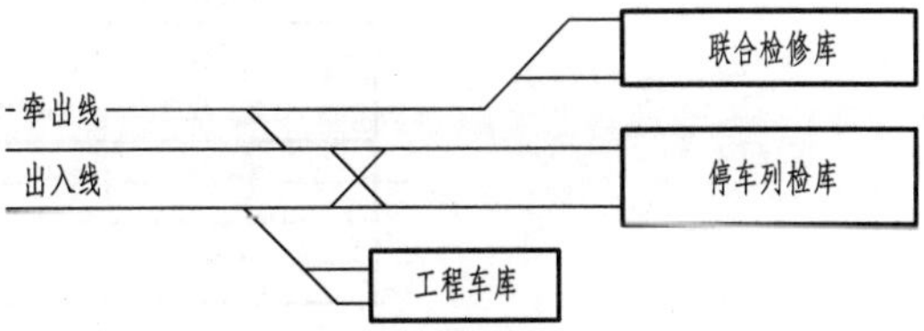

（b）连接在出入线上

图 4.2-9　工程车线布置示意图

调机线与工程车线也可以共库布置，共库布置只能对工程车或调车机车一方有利，见图4.2-10。

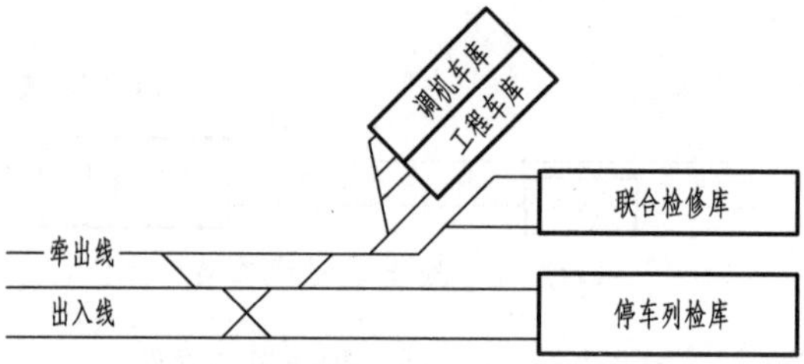

图 4.2-10　调机线与工程车线共库布置示意图

调机线与工程车线比较理想的布置方式是调机线与停车列检库和联合检修库对向设置，而工程车线与停车列检库和联合检修库并列布置，见图 4.2-11。

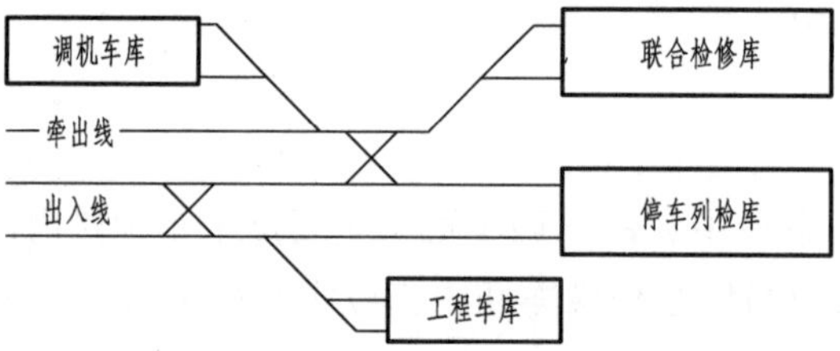

图 4.2-11　调机线与工程车线理想布置示意图

4.2.13　称重线

称重线设置在架大修段的大架修库内，一般由车体 4 点称重线和车辆 8 点称重线组成，车辆在整备状态下称重，是列车编组前的最后一道工序，各占据一个台位，通常位于移车台的一侧，见图 4.2-12。

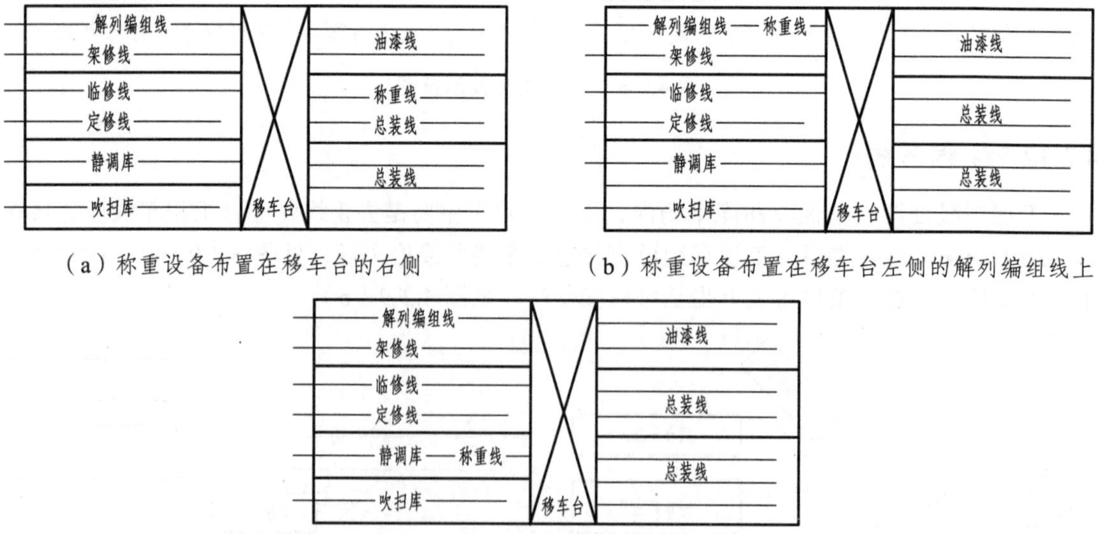

图 4.2-12　称重线布置示意图

图 4.2-12（a）是称重设备布置在移车台的右侧；图 4.2-12（b）是称重设备布置在移车台左侧的解列编组线上，车辆称重后可以直接编组；图 4.2-12（c）是称重设备布置在移车台左侧的静调线上，车辆称重后可以直接编组、静调。

采用图 4.2-12（b）和图 4.2-12（c）的布置方式时，虽然工艺流程比较流畅，但会增加检修库的长度。

4.2.14 材料线

材料线通常位于车辆段，根据线路中段场的分布，有时停车场也设置有材料线，材料线的一部分既可设置在材料棚内，也可露天设置，见图 4.3-5 ~ 图 4.3-7。

4.2.15 试车线

试车线设置在车辆段内，一般位于用地的长边，大架修车辆段的试车线应邻近检修库，见图 4.3-2 ~ 图 4.3-7。

4.2.16 卸车线

卸车线通常设置在车辆段内，可利用试车线、材料线的一部分作为卸车线，见图 4.3-2、图 4.3-6 和 4.3-7。

4.2.17 平板车线

平板车线一般设置在车辆段内，靠近工程车库或材料线，见图 4.3-2 ~ 图 4.3-7。

4.2.18 回转线

回转线一般设置在场地较宽的车辆段内，回转线通常占用部分试车线，见图 4.3-7。当场地为三角形时，可利用地形设置三角形回转线，见图 4.3-5。

4.2.19 牵出线

车辆段和停车场一般都设置有牵出线，通常设置在出入线附近，见图 4.2-1 ~ 图 4.2-6。

4.2.20 待修车和修竣车存放线

待修车和修竣车存放线设置在大架修车辆段内，通常靠近大架修库设置，见图 4.3-2、图 4.3-5、图 4.3-6。

4.2.21 机车走行线

机车走行线通常设置在倒装式车辆段，位于联合检修库附近，见图 4.3-6。贯通式停车列检库一侧也设置有机车走行线，见图 4.2-2。

4.2.22 国铁专用线

国铁专用线设置在附近有铁路车站或货场的车辆段或停车场附近，一般是预留接轨条件，很少有实施的。

4.2.23　出入线

出入线通常包含入段线和出段线，均按照双向设计。

车辆段或停车场出入线一般不少于 2 根[见图 4.2-13（a）]。个别规模较大的车辆段或停车场采用“八字”式接轨时设置 3 根出入线[见图 4.2-13（b）]。当停车场停车规模小于 12 列位时，可采用 1 根出入线，见图 4.2-13（c）。图 4.2-13（d）为出入线采用倒装接轨形式，该种形式出入线收发车时需要进行折返调头作业，导致收发车时间长、效率低，目前国内运营的案例较少，仅适合停车规模较小的停车场在困难情况下使用。

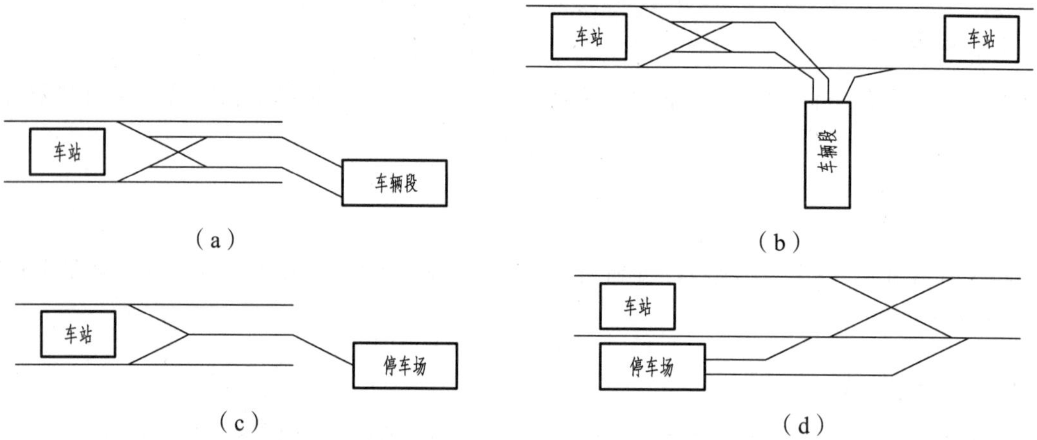

图 4.2-13　出入线示意图

4.2.24　双层车辆段或停车场出入线

双层车辆段或停车场出入线的形式多种多样，图 4.2-14 为部分双层车辆段出入线示意图。

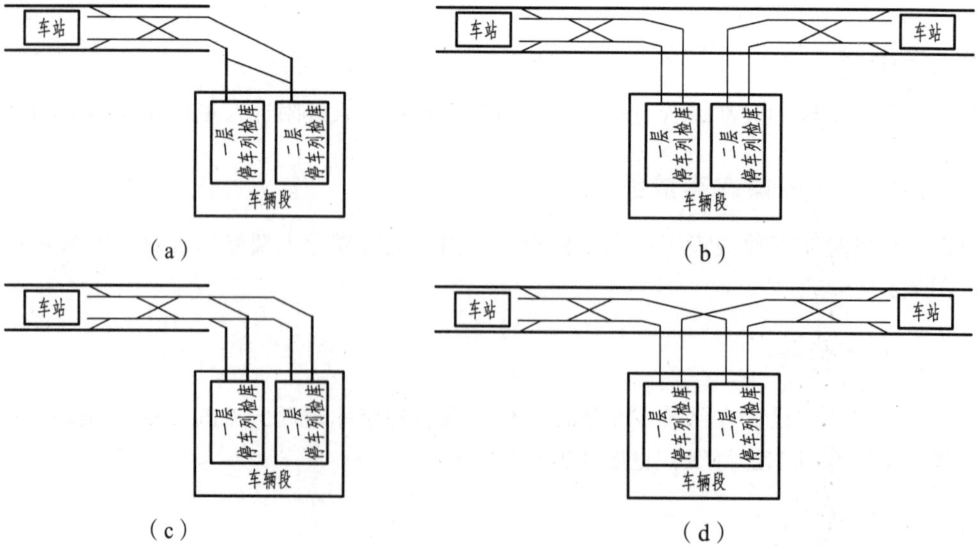

图 4.2-14　部分双层车辆段出入线示意图

4.3 地铁车辆段和停车场典型车场线线路图

地铁车辆段（停车场）一般分为四类，即大架修车辆段、定修车辆段、停车场和辅助定车场，各类车辆段（停车场）车场线的复杂程度有所不同。

4.3.1 大架修车辆段车场线

大架修车辆段分为顺装式车辆段和倒装式车辆段。顺装和倒装是由运用库和联合检修库的相对位置决定的。

4.3.1.1 顺装式车辆段

顺装式车辆段的运用库和联合检修库通常并列布置或前后布置，见图 4.3-1。

图 4.3-2 ~ 图 4.3-4 为各种顺装式大架修车辆段车场线示意图。

图 4.3-5 所示的大架修车辆段运用库和联合检修库虽然不是并列布置，但也是一种顺装车辆段，同时可以看出由于场地为三角形，可以设置三角形回转线。

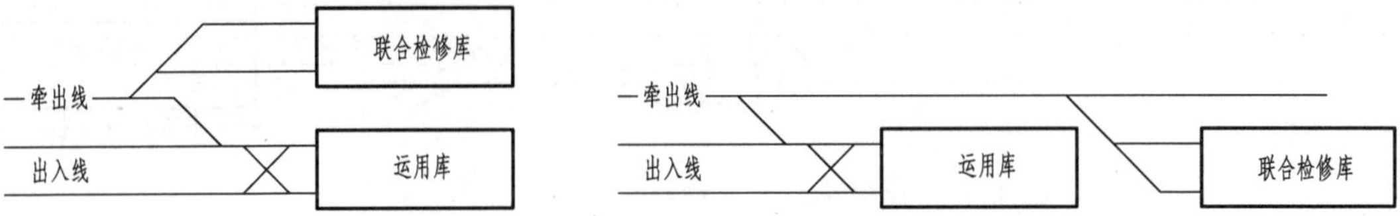

（a）并列布置顺装式车辆段　　（b）纵列布置顺装式车辆段

图 4.3-1　顺装式车辆段车场线示意图

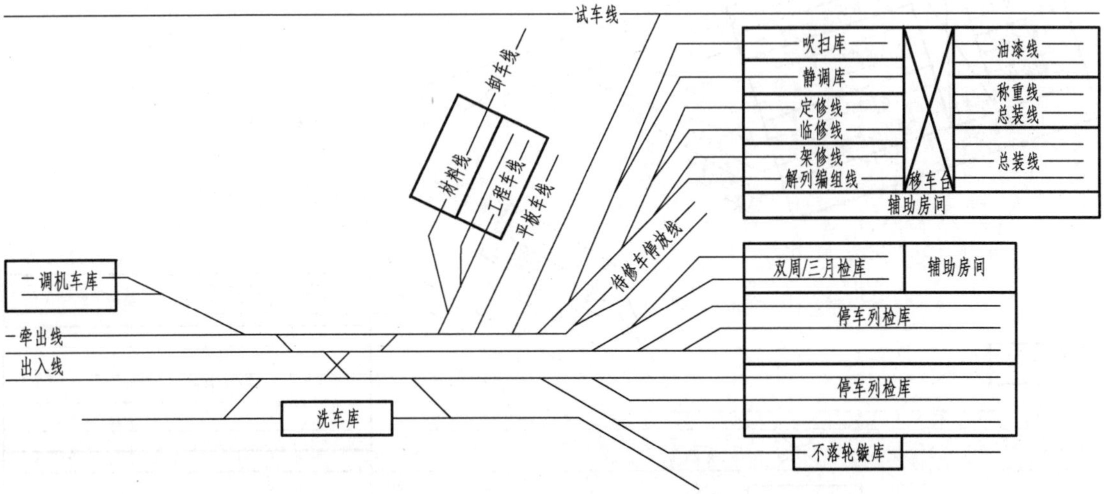

图 4.3-2　顺装并列式车辆段车场线示意图

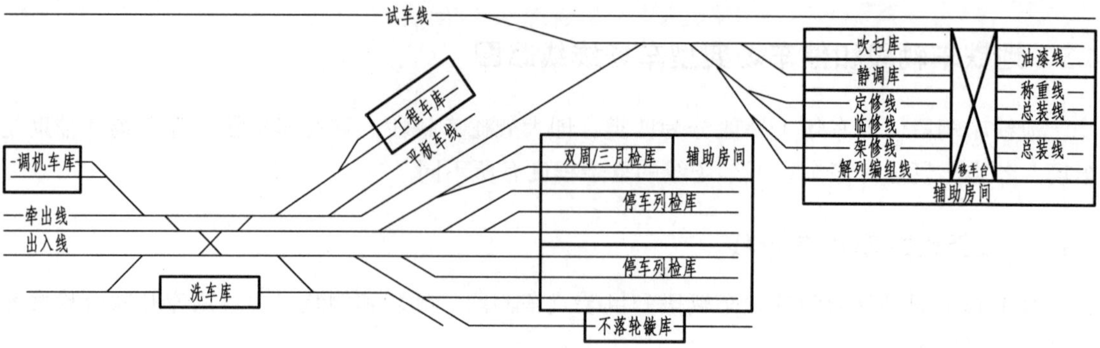

图 4.3-3　顺装纵列式车辆段车场线示意图（一）

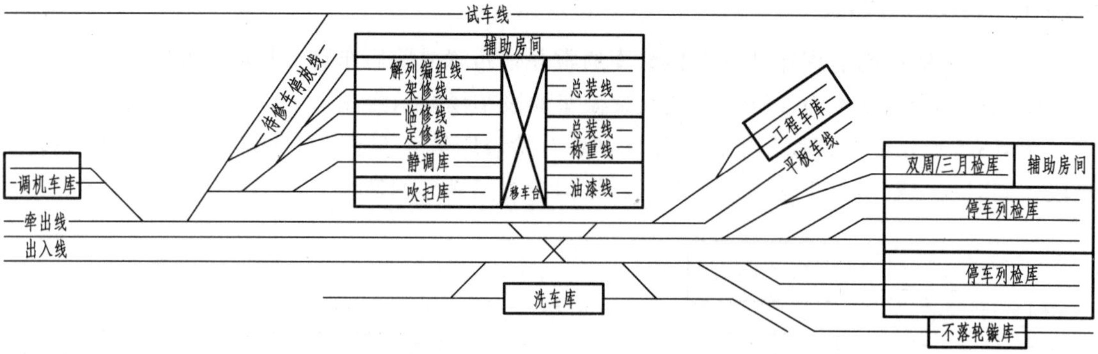

图 4.3-4　顺装纵列式车辆段车场线示意图（二）

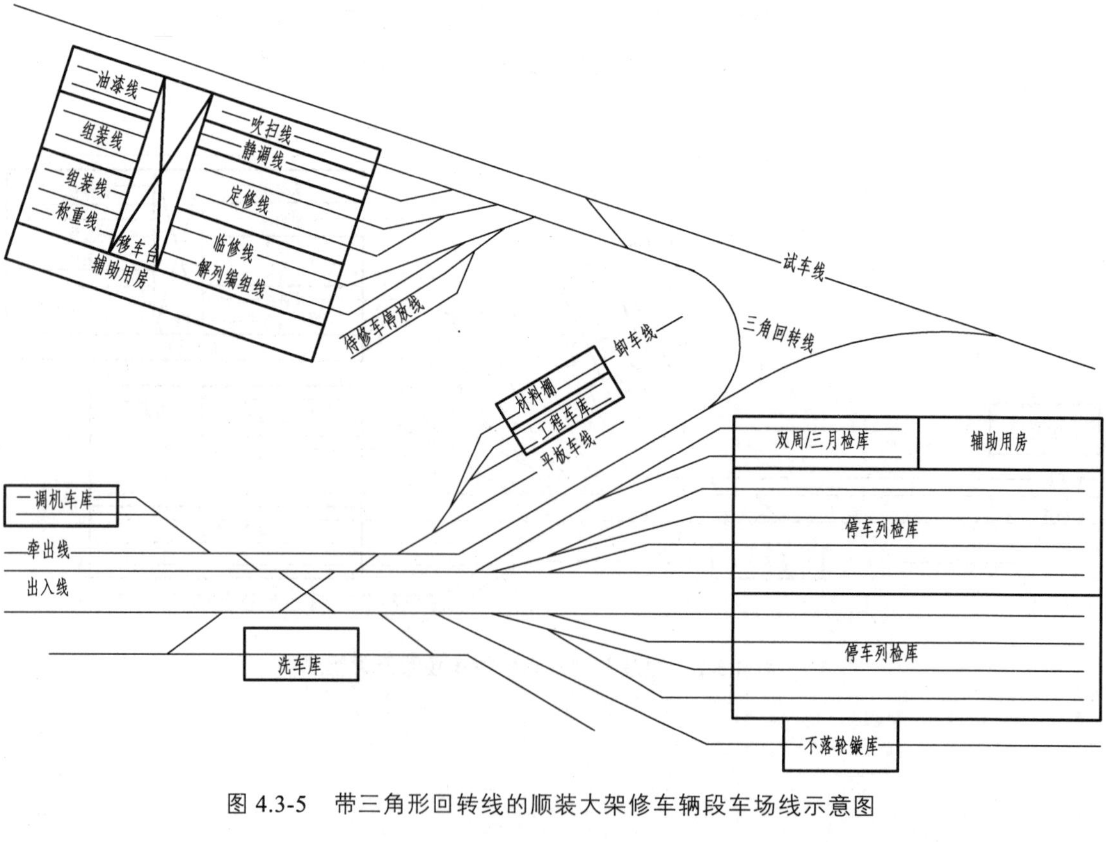

图 4.3-5　带三角形回转线的顺装大架修车辆段车场线示意图

4.3.1.2　倒装式大架修车辆段

倒装式大架修车辆段运用库和联合检修库相对布置，见图 4.3-6。

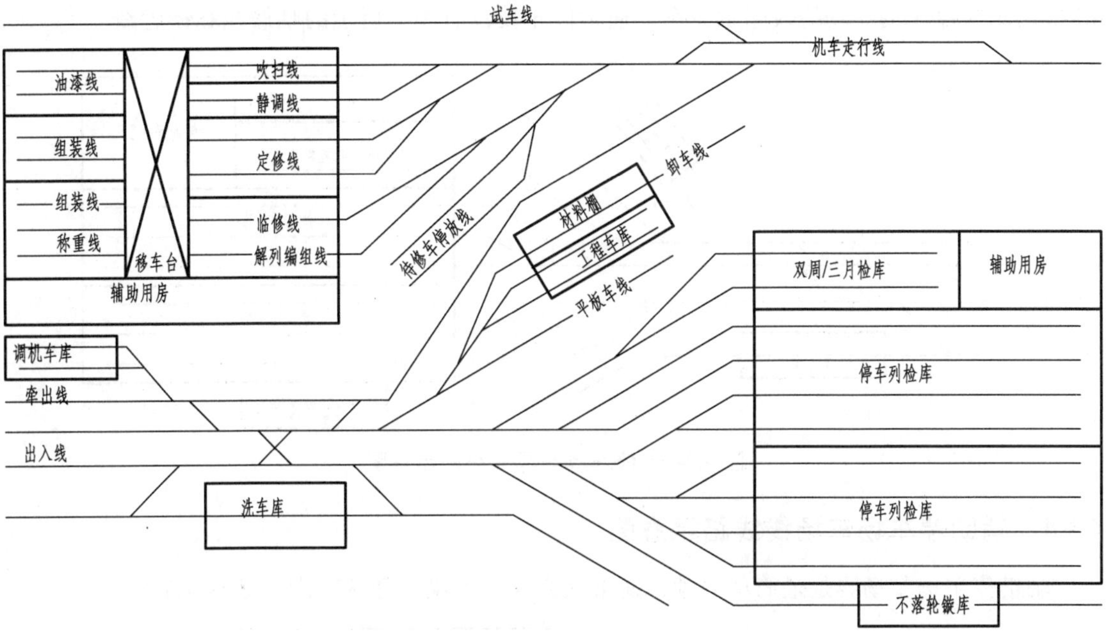

图 4.3-6　倒装式大架修车辆段车场线示意图

4.3.2　定修段车场线

与大架修车辆段相比，定修段只是联合检修库的复杂程度与之不一样，车场线的布置形式基本相同。图 4.3-7 为顺装式定修段车场线线路示意图，图中有灯泡形回转线。

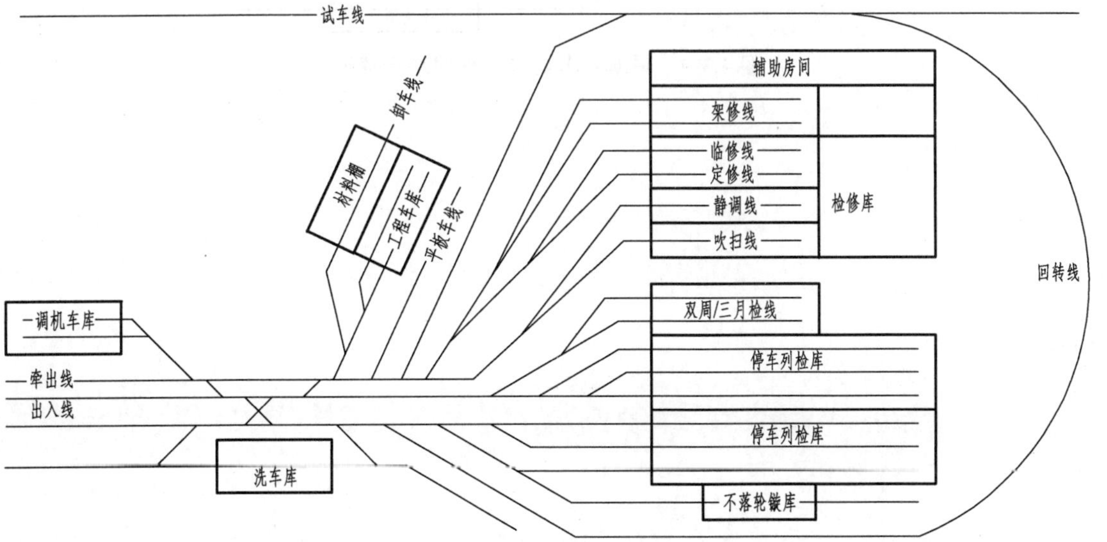

图 4-3.7　有圆形回转线的定修车辆段车场线示意图

4.3.3 停车场车场线

停车场车场线线路比较简单，由于没有检修库，所以也不存在倒装和顺装的区别。如图4.3-8所示为停车场车场线线路示意图，通常停车场没有图中所示的临修线和镟轮线。

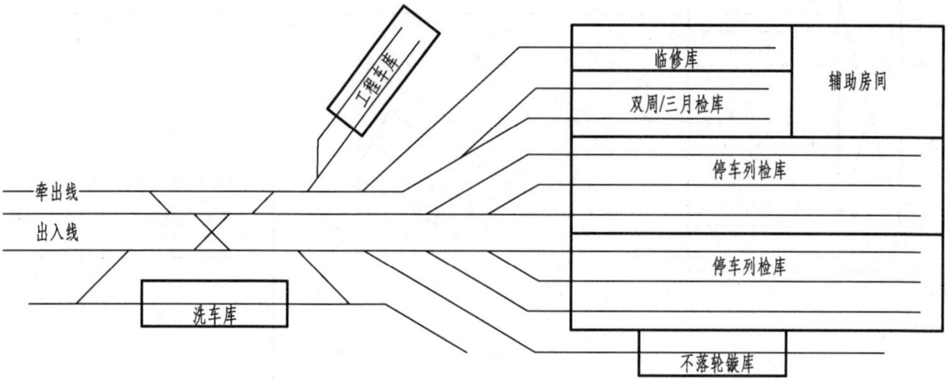

图 4.3-8 停车场车场线线路示意图

4.3.4 辅助停车场车场线线路示意图

辅助停车场车场线是最简单一种，通常只有停车列检库和洗车库，见图4.3-9。

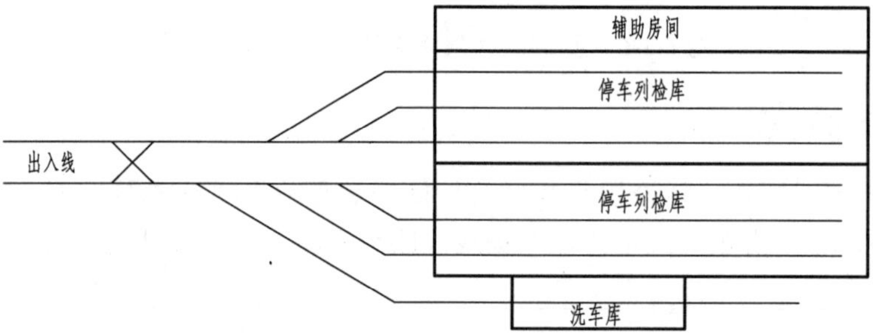

图 4.3-9 辅助停车场车场线线路示意图

5

线路电化

地铁列车由动车和拖车组成固定编组运行，属于动力分散式列车，并由电力牵引，所需电能由电力牵引供电系统提供。地铁列车能自行行走的线路架设有接触网或接触轨系统，称作电气化铁路，亦称电化铁路。

在地铁车辆段内，根据线路的功能和供电方式不同分为电化线路和非电化线路，在电化线路上，地铁列车可以自行行驶；在非电化线路上，地铁需要调车机车或公铁两用车牵引行驶，也可以利用车载的蓄电池组提供牵引电源。

为了便于列车自行行驶减少调车作业，车辆段内的线路应尽可能地电化。

车辆段内由接触网供电的电化线路包括停车线、列检线、周月检线、静调线、洗车线、牵出线、试车线、吹扫线、机车走行线、回转线、待修车和修竣车存放线。

车辆段内由接触轨供电的电化线路包括停车线、列检线、洗车线、牵出线、试车线、机车走行线、回转线、待修车和修竣车存放线。

对于电化的库内线，与之相连的库外线也应电化。

可以看出，出于对接触轨供电安全的考虑，其电化线路比接触网供电的少很多。

车辆段内非电化的线路包括大修线、架修线、架车线、车体检修及组装线、称重线、油漆线、定修线、临修线、镟轮线、调机车线、工程车线、平板车停放线、材料装卸线、新车卸车线、国铁专用线等。

对于库内线不电化的线路，可以将线路电化到库前，以减少调车作业。

有些线路的电化方式比较特殊，需要特殊处理。

5.1 不落轮镟线的电化

地铁采用直流牵引供电系统，接触网或接触轨作为直流供电电路的正极，两根走行轨兼做回流轨，为负极，地铁列车的供电方式见图 5.1-1。

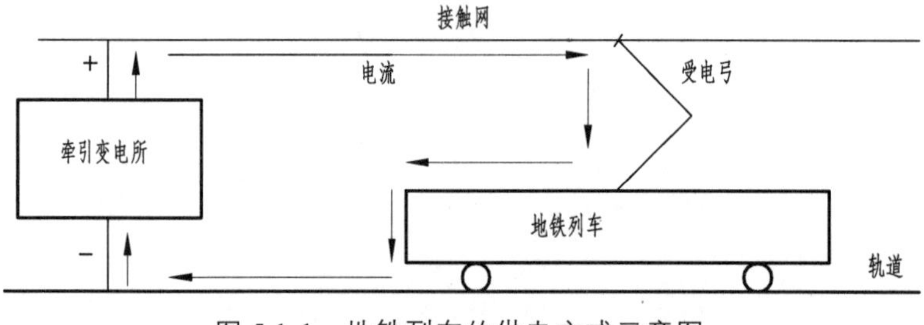

图 5.1-1　地铁列车的供电方式示意图

地铁线路的走行轨作为牵引供电系统的负极，是有电流通过的，如果不加以隔离，电流会经过走行轨流入不落轮镟床，从而对机床造成损害。

为了避免牵引回流损害不落轮镟床，除了不落轮镟线不电化之外，还要对通向不落轮镟库的轨道做绝缘处理，具体方法是在不落轮镟床前方的钢轨上设置绝缘节。

如果镟轮线不电化，列车将无法自行行驶至不落轮镟库前，需要公铁两用车长距离牵车作业，若镟轮线长度受限，待镟轮列车可能会停在道岔上，从而影响相邻股道的列车通过。

为了解决这个问题，可以采用镟轮线电化模式，接触网电化至库前 10 m 左右，不落轮镟库内及库后不设接触网，镟床前后轨道各做一道绝缘防护，列车自行行驶至库前后，由公铁两用车牵引其进出库，并完成列车与镟床的对位作业。

具体方案如下。

（1）方案一（增设回流线）。

从不落轮镟库前回流箱单独引一根回流电缆接至镟床前两处绝缘轨缝之间钢轨处，并在库前设隔离开关。列车进入镟轮线前，闭合隔离开关。列车自行至不落轮镟库前，停车降弓，打开隔离开关，由公铁两用车牵引作业。镟轮完成后，列车由公铁两用车牵引至库前，此时闭合隔离开关，列车升弓取电自行驶离，如图 5.1-2 所示。

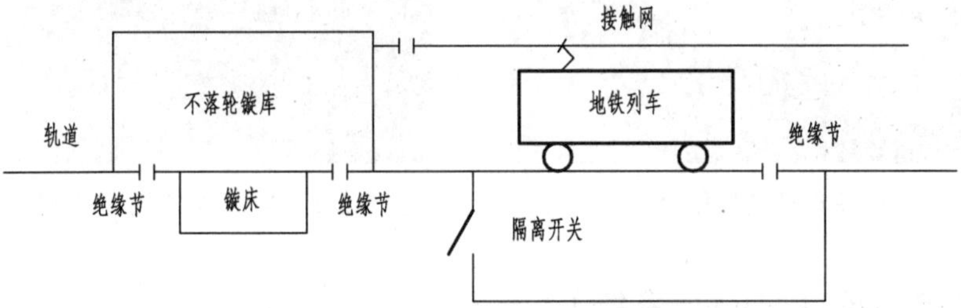

图 5.1-2　镟轮线电化方案一示意图

（2）方案二（增设单向导电装置）。

在不落轮镟库前轨道上增设 1 处绝缘节，与原库前绝缘节间距不小于列车与公铁两用车总长度，从不落轮镟库前回流箱单独引一根回流电缆接引至不落轮镟库前两处绝缘节之间钢轨处，并在回流电缆上设单向导电装置，同时在镟床前最近的两处绝缘节间钢轨接地，如图 5.1-3 所示。

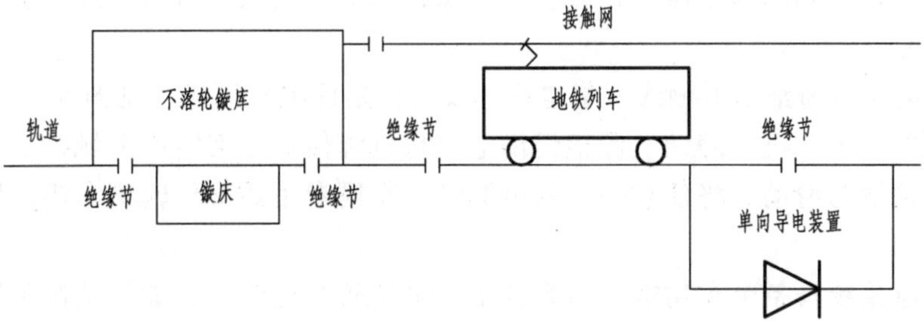

图 5.1-3　镟轮线电化方案二示意图

此方案，列车可以直接自行行驶至不落轮镟库前，且保证了镟床前后钢轨与镟床等电位，避免了打火现象的出现。

方案一和方案二均可有效避免镟床打火现象的发生，方案一增加隔离开关后，需要由专人负责操作，同时运营单位需制定相关操作规程，保障使用安全；方案二对日常使用来说相对简单。

5.2　有起重机的库线电化

对库线上方有起重机的线路，可以采用侧移式移动接触网对线路进行电化。

侧移式移动接触网安装在库内侧墙上，由刚性接触网和安全联锁控制系统组成。刚性接触网用于保证列车进、出库时的正常受流，同时在列车检修时侧移至线路一侧释放列车上部空间，方便列车检修；安全联锁控制系统用于实现刚性接触网的移动操作，同时与车顶平台监控系统、起重机实现安全联锁，从而保证设备的安全运行，见图 5.2-1 和图 5.2-2。

图 5.2-1　侧移式移动接触网

图 5.2-2　安装在侧墙上的侧移式移动接触网

5.3　移动供电系统（stinger 系统）

采用接触轨供电的地铁系统，为了消除检修区内人员的安全隐患，接触轨一般不敷设到检修区（包括周月检库、静调库）内，车辆进出库就需采用轨道车牵引或人力推动的方式。

对于这种情况，可以采用“滑触线供电系统”，该词源于英文名称“Stinger System”，也翻译作“滑触线系统”“移动供电系统”“滑动供电系统”。

滑触线供电系统可作为列车牵引电源及静调电源，可安装在检修库、运用库、月检库和静调库等库房顶部、侧墙或检修平台底板下。操作人员利用该设备可完成牵引地铁列车进出车库或静调作业。

滑触线供电系统通常由滑触线、集电小车及其他附件组合而成，见图 5.3-1。电源从变电所传输给静调电源柜，再从静调电源柜经由电缆将电源传输给架空的滑触线。集电臂碳刷通过与滑触线的接触与滑动，将任意一点的电源经由车辆专用插头传输给车辆，提供车辆牵引力或静调电源。

滑触线供电系统具备牵车功能，该系统中应采用防拉扯装置，能有效避免误操作，减少列车未取下供电插头且驶出检修库时造成的对供电系统及列车的损坏，分断力值可以根据实际使用情况设计。

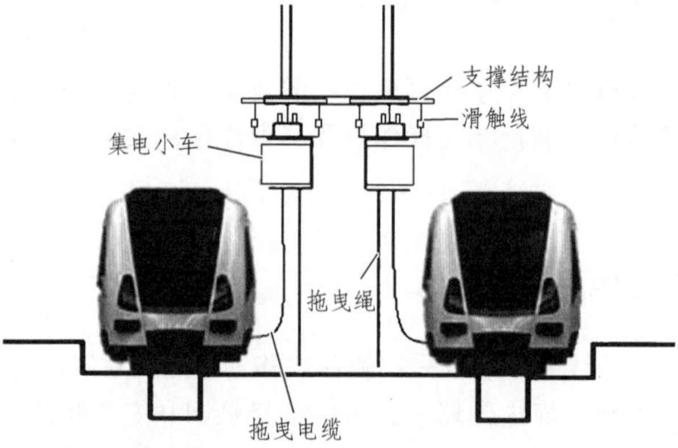

图 5.3-1　滑触线供电系统构成图

图 5.3-2　车库内的滑触线供电系统

利用滑触线供电系统牵引列车进出库的过程如下：

对于不设接触轨的库线，在相应的库线库外设长度不小于一列车长度的接触轨区段作为转换区，其供电分段采用隔离开关，以使其供电独立于其他轨行区线路的接触轨，避免出现接触轨和滑触线同时给车辆供电的情况。

列车进库时，由转换区接触轨供电驶入库内并停下，此时半列车停在转换轨区段，半列车停在滑触线供电区段，列车断电后，打开隔离开关，中断接触轨供电；由工作人员拖动滑触线集电小车下方的供电电缆，将供电电缆插头连接至列车的车间电源插座上，在列车接上滑触线系统后，采用滑触线系统提供的牵引电源，以手动模式慢速（小于 10 km/h）将列车开到库内停车位置。

列车出库时，由滑触线系统提供牵引电源，列车向库外行驶并停下，此时一半列车停于接触轨转换区，另一半仍停留在滑触线供电区段，在列车集电靴降靴无高压的情况下，将滑触线电源插头从列车的车间电源插座上拔出，合上转换轨的隔离开关，列车再由接触轨驶出。

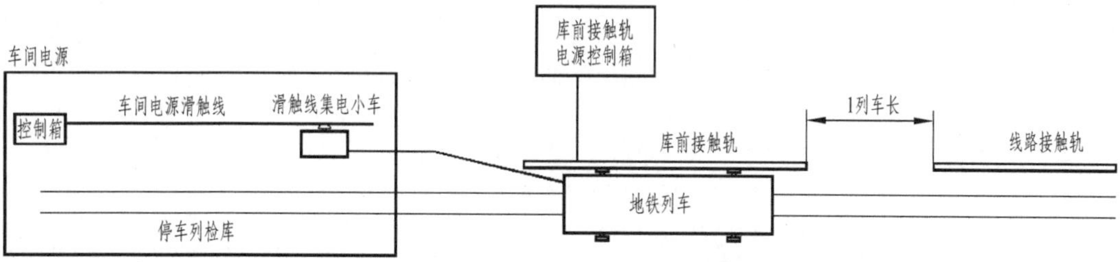

图 5.3-3　滑触线牵引车示意图

5.4　调车机车线电化

一些车辆段使用的是接触网和车载蓄电池双电源供电的调车机车，此时，调机车线就需要电化，以便调车机车利用接触网直接驶进调机车库，对于有起重机的车库，可电化到库前，然后由蓄电池供电进入库内。

5.5　接触轨供电系统的车辆段的线路电化

接触轨供电系统的车辆段的线路电化通常与系统一致，也采用接触轨供电，但也有采用接触网供电的，尤其是采用 DC 1 500 V 接触轨供电系统的车辆段，出于对安全的考虑，车场线可采用接触网供电，这种情况下，车辆采用“受流器+受电弓”的双模式，由司机在出入线上进行双模式转换。

6 车辆段总平面设计

车辆段总平面布置是指场区范围内的车间、车库、仓库、道路、管线、轨道及其他建（构）筑物的空间总体配置。主要任务是把整个车辆段作为一个系统，根据场区地形和生产工艺流程，统筹兼顾，结合厂址条件及有关技术要求，协调研究建（构）筑物及各项设施之间的相互空间和平面关系，正确处理建筑物、交通运输、管路管线、绿化区域等布置问题，充分利用地形，节约场地，使所建车辆段形成布局合理、协调一致、生产井然有序并与四周建筑群相互协调的有机整体。

场址确定后，应根据生产、安全、消防、卫生、环保、美化的需要，在已划定的占地范围内合理地进行建（构）筑物和其他工程设施的平面布置。

通常会设有总图设计部门，专门负责车辆段的总体平面设计，作为工艺设计人员，除了需做好工艺设计外，更重要的是要参与车辆段总平面布置设计工作。

6.1　车辆段的分区

车辆段建构筑物根据功能可分为生产类、生产辅助类、生活办公类。

生产类包括停车列检库、周月检库、大架修库、定临修库、静调库、吹扫库、不落轮镟库、洗车库、工程车库、易燃品库等，生产辅助类包括变电所、信号楼、空压机站、材料库、材料棚、污水处理站、汽车库等，办公生活类包括办公楼、食堂、宿舍等。各类建筑可以按照其功能合建。

车辆段根据功能还可以划分为生产区、办公生活区和轨道区，见图 6.1-1。

生产区主要由运用设施和检修设施组成。生产区为车辆段的主要部分，其他建筑物都要围绕其布置。

运用设施包括停车库、列检库、周月检库、洗车库，这些设施可以组合成一座建筑物，称作运用库。

停车列检库是保证地铁正常运营必不可少的重要设施，直接连通正线，通过出入线向正线输送列车，因而，车辆段的总平面布置应以运用库为主体。

检修设施包括大架修库、定临修库、静调库、吹扫库，这些设施也可以组合成一座建筑物，称作联合检修库。

办公生活区主要包括办公楼、食堂、宿舍等。

轨道区由出入线和咽喉区组成，连接正线和生产区的室内外线路。

其他建构筑物根据功能不同分布在这些分区内和分区之间。

6.2　车辆段的平面设计

地铁车辆段通常建在城市之中，很难找到非常理想的地块建设车辆段，这就要求设计者应根据工艺要求和地形做好总平面设计，理想的车辆段用地以长方形为好，长方形的长度不宜小于 1 300 m，宽度不宜小于 3 00 m。较宽的场地适合运用库和检修库并列布置，狭长场地适合运用库和检修库纵列布置或倒装布置，在不规则的地块上可采用分散式布置。

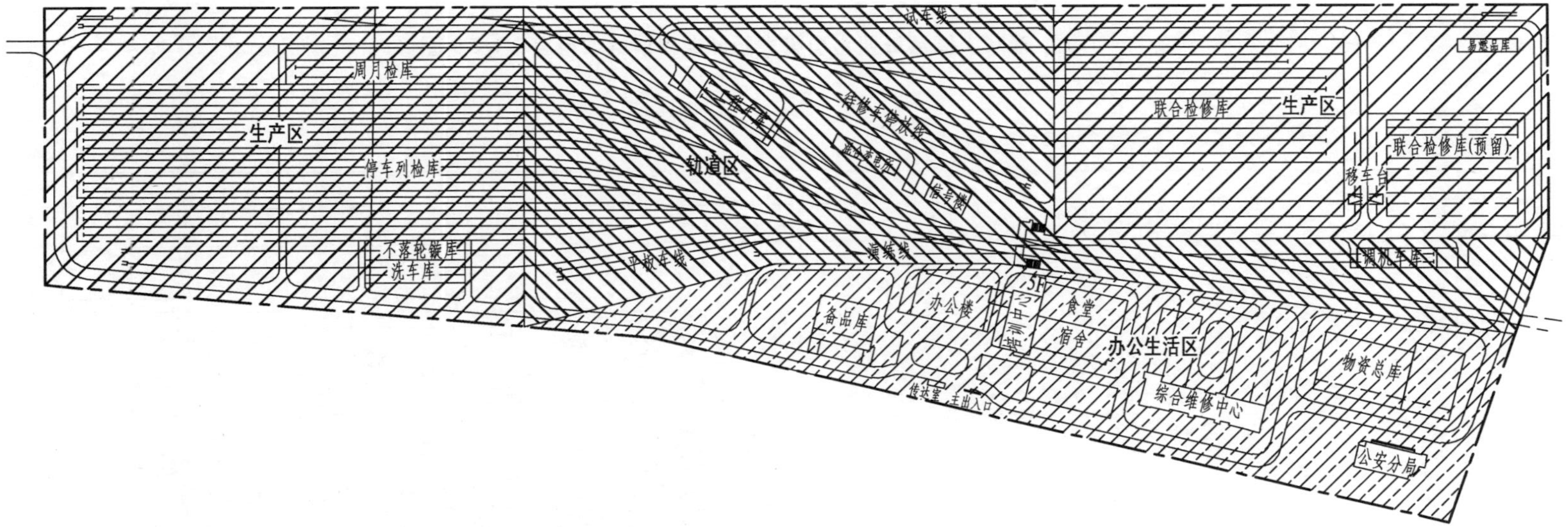

图 6.1-1　车辆段分区平面示意图

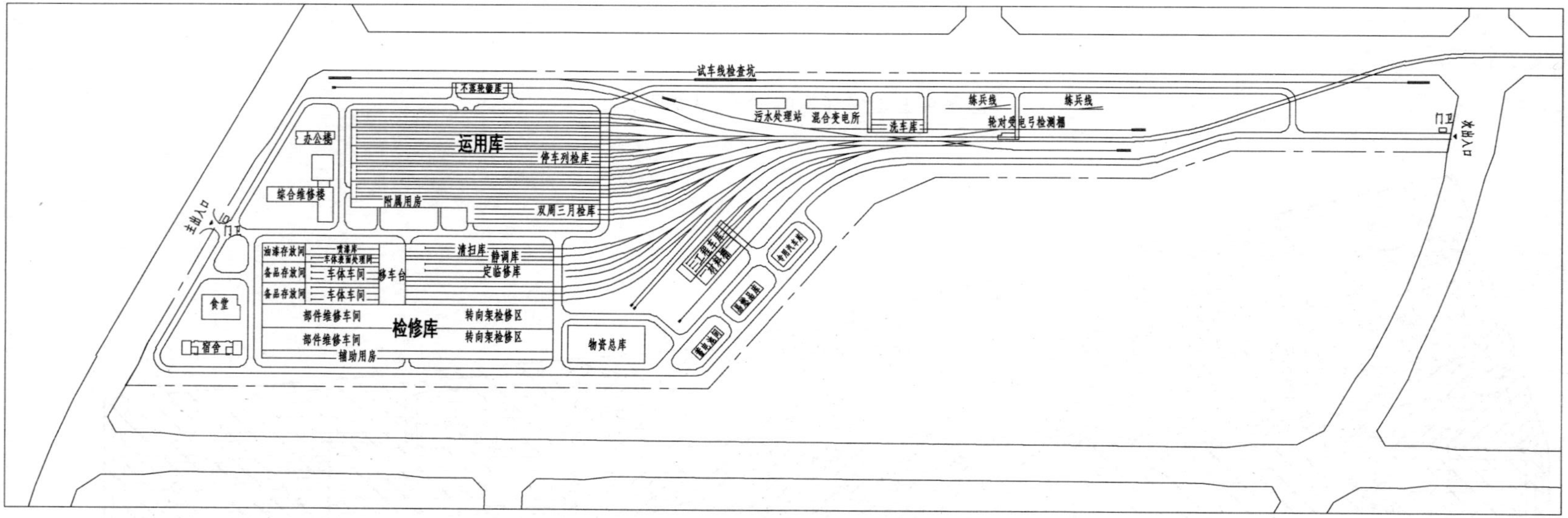

图 6.2-1 运用库和检修库并列车辆段平面布置图（方案一）

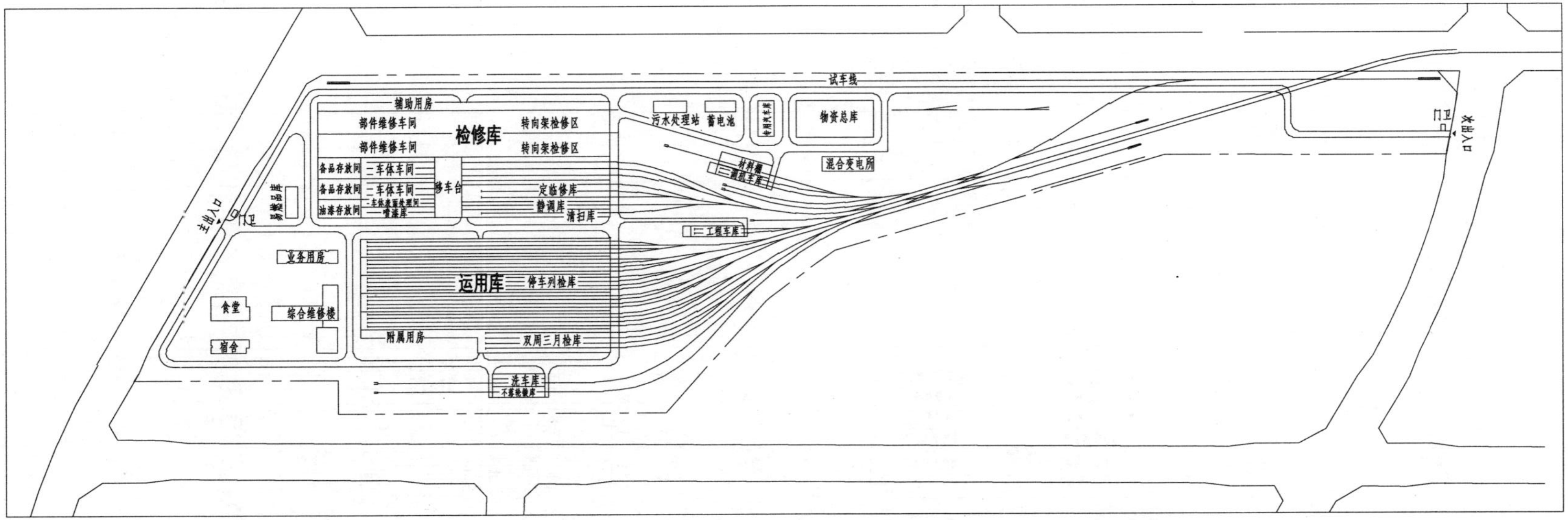

图 6.2-2　运用库和检修库并列车辆段平面布置图（方案二）

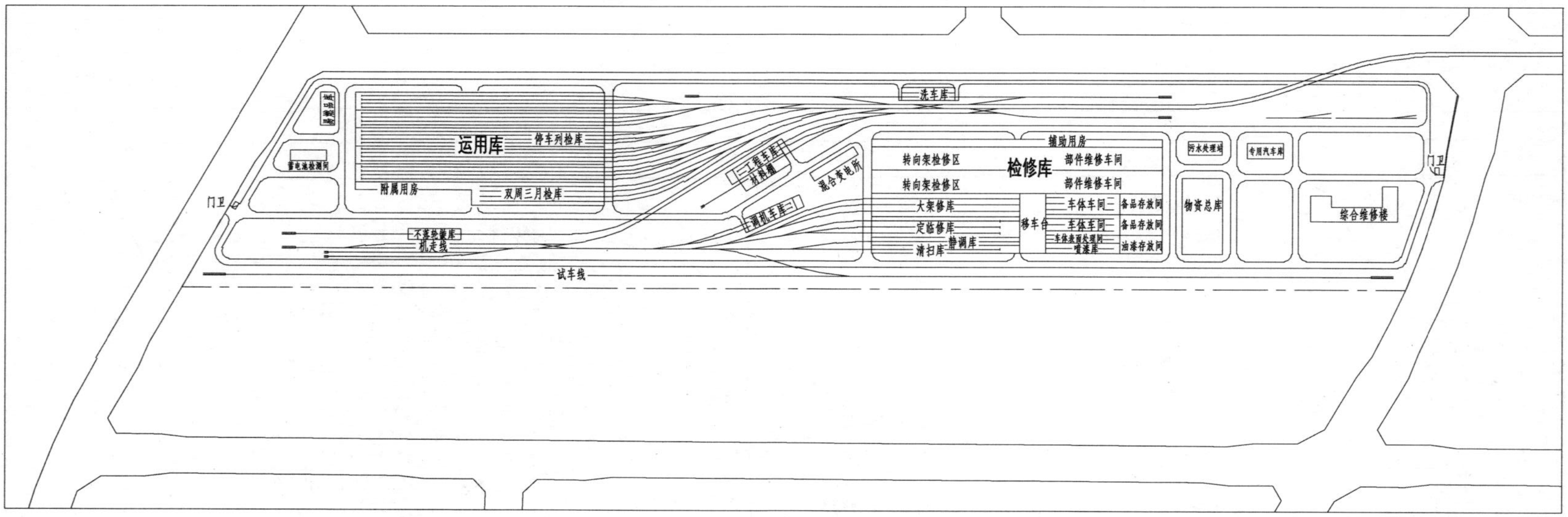

图 6.2-3　运用库和检修库倒装车辆段平面布置图（方案三）

6.2.1　理想尺寸场地总平面布置

理想的场地指的是长度大于 1 300 m、宽度大于 300 m 的长方形场地，此种场地既适合运用库和检修库并列布置，也适合运用库和检修库对向（倒装）布置，应进行平面布置的方案比选。

图 6.2-1 为 1 370 m×430 m（长×宽）的场地，可做出 3 个方案，图 6.2-1 和图 6.2-2 均为运用库和检修库并列布置方案，图 6.2-3 为运用库和检修库对向（倒装）布置方案。

3 个方案均能满足工艺要求，方案比选如下。

图 6.2-1 和图 6.2-2 的区别是试车线的位置不同：图 6.2-1 方案的试车线在运用库一侧，列车在检修库检修后要经过出入线才能上试车线，洗车库为八字式布置，洗车效率较高；图 6.2-2 方案的试车线在检修库一侧，列车在检修库检修后不需经过出入线即可去试车线试车，洗车库为尽端式布置，洗车效率较低。图 6.2-3 方案为运用库和检修库对向（倒装）布置，此方案布置紧凑，是占地最少的方案，但列车往返运用库与检修库需折返行驶，列车的转线作业比较复杂，在顺向布置与倒装布置都可行的条件下，应首选顺向布置的形式。经过比选后，将方案二作为推荐方案。

6.2.2　狭长场地总平面布置

狭长场地指的是长度远大于宽度的场地，对于狭长场地，适合运用库和检修库纵列式布置或倒装式布置，见图 6.2-3 和图 6.2-4。对于平行于正线的狭长场地，更适于采用停车列检库贯通式布置，见图 6.2-5。

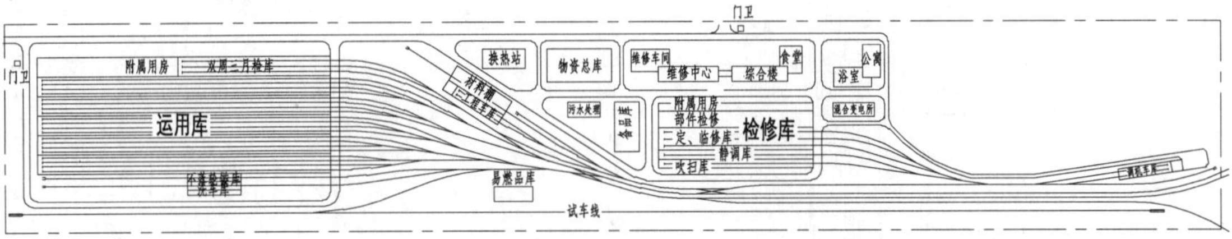

图 6.2-4　运用库和检修库纵列式车辆段平面布置图

如果场地条件允许，应布置回转线用于列车的调头，以平衡轮缘的偏磨，见图 6.2-6。

6.2.3　不规则形状场地总平面布置

对于不规则形状的场地，也应根据具体地形合理布置运用库和检修库，图 6.2-7 为三角形场地，检修库与运用库呈对向分散布置在场地的两个角上，虽然运用库和检修库呈对向布置，但并不是倒装式，只是顺装式的一种变形。三角形地块还有一个有利的条件，就是可以布置三角形回转线，实现列车调头，平衡车轮偏磨。

6.2.4　窄小场地总平面布置

对于条件不是很好的场地，也应开阔思路，设计出较为理想的方案。

图 6.2-8 为一座停车场的设计方案，场地呈狭窄的不规则长方形，长边约 700 m，最宽处约 130 m，用地面积只有 6.54 hm^2。对于面积不大的地块，应将能合并的线路、库房尽可能合并，减少单体建筑数量。本案例的最终方案中只有两座主要建筑物——运用库和综合办公楼，

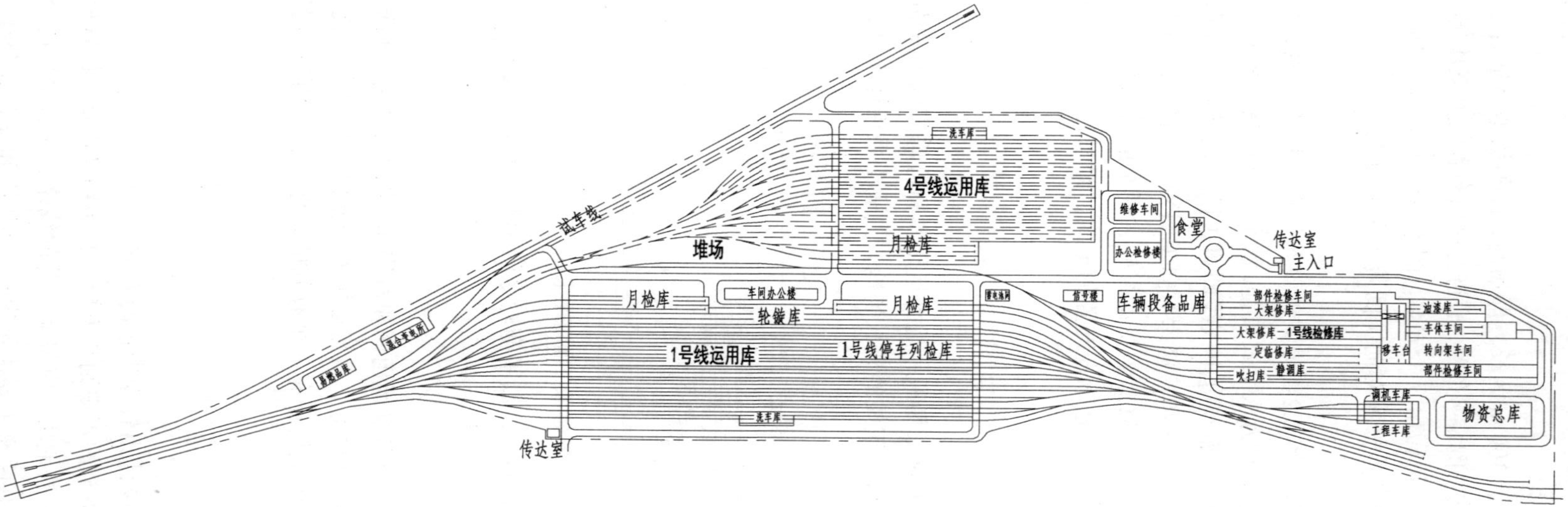

图 6.2-5　停车列检库贯通式车辆段平面布置图

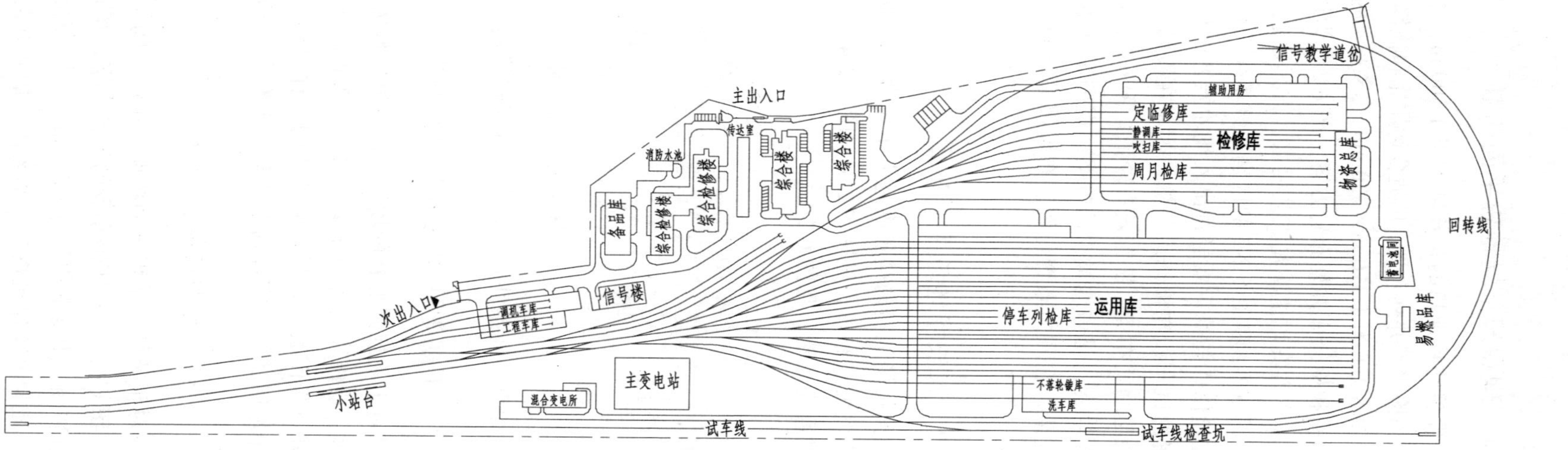

图 6.2-6　设置回转线的车辆段平面布置图

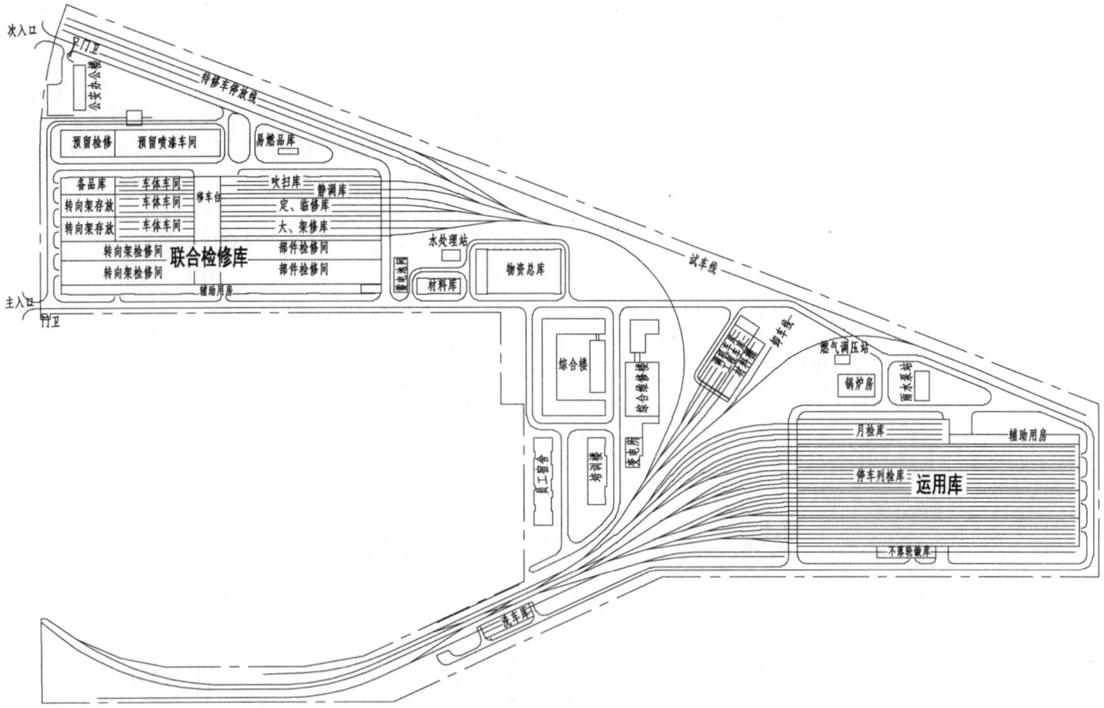

图 6.2-7　三角形地块车辆段平面布置图

运用库由 10 股道 20 列位停车列检库、2 股道 2 列位月检库、洗车库、1 股道工程车库、混合变电所组成，停车场内还设置有 2 股道的国铁专用线。停车场每辆车占地只有 545 m^2，远小于《城市轨道交通工程项目建设标准》(JB 104—2008) 规定的停车场每辆车占地 600 m^2 的指标。

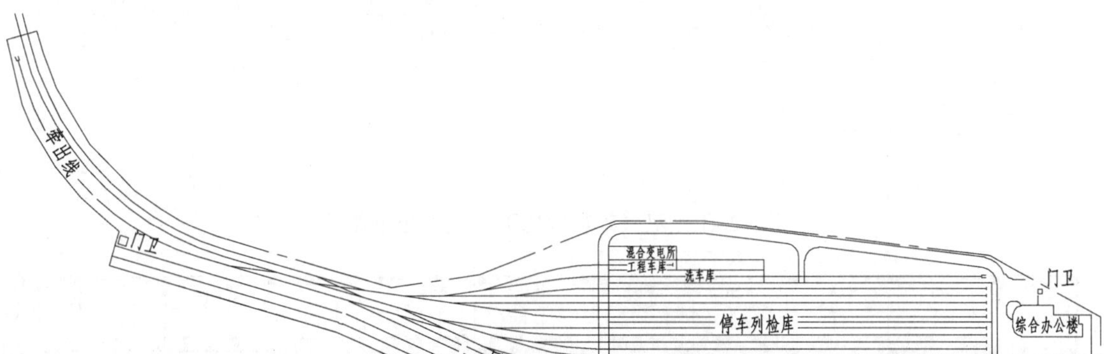

图 6.2-8　窄小地块停车场平面布置图

6.2.5　地下双层车辆段平面布置

地铁车辆段和停车场通常都具有占地面积大的特点，为了节约土地，在有条件的地方可以建设地下双层车辆段和停车场，将平面车辆段和停车场立体化，如果双层车辆段和停车场全部位于地下，地面以上的空间还可以进行物业开发。图 6.2-9 ~ 图 6.2-11 为地下双层车辆段的地下一、二层平面布置图和运用库、检修库剖面图。

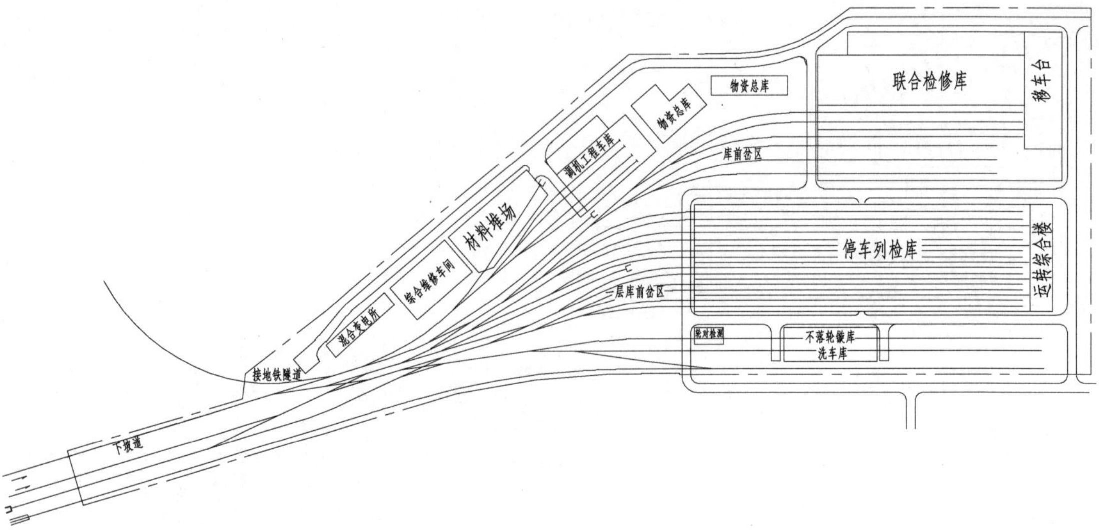

图 6.2-9　双层车辆段地下一层平面布置图

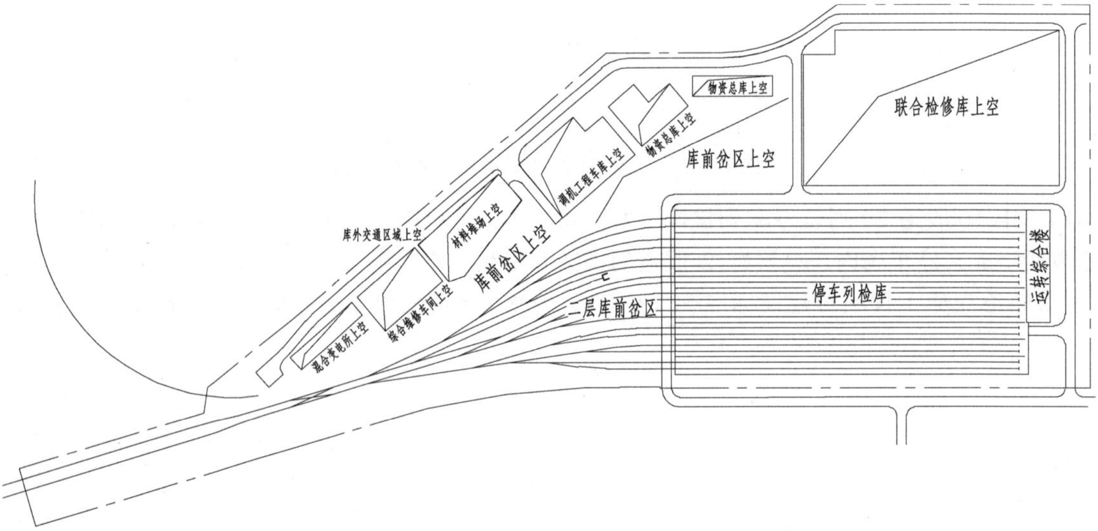

图 6.2-10　双层车辆段地下二层平面布置图

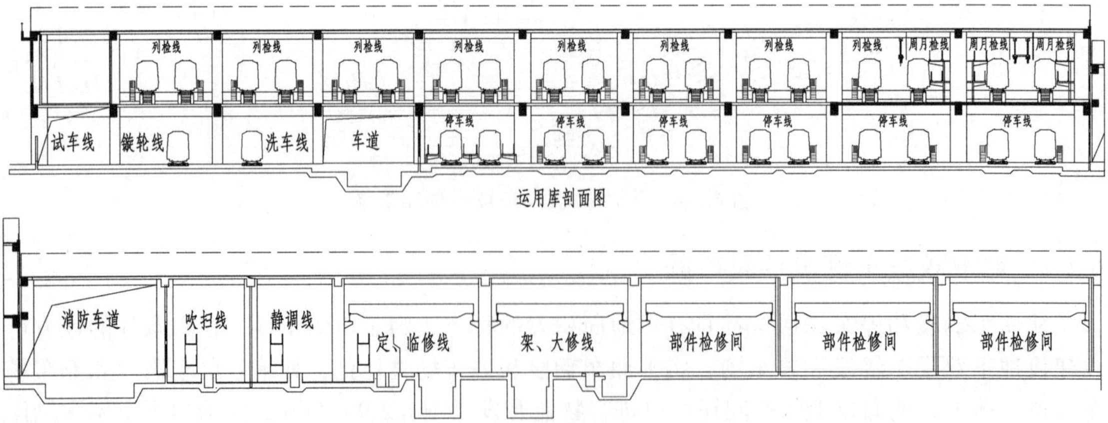

图 6.2-11　双层车辆段运用库、检修库剖面图

地下双层车辆段通常只有停车列检库被设计为双层，一层为有检查坑的列检库，另一层为没有检查坑的停车库。由于检修库具有跨距大、空间高的特点，只能设计为一层，见图 6.2-11。

6.3 总平面设计案例

6.3.1 大架修车辆段总平面设计案例

大架修车辆段通常有顺装式和倒装式两种布置形式，所谓车辆段的布置形式指的是运用库与检修库的相对位置和运用库与检修库之间轨道的连接方式。运用库与检修库的位置为上下关系时，称作“并列式”布置；运用库与检修库的位置为左右关系时，称作“纵列式”布置；运用库和检修库库前为相对关系时，为“对向式”布置。当运用库列车不经过机走线即可转线到检修库时，运用库与检修库为“顺装式”布置，反之为“倒装式”布置。通常情况下，并列式和纵列式属于顺装式布置，对向式布置属于倒装式布置。

图 6.3-1 为一种大架修车辆段的并列顺装式布置，其特点是运用库和检修库为并列关系，两库之间由一条道路隔开，两库库前平齐，这种布置对于列车流转和道路运输来说都是较好的形式。

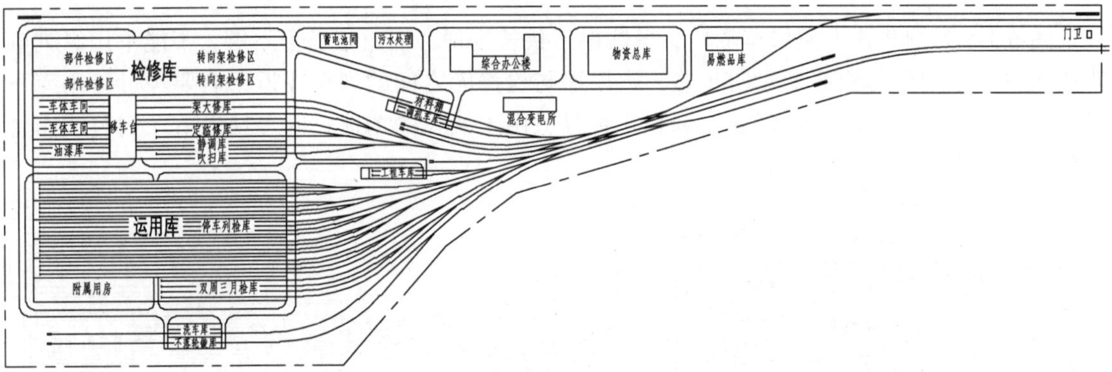

图 6.3-1　并列式大架修车辆段平面布置图

图 6.3-2 为纵列顺装式大架修车辆段，运用库与检修库呈前后纵向排列，与并列顺装式相比，其占地面积稍小。

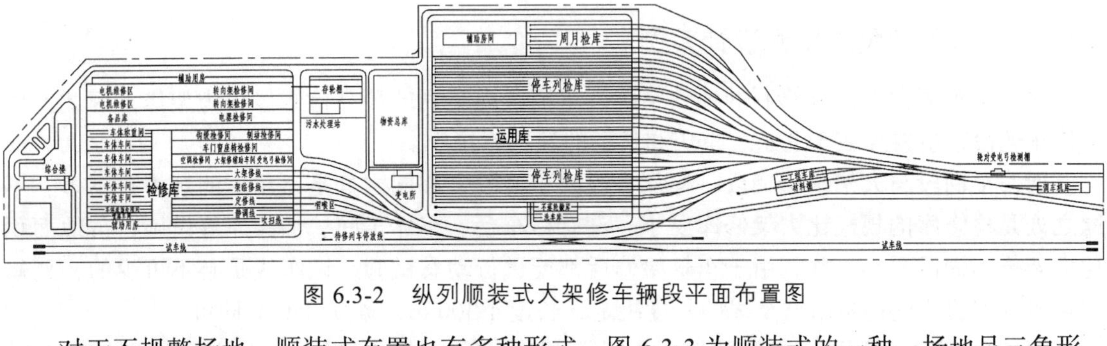

图 6.3-2　纵列顺装式大架修车辆段平面布置图

对于不规整场地，顺装式布置也有多种形式，图 6.3-3 为顺装式的一种，场地呈三角形，运用库和检修库不是平行布置，而是两者之间呈一个角度的布置。

极端情况下，运用库和检修库还会呈现对向布置的状态，但仍然属于顺向布置，见图 6.2-7。

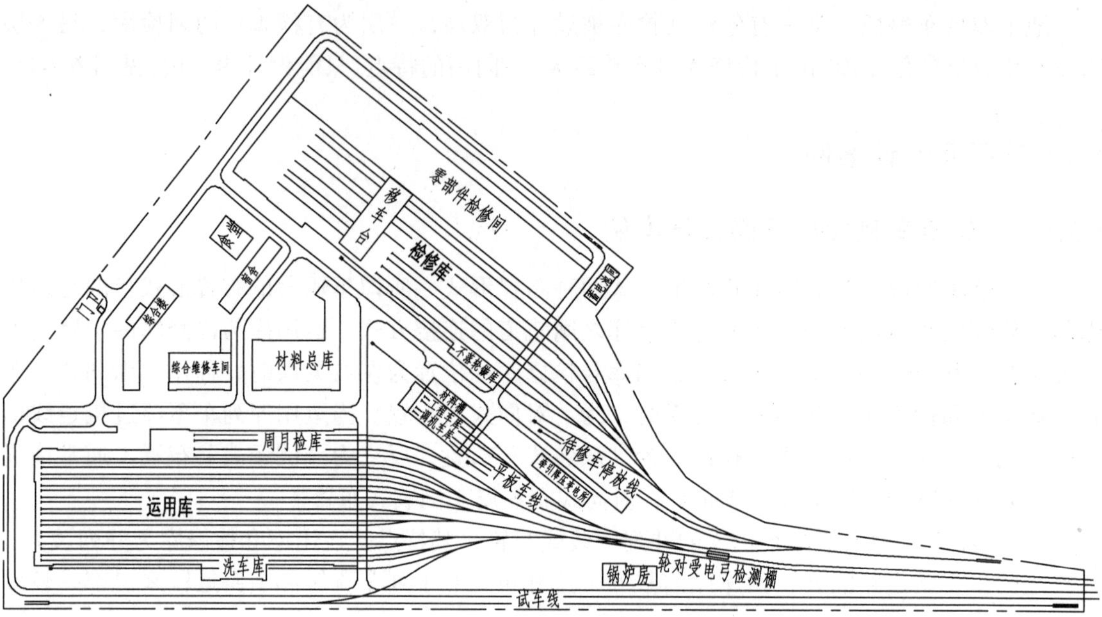

图 6.3-3　顺装式大架修车辆段平面布置图

图 6.3-4 为倒装式大架修车辆段，虽然也是狭长场地，但由于长度不够，不能采用纵列顺装式布置。运用库与检修库对向布置，运用库与检修库之间的列车往返，需要经过运用库下方的机走线，工艺路线比较复杂。倒装式布置适用于狭长的场地，同等规模下，倒装式布置比并列顺装式布置占地要稍小。

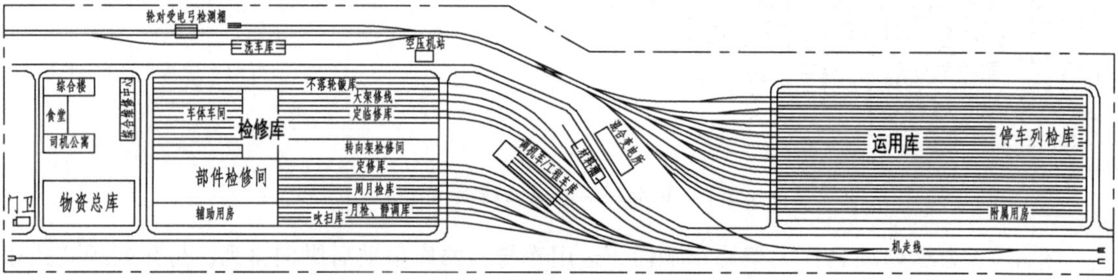

图 6.3-4　倒装式大架修车辆段平面布置图

6.3.2　架修车辆段总平面设计案例

在采用车辆大架修分修制的地铁系统，车辆段内车辆的最高检修修程为架修，因此产生架修车辆段，主要存在于北京、重庆和长春的地铁系统中。

架修车辆段与大架修车辆段一样都是检修车辆段，相同之处是运用库的规模差不多，不同之处是检修库的规模比大架修库要小，没有移车台、车体车间、油漆库等设施，占地面积比大架修车辆段要小一些，由于车辆检修后都要进行动态试验，试车线是必不可少的，架修车辆段的理想长度还是由试车线的长度决定，长度 1 300 m，宽度 250 m 即可。

图 6.3-5 为并列顺装式布置的架修车辆段，由于车辆架修为定位修，车体不需要转线作业，因此没有移车台、车体车间、油漆库等设施。

车辆段场地宽度约 330 m，有条件作出灯泡形回转线。

图 6.3-5 中还有一个特殊之处，不落轮镟库和洗车库与运用库对向布置，形成了倒装的形式，对于通常都是运用库与检修库倒装的布置来说，出现这种布置形式还是很少见的。

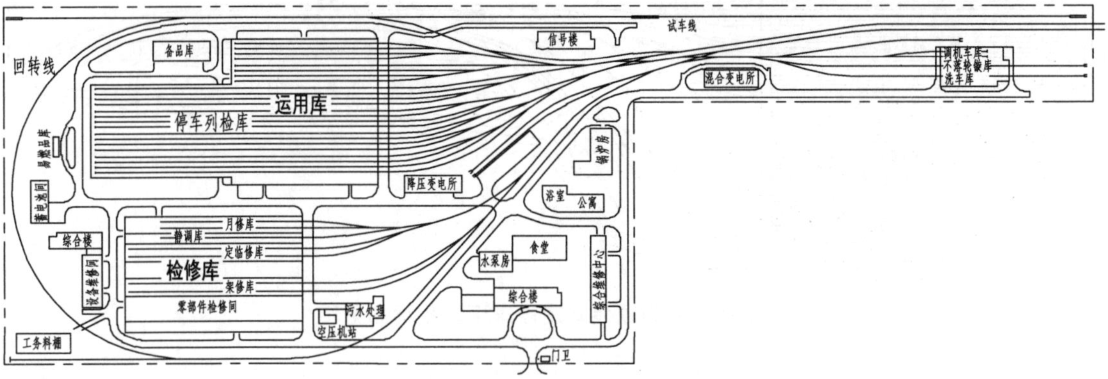

图 6.3-5　并列顺装式架修车辆段平面布置图

图 6.3-6 为倒装式架修车辆段，其特点是机走线的组成与通常机走线由 2 条线组成不同，只有 1 条机走线，造成运用库与检修库之间的列车转线调车作业需要 2 台调车机车或使用 1 台公铁两用车完成。

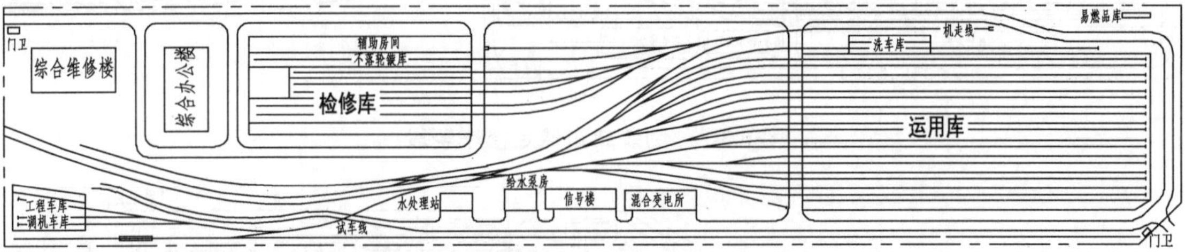

图 6.3-6　倒装式架修车辆段平面布置图

架修车辆段也可以布置成纵列式，见图 6.3-7。

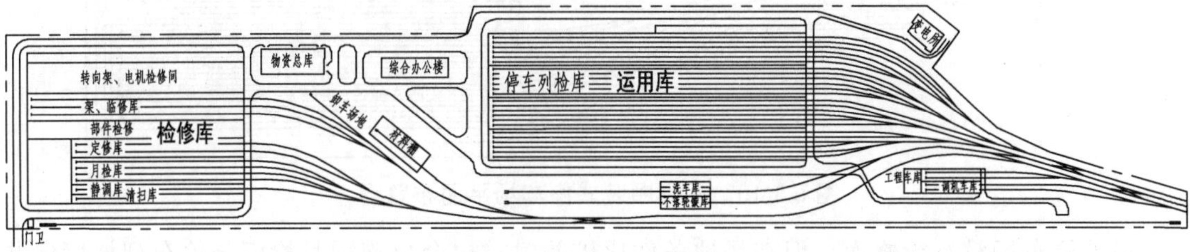

图 6.3-7　纵列顺装式架修车辆段平面布置图

6.3.3　定修车辆段总平面设计案例

定修段也是检修车辆段，检修库的规模比架修库、大架修库都要小。

定修段的布置形式与架大修段相似，也是各种各样的，见图 6.3-8 和图 6.3-9。

6.3.4　停车场总平面设计案例

停车场仅承担地铁列车停放和日常维护任务，其停车规模通常少于同一条线的车辆段的停车规模，不具备车辆的修理能力，因此只设置停车列检库和周月检库，当线路过长时，可根据要求设置临修库和不落轮镟库，见图 6.3-10。

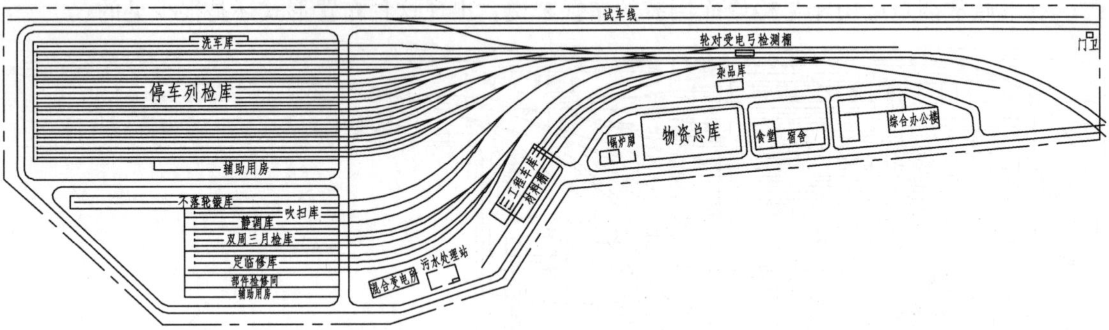

图 6.3-8　并列顺装式定修车辆段平面布置图

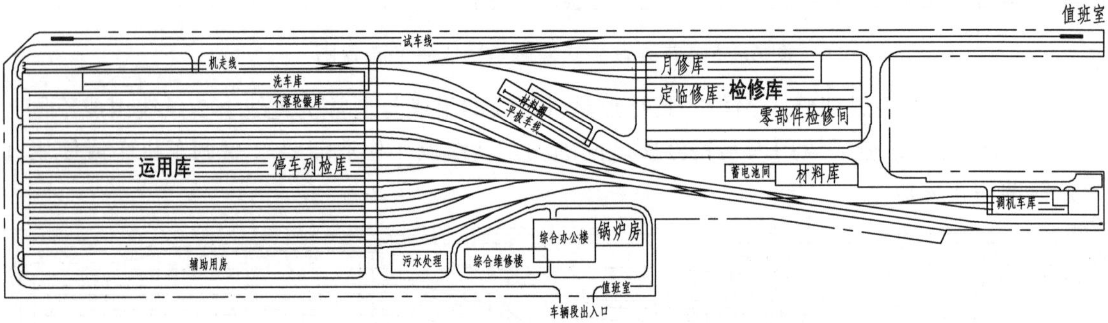

图 6.3-9　倒装式布置定修车辆段

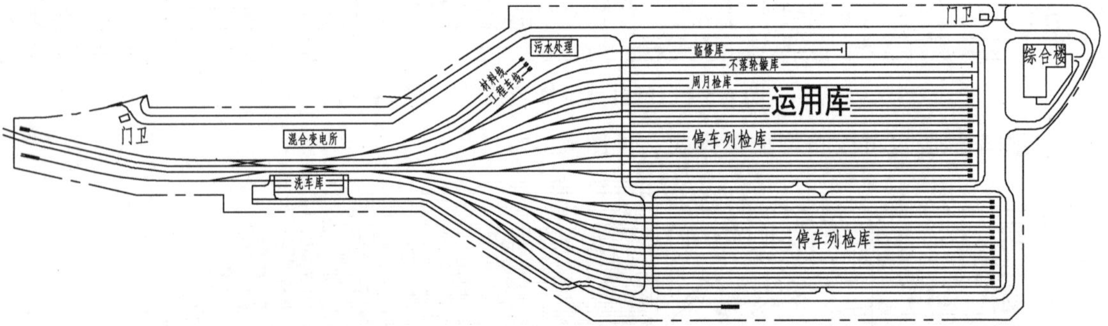

图 6.3-10　并列顺装式停车场平面布置图

虽然停车场没有检修库，但在场地条件比较差时，也会出现周月检库与停车列检库倒装的情况，见图 6.3-11。在停车场中，车辆的周月检比较频繁，周月检库与停车场列检库倒装的形式不仅不便于列车的调车作业，还会增加场内线路的数量，因此停车场应尽量避免采取倒装的布置形式。

停车场也可以采取贯通式布置，如图 6.3-12 所示，停车列检库、周月检库、洗车库、临修库、工程车库组合成一座建筑，很大程度地节约了占地。

还有一种停车场，其出入线与正线接线方式比较特殊，不是直通正线，而是以一种倒装的方式相接，见图 6.3-13。此种方式中，司机在驾驶列车驶上正线后，需要从列车的一端司机室走到另一端，才能驾驶列车继续前行，或者列车两端司机室都配备司机。

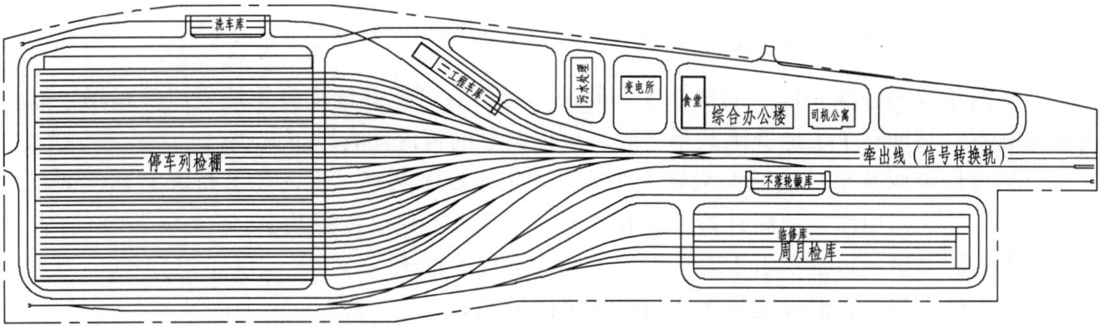

图 6.3-11　周月检库与停车列检库倒装停车场平面布置图

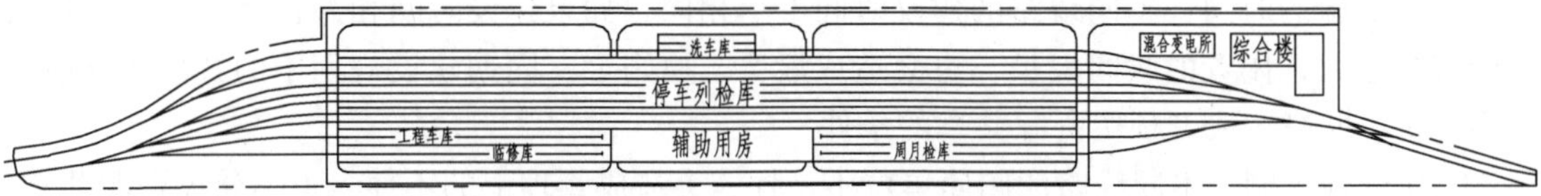

图 6.3-12　贯通式停车场平面布置图

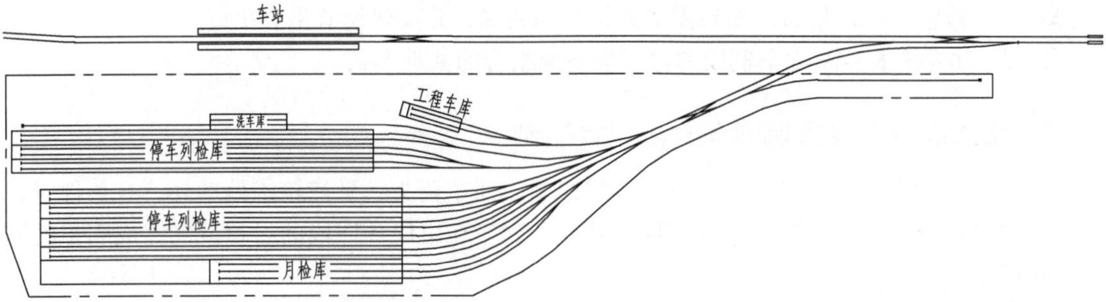

图 6.3-13　出入线倒装停车场平面布置图

6.3.5　辅助停车场总平面设计案例

辅助停车场通常只有停车、列检和洗车功能。

辅助停车场用地通常都不是很理想，往往在设计时会打破常规，如图 6.3-14 所示，本案例中，停车场的停车列检库每条停车线只能停放一列车，共停放 8 列车，对于停车数量小于 12 列的停车场，也可以设置单出入线与正线接轨。

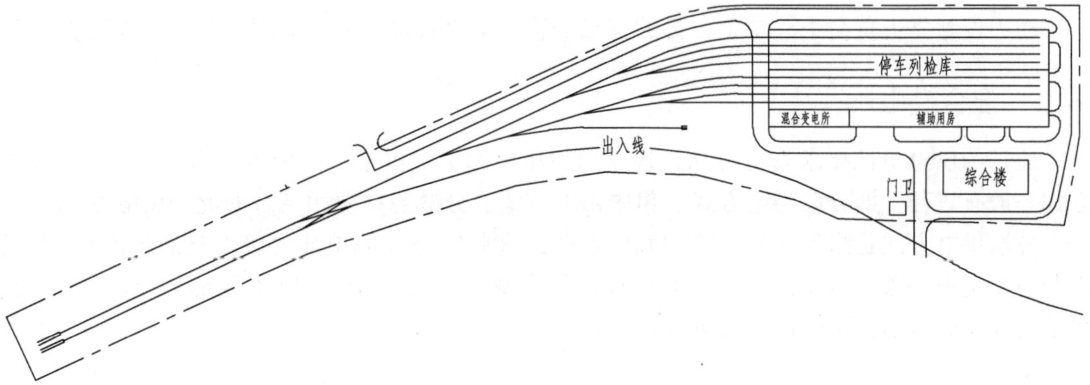

图 6.3-14　出入线倒装辅助停车场平面布置图

6.3.6 共址车辆段总平面设计案例

如果两条或两条线路以上的地铁线路距离不远，有可能共址建设车辆段或停车场，以实现资源共享，共址除了土地资源共享之外，可以共享的资源还有以下几类。

车辆检修资源共享：包括大架修资源共享、定修资源共享、不落轮镟资源共享、试车线资源共享，作为运用设备的周月检设施和自动洗车设备不建议资源共享。

动力资源共享：包括牵引供电、供水、压缩空气等系统。

综合维修设施、仓贮设施和生活设施也可以资源共享。

资源共享也会受到有些因素的影响而导致不能实现，主要因素如下。

（1）实施的时间：不同线路的建设时间不尽相同，如果建设时间相差很多，共享资源可能会规模过大，闲置的时间太长，也会造成浪费，原则上，同期建设规划中的共址车辆段可以实现资源共享，或者预留资源共享的条件。

（2）管理体制：不同线路的归属单位不一样，会造成管理上的不便，也不建议资源共享。

图 6.3-15 为 2 座大架修车辆段共址的情况，2 座大架修车辆段共址是少见的，大架修能力也是可以再做整合、优化的，如果需要大架修库共享，分期建设效果会更好。

图 6.3.16 ~ 图 6.3-19 为车辆段和停车场不同组合的共址形式。

6.3.7 出入线八字线接轨的车辆段设计案例

除了在段场内设置灯泡形和三角形回转线用于列车调头、平衡轮缘偏磨外，有条件时，出入线采用八字线与正线接轨也有同样的功能，列车在出段和回段的过程就能完成列车的调头，见图 6.3-20。

值得注意的是，当车辆段或停车场用地垂直于正线或位于正线直角转弯外侧时，特别适于设置八字线与正线接轨，其出入线的长度与图 6.3-20 的接线方式相比要短，见图 6.3-21 和图 6.3-22。

6.4 负荷中心

《地铁设计规范》（GB 50157—2013）规定“车辆段空气压缩机间、变配电所、给水所和锅炉房等动力房屋，宜靠近相关的负荷中心布置”。

动力设施靠近负荷中心布置，目的是减少管道工程数量，节约能源和节省工程投资。

6.4.1 混合变电所

地铁的供电电源要求安全可靠，通常由城市电网负责供给。国内各城市地铁系统的供电方式一般有三种，即分散供电方式、集中供电方式、分散与集中相结合的混合供电方式。

分散供电方式是指沿地铁线路的城市电网（通常是 10 kV 电压等级）分别向各沿线的地铁牵引变电所和降压变电所供电。其前提条件是城市电网在地铁沿线有足够的变电站和备用容量，并能满足地铁牵引供电的可靠性要求。

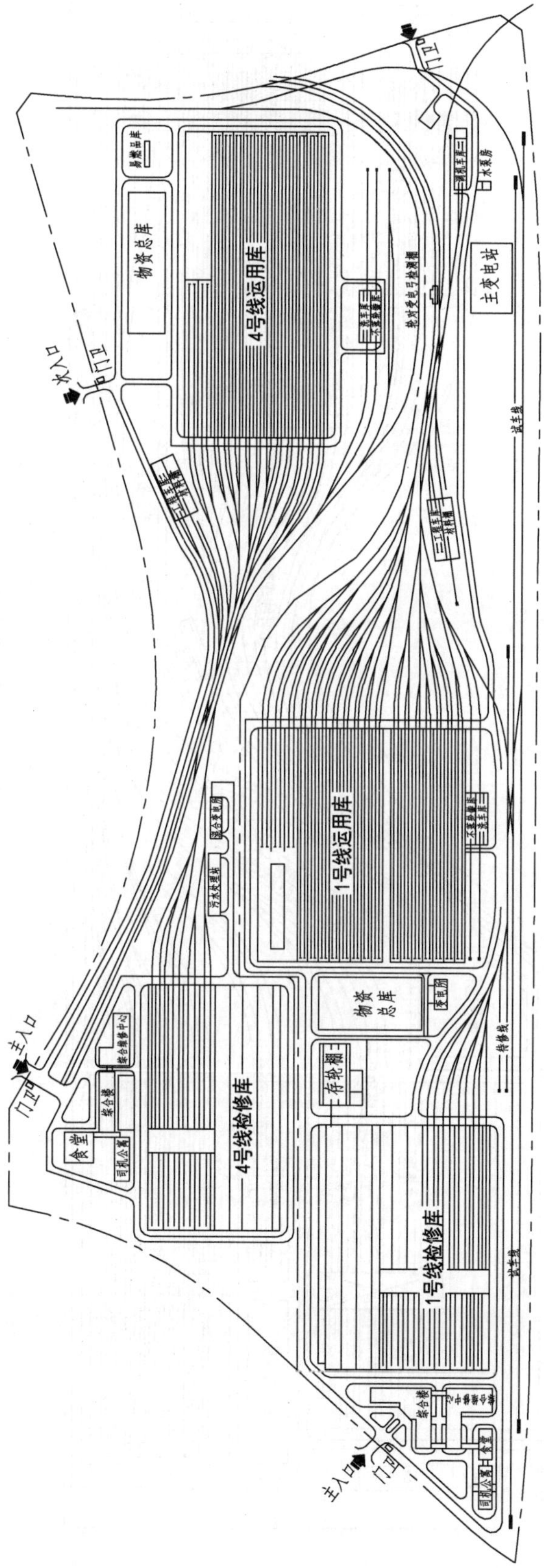

图 6.3-15　2 座大架修车辆段共址平面布置图

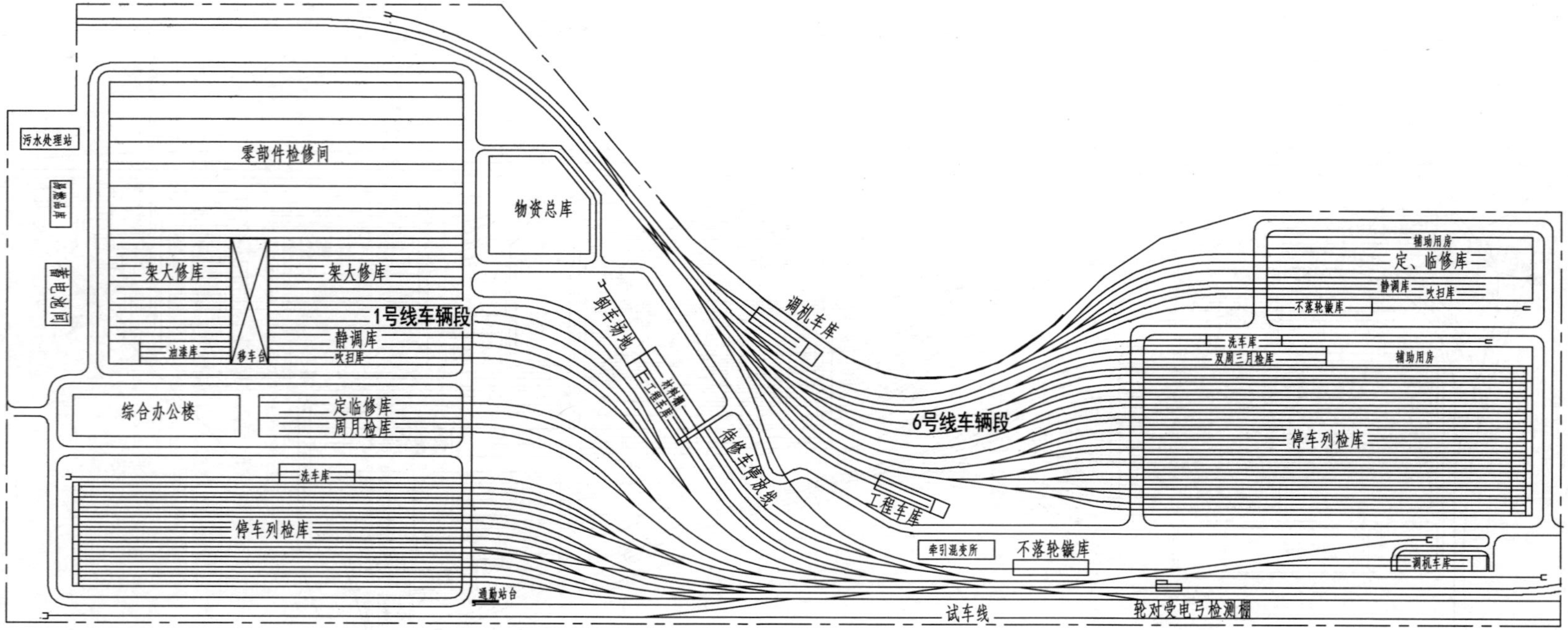

图 6.3-16　1 座大架修车辆段和 1 座定修车辆段共址平面布置图

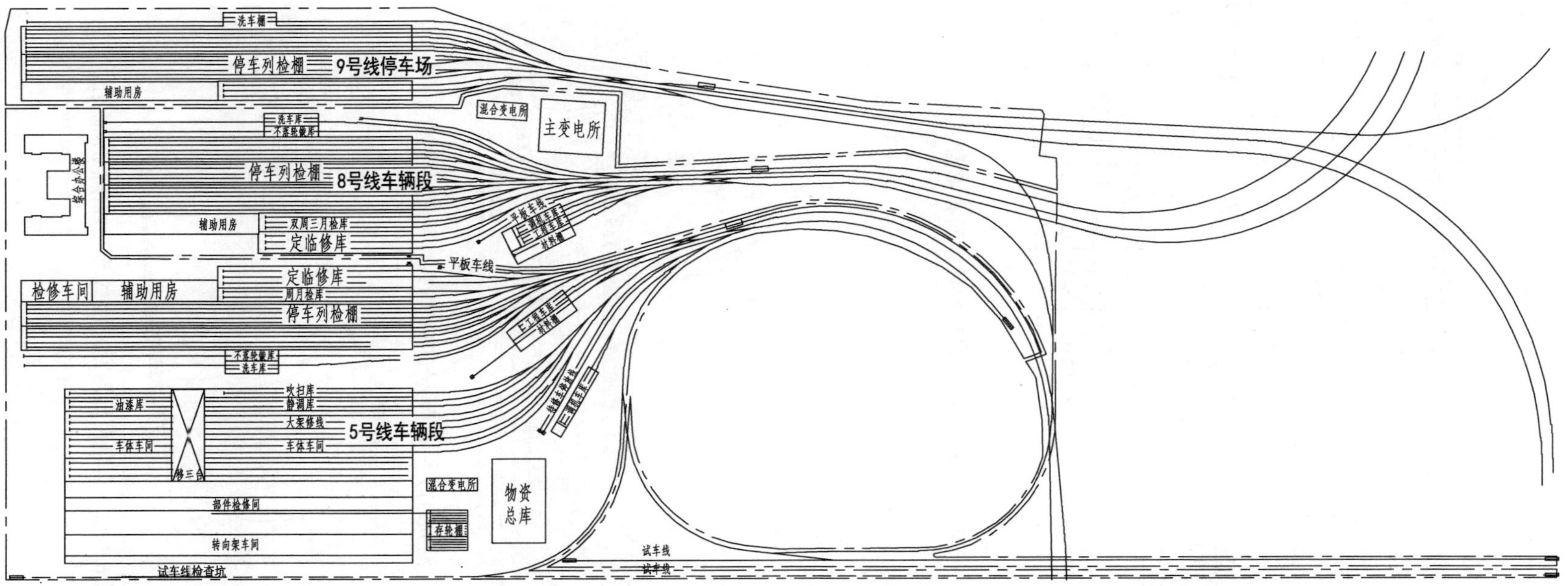

图 6.3-17　大架修车辆段、定修车辆段、停车场共址平面布置图

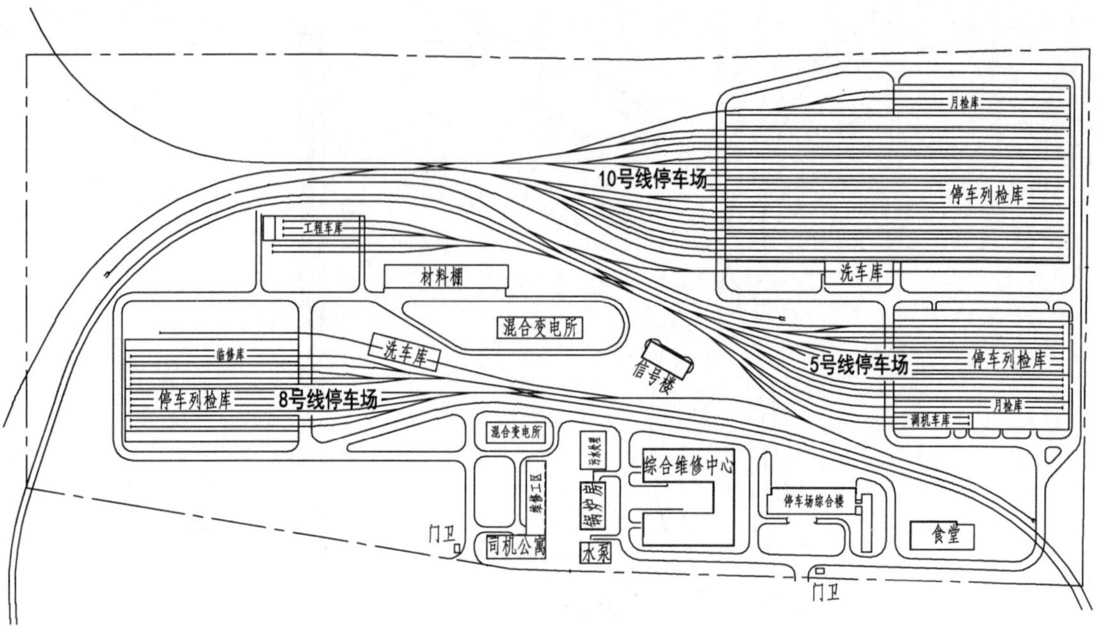

图 6.3-18　3 座停车场共址平面布置图

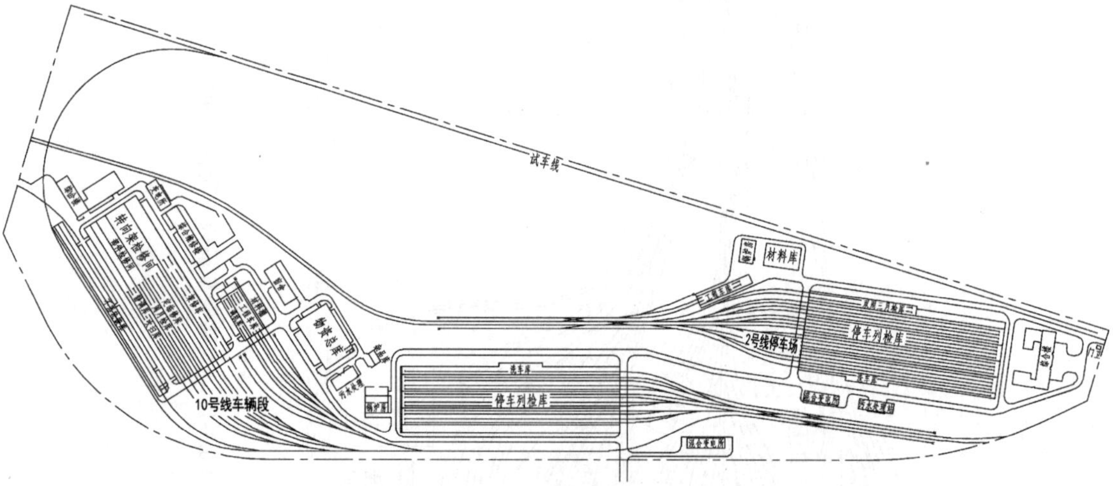

图 6.3-19　车辆段与停车场共址平面布置图

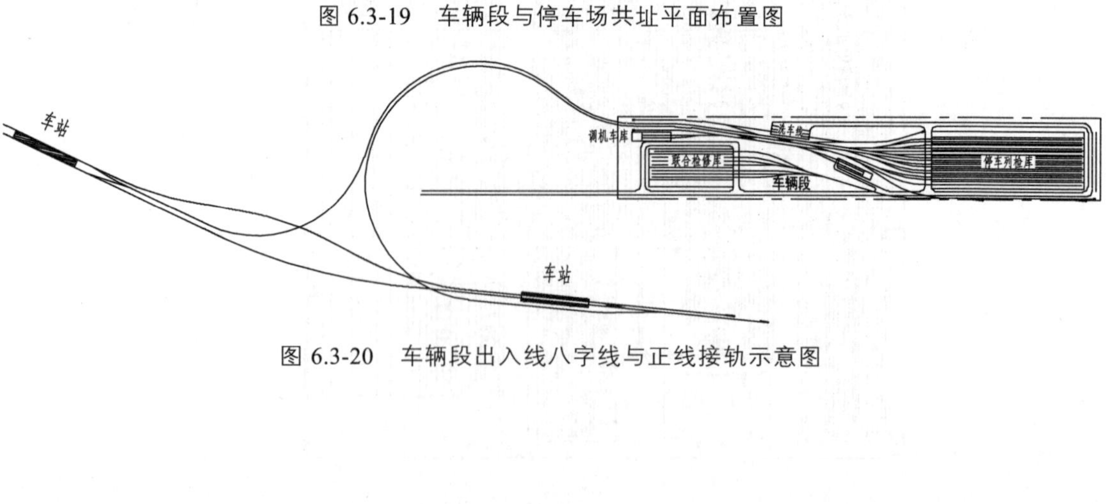

图 6.3-20　车辆段出入线八字线与正线接轨示意图

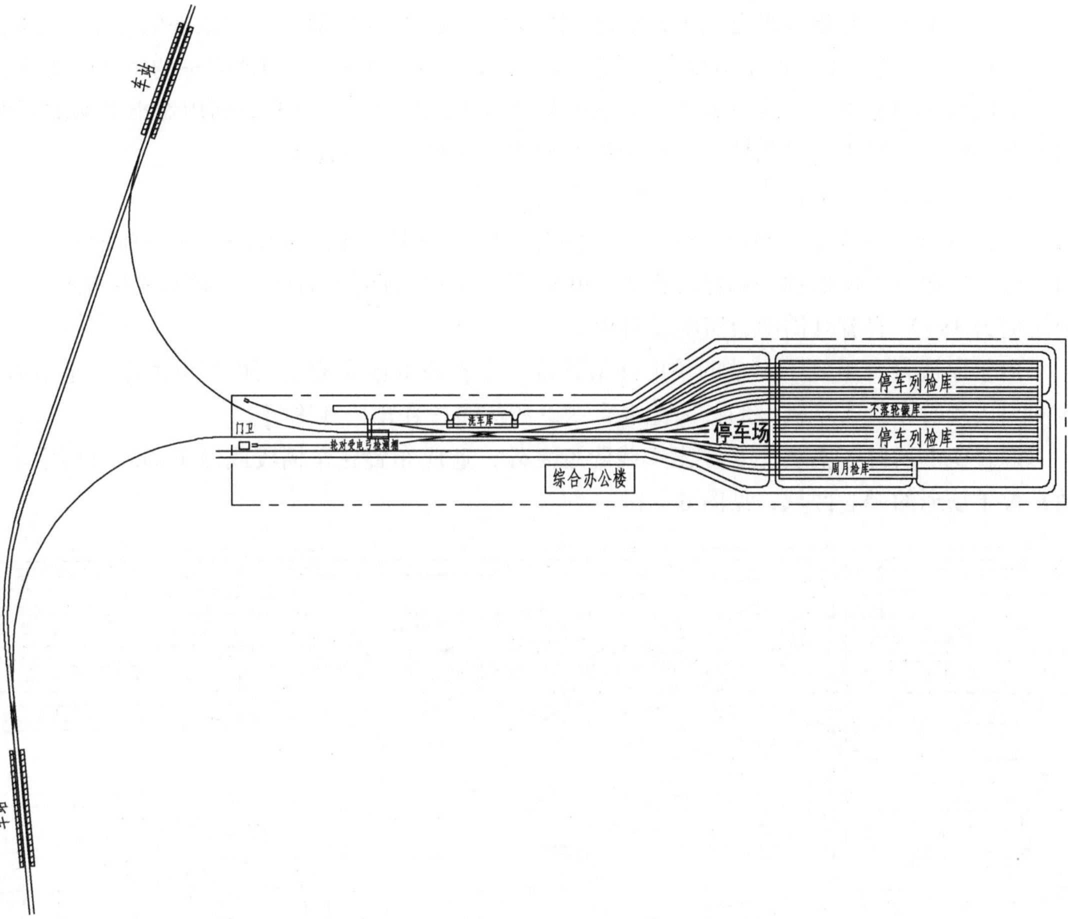

图 6.3-21　停车场用地垂直于正线示意图

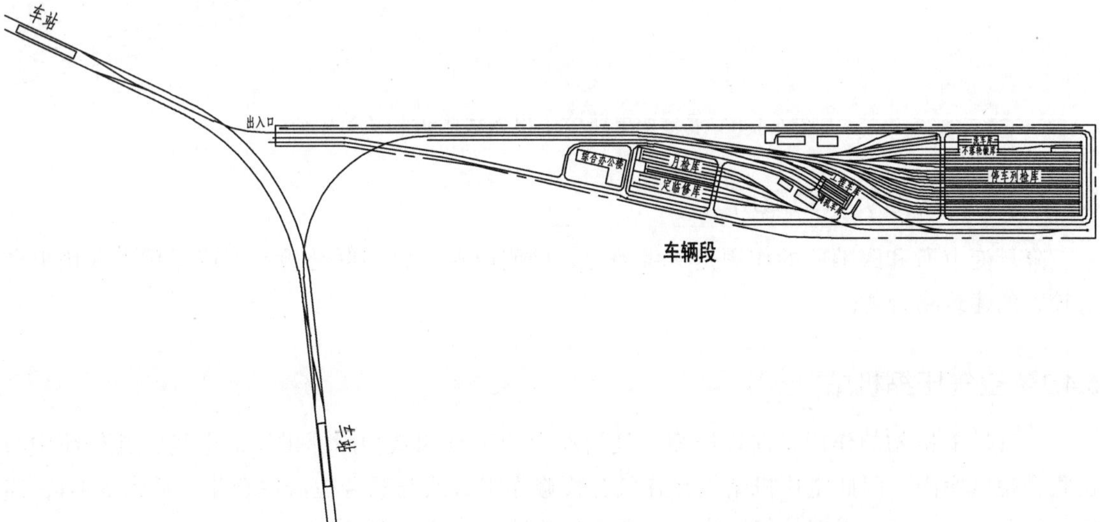

图 6.3-22　车辆段用地位于正线直角转弯外侧示意图

集中供电方式是指城市电网（通常是 110 kV 或 66 kV 电压等级）向地铁的专用主变电所供电，主变电所再向地铁的牵引变电所和降压变电所供电，地铁自身组成完整的供电网络系统。

分散与集中相结合的供电方式是上述两种供电方式的结合，可充分利用城市电网的资源，从而节约投资，但供电可靠性不如集中供电方式，管理亦不够方便。

我国目前大多数地铁均采用集中供电方式。

车辆段通常设置有一座混合变电所，混合变电所是牵引变电所和降压变电所的组合，作用是将中压通过变压器和整流器转换成 750 V 或 1 500 V 直流电输送到接触网或接触轨上，将中压变为 380 V 交流电供动力照明设备用电。

由于地铁自身组成了完整的供电网络系统，车辆段的混合变电所中压电源电缆是沿着正线和出入线敷设进入车辆段的，因此混合变电所应布置在出入线附近。

混合变电所除了需要布置在出入线附近之外，还应布置在车辆段或停车场的负荷中心，通常位于场地的中心区域，见图 6.4-1。

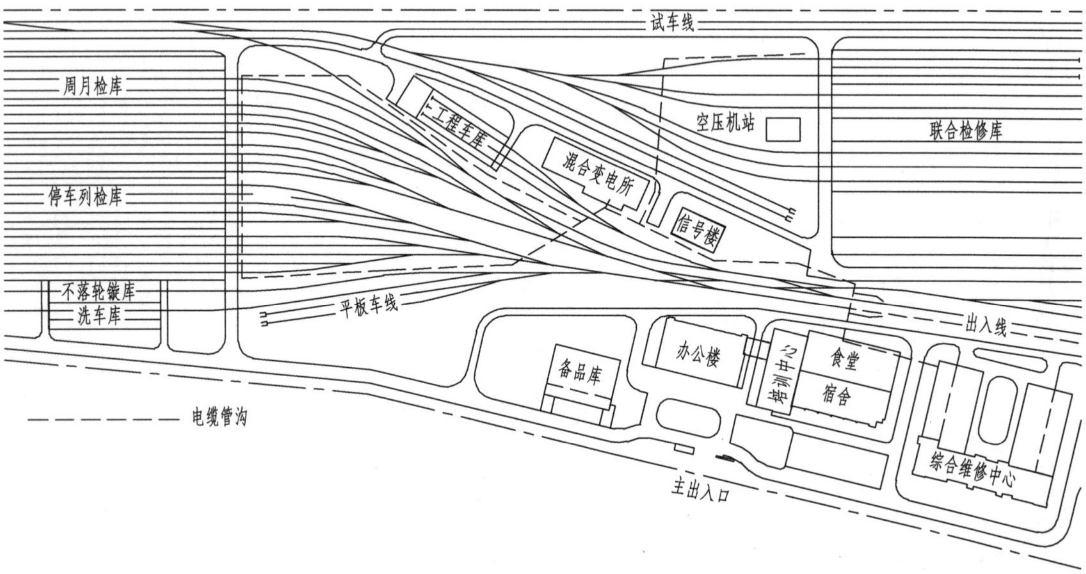

图 6.4-1　混合变电所位于出入线附近和负荷中心

6.4.2　降压变电所和跟随所

降压变电所和跟随所的作用是提供动力、照明电源，常与联合检修库或运用库等用电负荷较大的建筑物合建。

6.4.3　空气压缩机站

空气压缩机站的作用是向以压缩空气为动力的工具和吹扫库提供压缩空气，其负荷中心在联合检修库内，因此空压机站应建在联合检修库附近或与联合检修库合建，见图 6.4-1，当用气量不大时，还可以在检修库内负荷中心附近建小型压缩空气站。

6.4.4 给水所

厂前区集中了办公楼、食堂、司机公寓等办公、生活设施，是用水的负荷中心，因此，给水所（水泵房）应建在厂前区内，见图 6.3-5。

除了考虑负荷中心的因素外，还应考虑市政给水管的接入位置。

6.4.5 污水处理站

车辆段废水主要包括生活污水、洗车污水、含油污水和蓄电池清洗污水。生活污水排入车辆段污水处理站，然后排入市政污水系统。洗车污水循环使用、处理后排入车辆段污水处理站，然后排入市政污水系统。含油污水排入车辆段污废水处理站，然后排入市政污水系统。蓄电池清洗废水经中和后排入车辆段污水处理站，然后排入市政污水系统。

车辆段污水处理设施分为生活污水处理站和污废水处理站，生活污水处理站应位于厂前区，见图 6.3-9；含油废水处理站应位于检修库附近，见图 7.9-1。

污水处理站的位置也应考虑场地污废水的管线接入距离以及接入市政污水管的便利与否。

6.4.6 锅炉房

在寒冷地区，车辆段的厂前区、联合检修库、运用库是需要冬季供暖的主要设施，因此锅炉房应建在这三个区域之间，见图 6.3-9。

6.4.7 人员的负荷中心

对于负荷中心，设计中容易忽略的是“人”的负荷中心，即应使工作人员在车辆段的生产、生活中行走的距离尽量短。

食堂的位置最能体现“人”的负荷中心概念，食堂是所有车辆段员工每天必去的场所，因此，食堂应位于人员流动的负荷中心。地铁车辆段属于铁路工厂类，与非铁路工厂的区别是轨道区占据了厂区面积的 60%以上，而铁路是不能随意跨越的，人流和车流流线经常要避让铁路，不可避免地要绕远。以图 6.4-2 为例，食堂位于厂前区，办公楼、运用库和联合检修库是人员集中的主要场所。办公楼到食堂的平均距离只有 80 m，运用库到食堂的平均距离为 1 000 m，联合检修库到食堂的平均距离为 1 520 m。人类步行的速度为 4 ~ 5 km/h，大多数人可以接受的步行距离是 500 m。因此，运用库和联合检修库人员到食堂所需时间分别为 12 min 和 18 min，这是难以接受的，为了解决这个问题，设计者在食堂附近的出入线下设计了一条地下通道，这样就大大地缩短了运用库和联合检修库到食堂的距离，人员从运用库到食堂的平均距离被缩减到了 520 m，从联合检修库到食堂的平均距离为 210 m，完全达到了工作人员可以接受的行走距离。

在进行总图设计时，还应注意的是人员聚集的场所应尽量靠近厂前区布置，尤其应尽量避免同时布置在咽喉区的两侧。

在图 6.2-3 的案例中，各建筑物布置得比较松散，咽喉区上侧的建筑物应布置在办公楼相同一侧，运用库的周月检库和辅助用房也应布置在离办公楼相对较近的运用库下方，或者将厂前区布置在咽喉区的上方，这样既可以减少员工的行走距离，也可以减少各种管线工程量。

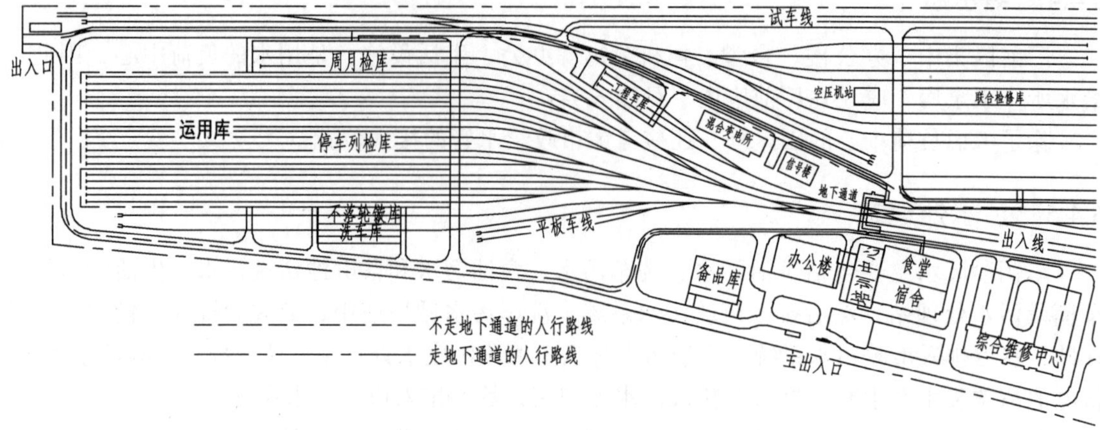

图 6.4-2　车辆段人员流动路线示意图

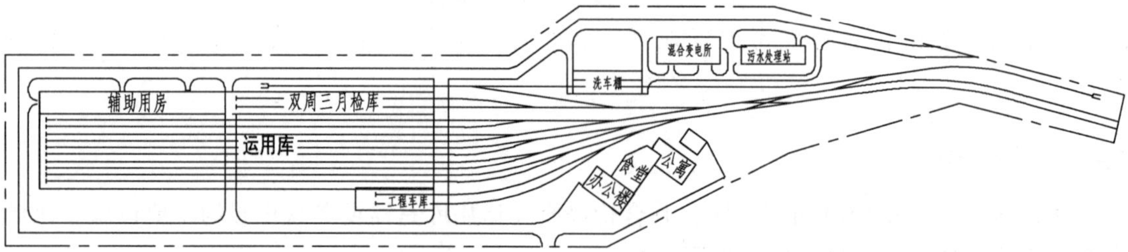

图 6.4-3　建筑物布置分散的停车场平面布置图

7 车辆段单体设施设计

7.1 停车列检库

在《地铁设计规范》（GB 50157—2013）车辆检修修程和检修周期中，规定了列检修程，并且要求“车辆段运用整备设施应根据生产需要配备停车列检库（棚）、双周/三月检库和列车清洁洗刷设备及相应线路和必要的办公、生活房屋和设施”“停车场应主要承担列检和停车作业，必要时可承担双周/三月检及临修作业”。

地铁列车停车线与列检线是有区别的，停车线只具备列车的停放条件，不设检查坑、受电弓/空调机组检查平台等，线间距和线路长度也与列检线不同。

列检线是具有列车检查条件的特殊停车线，设置有检查坑、受电弓/空调机组检查平台，线间距和线路长度均大于停车线。

停车线和列检线通常合设在一座库房之中，称作停车列检库。

7.1.1 停车列检库设计工艺要求

停车库、列检库应合并设置为停车列检库，停车列检库规模应按近期停车列检规模建设，按远期规模预留用地。近、远期规模变化不大或厂房扩建困难时，其厂房可按远期规模一次建成。

停车列检库设计的总列位数，应按本段（场）配属列车数扣除在修列车数和双周/三月检列位数后计算确定。设计的列检列位数不应大于停车列检库总列位数的 50%。

停车库（棚）应根据当地气象条件和运营要求设计。多雨地区宜设棚，寒冷地区或风沙地区应设库，当露天停车对运营和作业无影响时，停车股道可按露天的方式设计，停车股道按露天方式设计时，应考虑司机上下车的道路和遮雨设施。

库型为尽端式时，停车、列检线应按远期编组辆数的 1 列位或 2 列位设计。

库型为贯通式时，停车、列检线应按远期编组辆数的 2 列位或 3 列位设计。

列检线应设柱式检查坑，检查坑深 1.4 ~ 1.5 m，宽 1.2 m，两端设台阶；检查坑外侧应为低位工作面，标高宜为-1.0 m，两端根据运输车辆的爬坡能力设斜坡与库内±0.00 m 的通道相连；检查坑内两侧应设固定照明及动力和安全照明插座，照明光带宜按照列位分别进行控制。

检查坑与低位工作面均应设置排水设施，并采取防止下水倒灌的技术措施。

采用柱式检查坑的停车位两端相对位置应设登车梯，登车梯边缘不得侵入车辆设备限界。

停车列检库所有库线应根据车辆的受电方式设置接触网或接触轨。

接触网供电的接触网绝缘段应靠近车库大门设置，以方便操作人员在检查坑台阶附近悬挂接触网安全接地棒。

当采用接触网供电时，停车列检库接触网高度宜按 5 m 设计，靠墙、柱侧应设置车顶受电弓检查平台、车顶护栏、安全带挂钩和上下扶梯以及相应的安全防护设施。

架空接触网隔离开关应与车顶检查平台的出入门进行联锁。

库内地面接触轨应分段设置并加装安全防护罩。

停车列检库应根据列车日常运用、整备和列检作业的需要，配备运转值班、司机出乘、运行管理（含会议、办公、储藏、值班）、日检班组、保安值班、客室清扫、消毒、车辆车载设备检测、工具存放、售后服务部、备品贮存和工作人员更衣休息等生产、办公、生活房屋。

上述房屋宜设置于停车列检库的辅跨内。需要运输车辆进出房屋的大门开启尺寸，应满足运输车辆进出、转弯等要求。

当停车列检库采用每股道停放两列车的标准设计时，应设有可贯通的中通道，中通道的宽度应不小于 4.0 m，净高度应不小于 4.0 m，两端的门洞净尺寸不应小于 4 m×4 m。

停车列检库内架空管线应采用综合支吊架的安装方案。

停车列检库库门轨道设计应特殊处理，防止雨水顺轨道槽流入库内。

根据《地铁设计规范》(GB 50157—2013)中“表 28.3.15 各车库有关部位最小尺寸（m）”，停车列检库有关部位的尺寸宜符合表 7.1-1 的规定。

表 7.1-1　停车列检库有关部位最小尺寸　　单位：m

停车列检库	车体之间的通道宽度（无柱）	车体与侧墙之间的通道宽度	车体与柱边之间通道宽度	库内前、后通道净宽	车库大门净宽	车库大门净高
停车库	（1.6）1.4	（1.5）1.4	（1.5）1.2	4	B+0.6	H+0.4
列检库	（2.0）1.8	（2.0）1.6	（1.8）1.4			

注：1. B——车辆宽度；

2. H——车辆高度（受电弓电动车辆按受电弓落弓高度计算）；

3. 表中停车库、列检库括号内尺寸适用于接触轨供电的车辆，并列数值适用于架空接触网供电的车辆。

7.1.2　停车列检库尺寸

7.1.2.1　停车列检库计算尺寸

（1）停车列检库（棚）计算长度。

① 列检检查坑的长度不应小于公式（7.1.2.1-1）的计算值。

$$L_{\mathrm{j}} = L + 4 \qquad (7.1.2.1\text{-}1)$$

式中　L_{j}——检查坑长度（m）；

L——列车长度（m）；

4——附加长度（m），包括停车误差 1 m 和检查坑两端阶梯踏步各 1.5 m。

② 停车库（棚）计算长度不应小于公式（7.1.2.1-2）的计算值。

$$L_{\mathrm{tk}} = (L+1)\times N_{\mathrm{t}} + (N_{\mathrm{t}}-1)\times 8 + 9 \qquad (7.1.2.1\text{-}2)$$

式中　L_{tk}——停车库（棚）计算长度（m）；

（L+1）——列车长度加停车误差 1 m（m）；

N_{t}——每条线停车列位数；

8——两列车端部之间距离（m）；

9——停车库两端横向通道宽度之和（m）。

③ 列检库（棚）计算长度不应小于公式（7.1.2.1-3）的计算值。

$$L_{\mathrm{jk}} = (L+1)\times N_{\mathrm{j}} + (N_{\mathrm{j}}-1)\times 4 + N_{\mathrm{j}}\times 2\times 8 + 9 \qquad (7.1.2.1\text{-}3)$$

式中　L_{jk}——列检库（棚）长度（m）；

（L+1）——列车长度加停车误差 1 m（m）；

N_j——每条线列检列位数；

4——检查坑之间的距离（m）；

2×8——列检线柱式检查坑坡道底边长度之和（m）；

9——列检库两端横向通道宽度之和（m）。

公式中，数字 4 为 1 线 2 列位列检库中间通道的宽度，也就是两个检查坑之间的距离；数字 8 为股道两侧检查坑坡道的底边长；数字 9 为列检库库内前后通道宽度（4.5 m）之和。

（2）停车库计算宽度。

停车库的宽度应依据表 7.1-1 的规定计算。

接触网供电的停车库宽度与接触轨供电的停车库宽度是不同的。

① 接触轨供电的停车库计算宽度不应小于公式（7.1.2.1-4）的计算值。

$$W_{tk} = (N_t \times W) + (N_t - 1) \times 1.6 + 3.0 \qquad (7.1.2.1\text{-}4)$$

式中 W_{tk}——停车库计算宽度（m）；

N_t——停车库股道数；

W——车体宽度（m）；

1.6——车体之间的距离（m）；

3.0——停车库两侧库边到车体的距离之和（m）。

② 接触网供电的停车库宽度不应小于公式（7.1.2.1-5）的计算值。

$$W_{tk} = (N_t \times W) + (N_t - 1) \times 1.4 + 2.8 \qquad (7.1.2.1\text{-}5)$$

式中 W_{tk}——停车库计算宽度（m）；

N_t——停车库股道数；

W——车体宽度（m）；

1.4——车体之间的距离（m）；

2.8——停车库两侧库边到车体的距离之和（m）。

（3）列检库计算宽度。

列检库的宽度应依据表 7.1-1 的规定计算。

接触网供电的列检库宽度与接触轨供电的列检库宽度也是不同的。

① 接触轨供电的列检库宽度不应小于公式（7.1.2.1-6）的计算值。

$$W_{jk} = (N_j \times W) + (N_j - 1) \times 2.0 + 4.0 \qquad (7.1.2.1\text{-}6)$$

式中 W_{jk}——列检库计算宽度（m）；

N_j——列检库股道数；

W——车体宽度（m）；

2.0——车体之间的距离（m）；

4.0——列检库两侧库边到车体的距离之和（m）。

② 接触网供电的停车库宽度不应小于公式（7.1.2.1-7）的计算值。

$$W_{jk} = (N_j \times W) + (N_j - 1) \times 1.8 + 3.2 \qquad (7.1.2.1\text{-}7)$$

式中　W_{jk}——列检库计算宽度（m）；

N_j——列检库股道数；

W——车体宽度（m）；

1.8——车体之间的距离（m）；

3.2——列检库两侧库边到车体的距离之和（m）。

7.1.2.2　停车库、列检库尺寸计算取值

（1）停车库、列检库长度计算取值。

停车库、列检库库内有 1 线 1 列位、1 线 2 列位和 1 线 3 列位之分，根据停车库、列检库库长计算公式，不同形式的停车库、列检库长度见表 7.1-2 和表 7.1-3。

表 7.1-2　停车库长度表

车型	每股道列位数	库长计算值/m	计算取值/m
A 型车	1	（140+1）×1+（1−1）×8+9=150	≥150
	2	（140+1）×2+（2−1）×8+9=299	≥300
	3	（140+1）×3+（3−1）×8+9=448	≥450
B 型车	1	（120+1）×1+（1−1）×8+9=130	≥132
	2	（120+1）×2+（2−1）×8+9=259	≥264
	3	（120+1）×3+（3−1）×8+9=388	≥390

注：1. 计算取值为建筑模数 6 的倍数。

2. 140 为 A 型车 6 辆编组列车长度，120 为 B 型车 6 辆编组列车长度。

表 7.1-3　列检库长度表

车型	每股道列位数	库长计算值/m	计算取值/m
A 型车	1	（140+1）×1+（1−1）×4+1×2×8+9=166	≥168
	2	（140+1）×2+（2−1）×4+2×2×8+9=327	≥330
	3	（140+1）×2+（3−1）×4+（2×2×8）+（140+1）+9=472	≥474
B 型车	1	（120+1）×1+（1−1）×4+1×2×8+9=146	≥150
	2	（120+1）×2+（2−1）×4+2×2×8+9=287	≥288
	4	（120+1）×2+（3−1）×4+（2×2×8）+（120+1）+9=412	≥414

注：1. 计算取值为建筑模数 6 的倍数。

2. 140 为 A 型车 6 辆编组列车长度，120 为 B 型车 6 辆编组列车长度

3. 1 线 3 列位的列检库，中间列位为停车线，不设检查坑，长度取值为列车长度加 1 m。

实践中，鲜见独立设置的停车库，通常是停车库与列检库合建为停车列检库，其长度应按列检库的长度取值。

在列检库库长计算公式中，股道两侧检查坑坡道的底边长 8 m，是以坡道坡度为 12.5%、检查坑深度为 1 m 为基础数据计算得出的，见图 7.1-1（b），此时整列车均未位于坡道之上。实践中，坡道坡度常按 10%取值，则两侧检查坑坡道的底边长为 10 m，见图 7.1-1（c），此时整列车只有端部一小部分位于坡道之上，但并不影响对列车车底设备的检查。实践中，只要

柱式检查坑坡道的底边之间的距离大于列车首尾第一个轮对之间的距离，即不会对车底设备的检查产生影响。

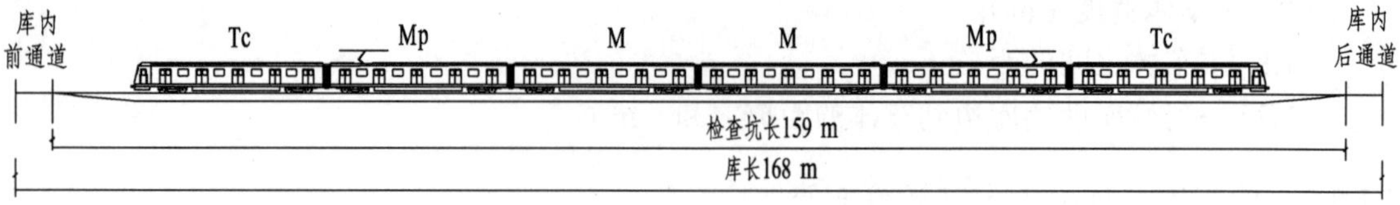

（a）停车列检库检查坑侧视图

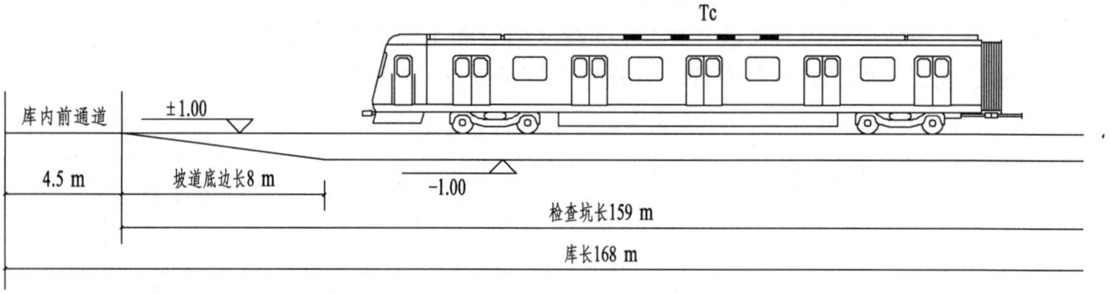

（b）12.5%坡度坡道示意图

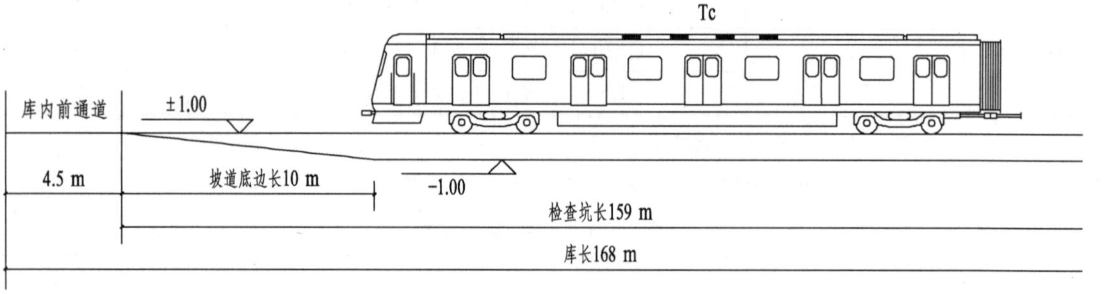

（c）10%坡度坡道示意图

图 7.1-1　A 型车停车列检库检查坑侧视图

停车列检库前、中、后通道的宽度是一定的，决定停车列检库长度的关键因素是列检线检查坑的长度，而停车列检库检查坑的长度又关系到工艺要求，即应满足列车任何部位都不能位于坡道之上。

（2）停车库、列检库宽度计算取值。

停车库和列检库通常由跨组成，每跨股道数常见的有 1 ~ 6 股道，7 股道的停车库、列检库很少见到。不同股道数的停车库、列检库跨宽见表 7.1-4 和表 7.1-5。

表 7.1-4　接触轨供电停车库跨宽度表

车型	每跨股道数	跨宽计算/m	计算取值/m
A 型车	1	（1×3）+（1−1）×1.6+3.0=6	6
	2	（2×3）+（2−1）×1.6+3.0=10.6	12
	3	（3×3）+（3−1）×1.6+3.0=15.2	15
	4	（4×3）+（4−1）×1.6+3.0=19.8	21
	5	（5×3）+（5−1）×1.6+3.0=24.4	24

续表

车型	每跨股道数	跨宽计算/m	计算取值/m
A 型车	6	（6×3）+（6−1）×1.6+3.0=30	30
	7	（7×3）+（7−1）×1.6+3.0=33.6	33.6
B 型车	1	（1×2.8）+（1−1）×1.6+3.0=5.8	6
	2	（2×2.8）+（2−1）×1.6+3.0=10.2	12
	3	（3×2.8）+（3−1）×1.6+3.0=14.6	15
	4	（4×2.8）+（4−1）×1.6+3.0=19	21
	5	（5×2.8）+（5−1）×1.6+3.0=23.4	24
	6	（6×2.8）+（6−1）×1.6+3.0=27.8	30
	7	（7×2.8）+（7−1）×1.6+3.0=32.2	33

注：计算取值为建筑模数 3 的倍数。

表 7.1-5　接触网供电停车库跨宽度表

车型	每跨股道数	跨宽计算/m	计算取值/m
A 型车	1	（1×3）+（1−1）×1.4+2.8=5.8	6
	2	（2×3）+（2−1）×1.4+2.8=10.2	12
	3	（3×3）+（3−1）×1.4+2.8=14.6	15
	4	（4×3）+（4−1）×1.4+2.8=19	21
	5	（5×3）+（5−1）×1.4+2.8=23.4	24
	6	（6×3）+（6−1）×1.4+2.8=27.8	30
	7	（7×3）+（7−1）×1.4+2.8=32.2	33
B 型车	1	（1×2.8）+（1−1）×1.4+2.8=5.6	6
	2	（2×2.8）+（2−1）×1.4+2.8=9.8	12
	3	（3×2.8）+（3−1）×1.4+2.8=14	15
	4	（4×2.8）+（4−1）×1.4+2.8=18.2	18
	5	（5×2.8）+（5−1）×1.4+2.8=22.4	24
	6	（6×2.8）+（6−1）×1.4+2.8=26.6	27
	7	（7×2.8）+（7−1）×1.4+2.8=30.8	30

注：计算取值为建筑模数 3 的倍数。

7.1.2.3　停车库、列检库梁底标高

根据停车库和列检库的结构形式、与其他库的组合形式、受流方式、库内接触网导高、是否有上盖开发等因素，停车库、列检库的梁底距轨面的高度差异很大，通常应不小于 6 m。

7.1.2.4　停车库、列检库接触网导高

对于接触网受电弓受流的地铁系统，停车库、列检库内接触网的导高由两个因素决定，一是列检修程要求检查安装于车顶的设备，例如受电弓和空调机组，需要给检修人员留出适

宜的工作高度和空间；二是受电弓的工作高度有一定的范围，不是越高越好。通常停车库、列检库内接触网的导高应不小于 5 m。

7.1.3 停车库、列检库与其他库房的组合

停车库、列检库通常先组合成停车列检库，再与其他库房组合。

停车列检库属于运用设施，可以单独设置，较多与其他运用设施，例如周月检库、洗车库，组合成运用库，也可以与检修设施，如定临修库等组合。

7.1.3.1 停车列检库单独设置

单独设置的停车列检库通常出现在全自动运行的车辆段，且周月检线划入非全自动运行时，由于防护分区设置的限制，周月检线与定临修线组合成检修库，而停车列检库单独设置，见图 7.1-2。

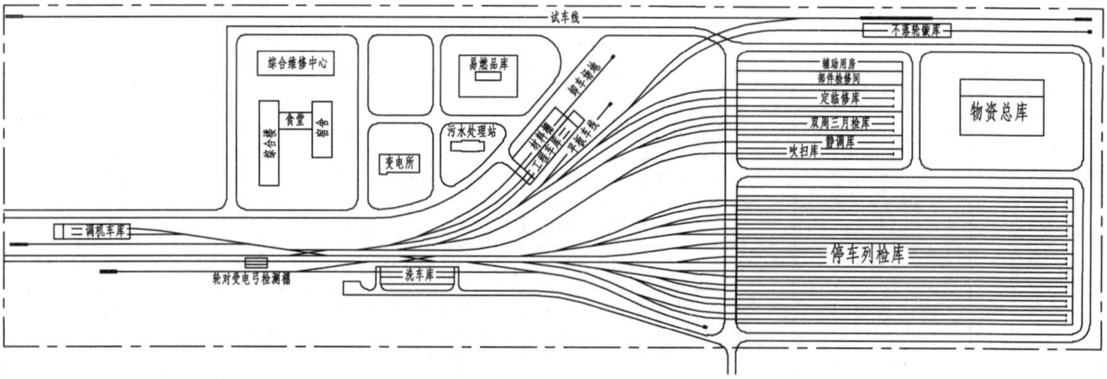

图 7.1-2 单独设置停车列检库的车辆段平面示意图

7.1.3.2 停车列检库与周月检库合建组成运用库

停车列检库常与具有停车线功能的周月检库合建为运用库，尤其是在停车场中，几乎全部与周月检库合建，见图 7.1-3。

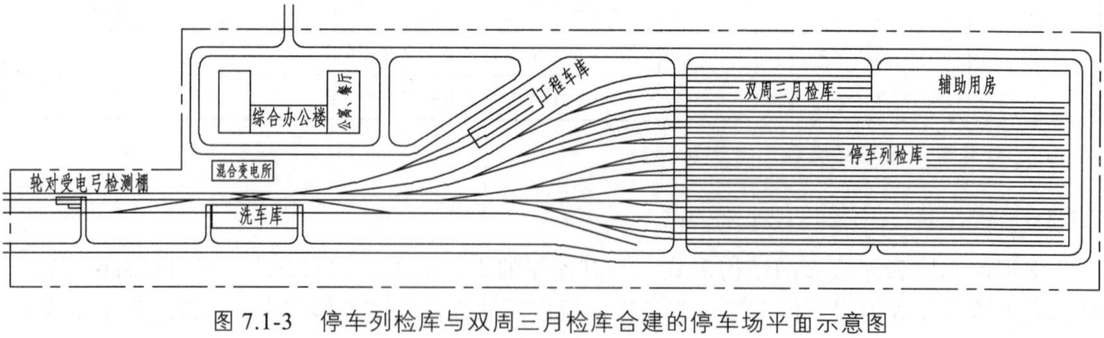

图 7.1-3 停车列检库与双周三月检库合建的停车场平面示意图

7.1.3.3 停车列检库与检修厂房合建组成运用库、检修库

停车列检库很少与检修库合建，但在车辆段用地面积较小时，还是会出现合建的案例，见图 7.1-4。

图 7.1-4 的案例中，停车列检库和周月检库、定临修库合建为运用检修库。

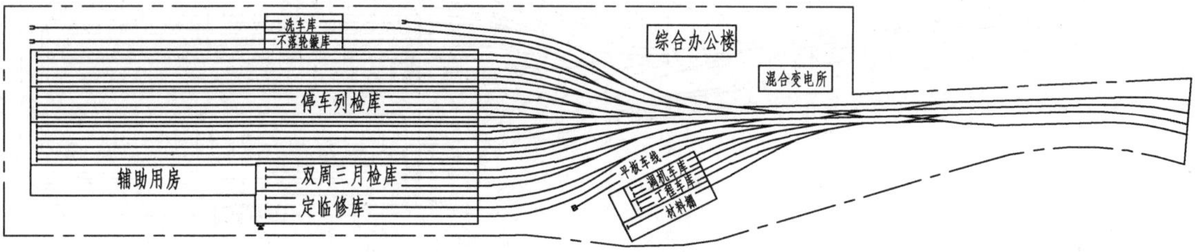

图 7.1-4　停车列检库与周月检库、定临修库合建的车辆段平面布置图

7.1.3.4　1 线 1 列位的停车列检库

当用地长度不满足设置 1 线 2 列位的停车列检库时，停车列检库可建成 1 线 1 列位的，见图 7.1-5。

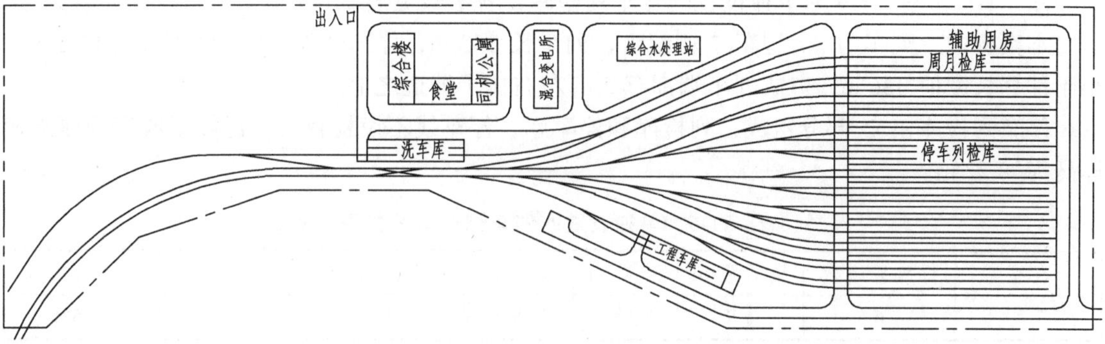

图 7.1-5　1 线 1 列位停车列检库的停车场平面布置图

7.1.3.5　不规则库型的停车列检库

当用地形状受到限制，会出现不规则的库型，图 7.1.6 中的停车列检库就是一个平行四边形的形状。

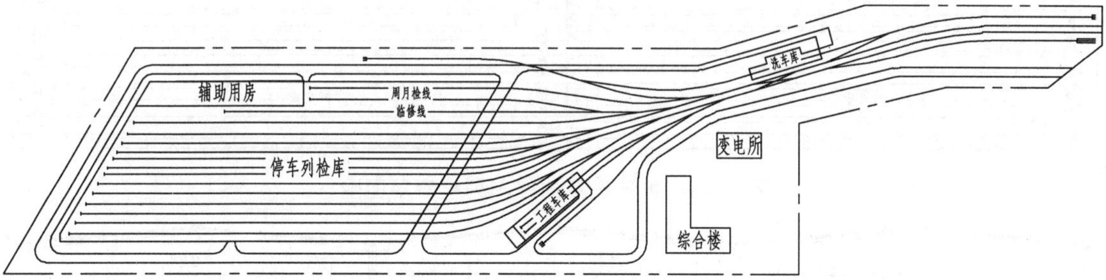

图 7.1.6　具有不规则库型停车列检库的停车场平面布置图

7.1.3.6　预留停车列检库应注意的事项

当考虑停车列检库远期建设，出现预留情况时，应结合近期和远期的使用情况进行综合考虑，预留出足够的设施和管线的施工空间，预留用地内不应建设永久设施，例如管线等。图 7.1.7 存在的一个问题是近期和远期实施的停车列检各使用 1 条出入线，当通向停车列检库的线群中的某个道岔故障时，会影响向正线发车。

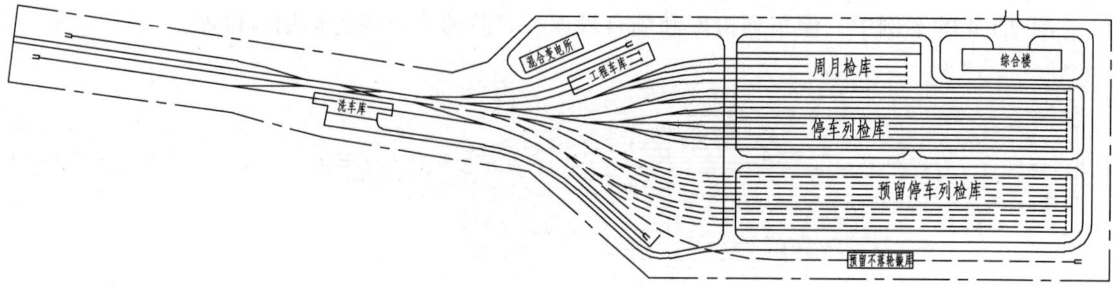

图 7.1.7　不合理的停车列检线接线方式示意图

7.1.4　停车列检库设计案例

7.1.4.1　单独设置的停车列检库

图 7.1-8 和图 7.1-9 为单独设置的停车列检库，各参数见表 7.1-6。

本案例中，列车为 As 型车 7 辆编组，列车长 142 m，停车列检库设计取值为 315.5 m，小于计算长度值 336 m，造成列车端部有 5 m 左右位于坡道之上。

停车列检库由 2 部分组成，列检库和停车库，停车线不设检查坑，但停车股道两侧地面标高为-0.22 m。

表 7.1-6　单独设置的停车列检库参数表

车型	每跨股道数	线间距/m	跨宽/m	库长/m	梁底标高/m	接触网导高/m	检查坑坡度
As/7 编组	6	4.8	31	315.5	7	5	12.5%

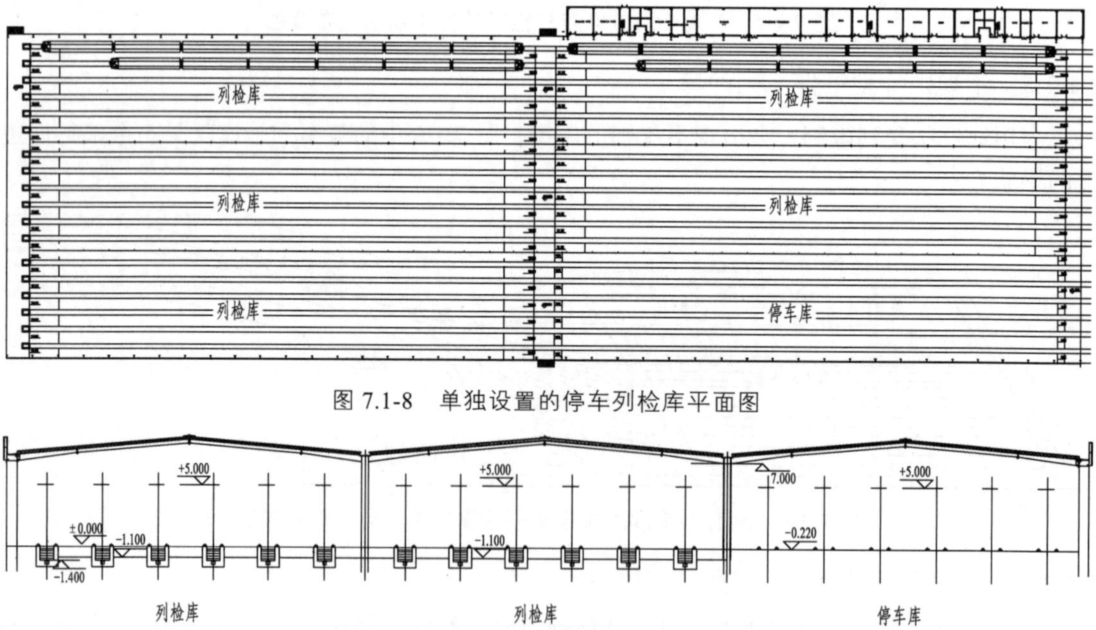

图 7.1-8　单独设置的停车列检库平面图

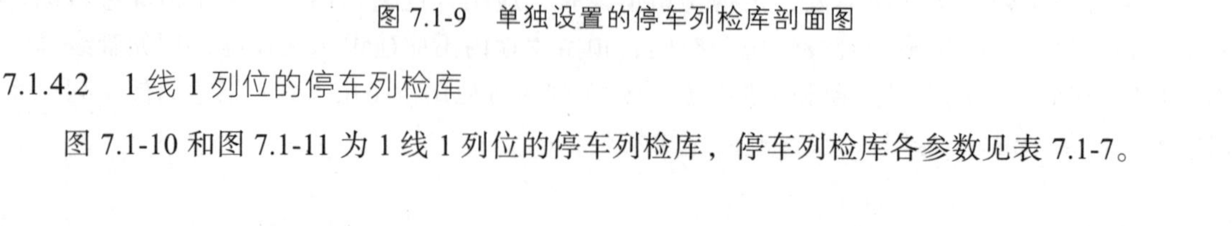

图 7.1-9　单独设置的停车列检库剖面图

7.1.4.2　1 线 1 列位的停车列检库

图 7.1-10 和图 7.1-11 为 1 线 1 列位的停车列检库，停车列检库各参数见表 7.1-7。

表 7.1-7　1 线 1 列位的停车列检库参数表

车型	每跨股道数	线间距/m	跨宽/m	库长/m	梁底标高/m	接触网导高/m	检查坑坡度
As/7 编组	2	4.4/4.8	11.5	166	7.7	5.4	12.5%

本案例中，停车列检库由停车库和列检库组成，停车列位和列检列位的比例为 1∶1，停车库中有两股道设置了长度为半列车长的壁式检查坑；停车列检库长度设计取值为 166 m，与计算长度值 168 m 基本相同。

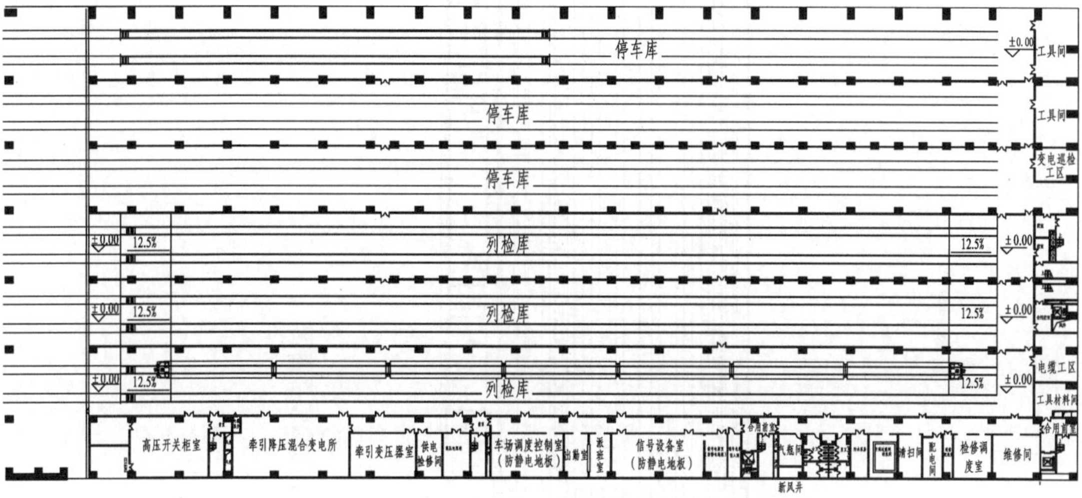

图 7.1-10　1 线 1 列位的停车列检库平面图

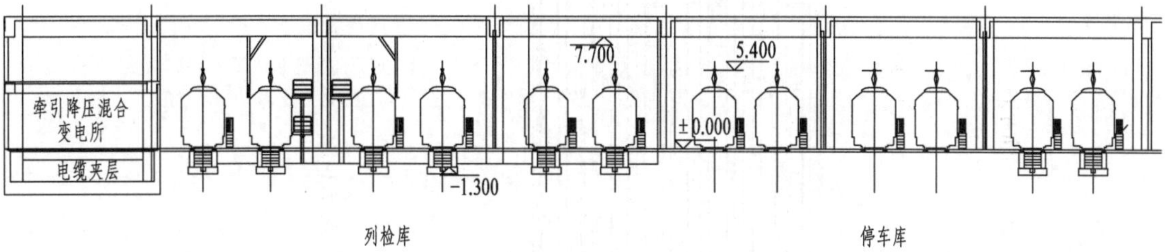

图 7.1-11　1 线 1 列位的停车列检库剖面图

7.1.4.3　全自动运行停车列检库

图 7.1-12 ~ 图 7.1-14 为全自动运行停车列检库，停车列检库各参数见表 7.1-8。

表 7.1-8　全自动运行停车列检库参数表

车型	每跨股道数	线间距/m	跨宽/m	库长/m	梁底标高/m	接触网导高	检查坑坡度
B1/6 编组	4/5	4.8	21/27	307	6.9	—	10%

本案例中，停车列检库设计取值为 307 m，远长于计算长度值 264 m，原因是全自动运行的停车列检线的长度在设计时需考虑安全停车的距离，因此长度要大于传统的停车列检线。

对于全自动运行的停车列检库，需要设置地下通道进出各防护分区，通常设置在库中，本案例中，地下通道设置在库前，占用了部分车库的长度，使得库前部分的检查坑长度仅为 131 m，而库后部分的检查坑长度为 149 m。检查坑的长度计算值为 136 m，因此库前部分的检查坑稍微短了一些，而库后部分的检查坑又长了些。

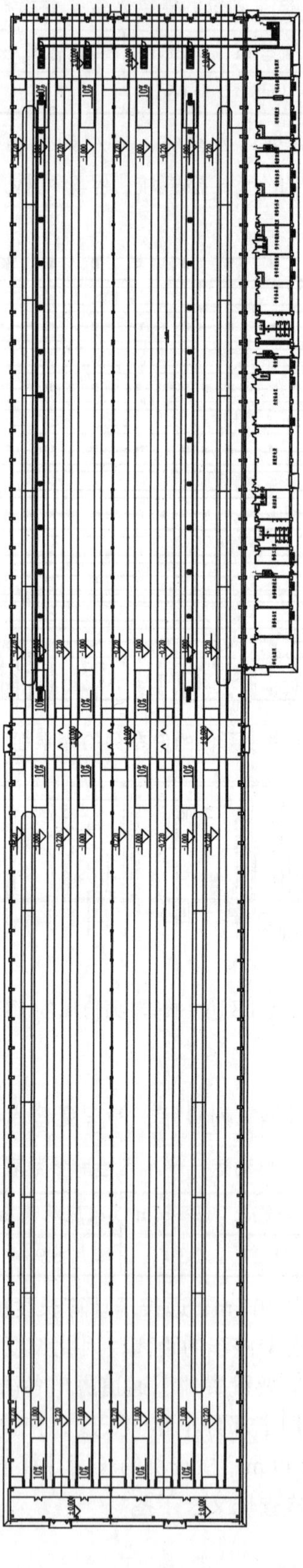

图 7.1-12 全自动运行停车列检库平面图

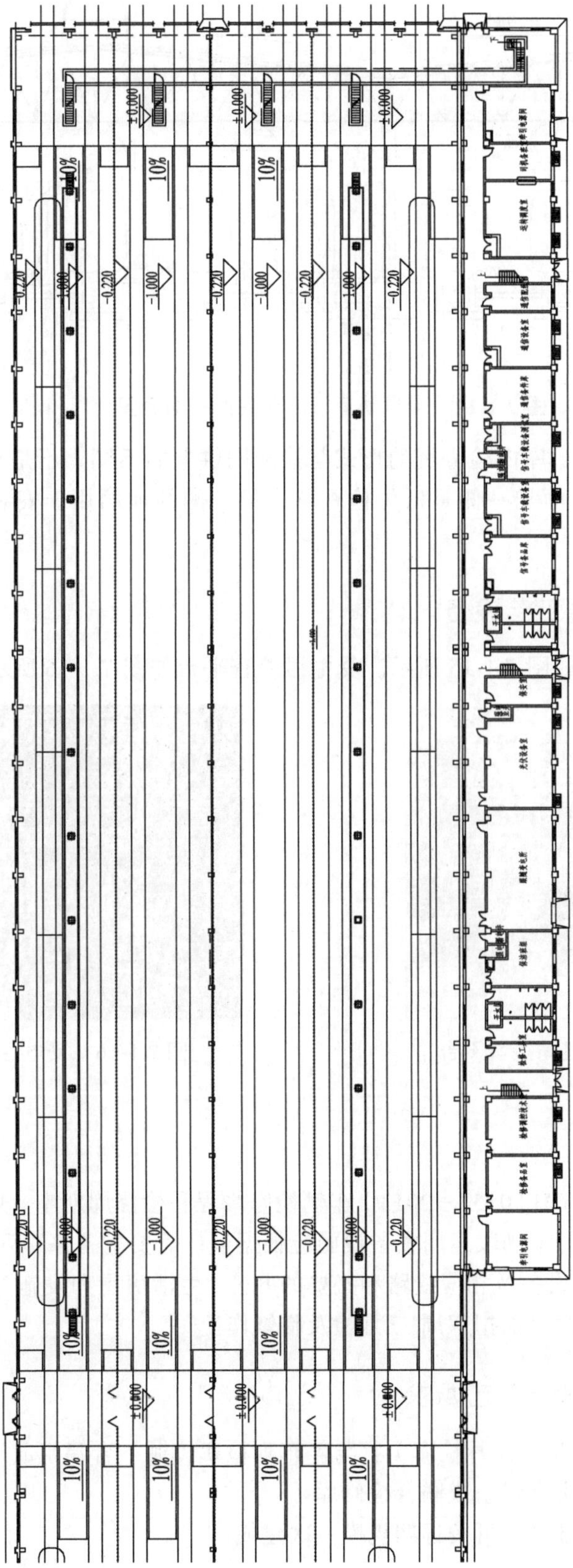

7.1-13　全自动运行停车列检库平面图（局部）

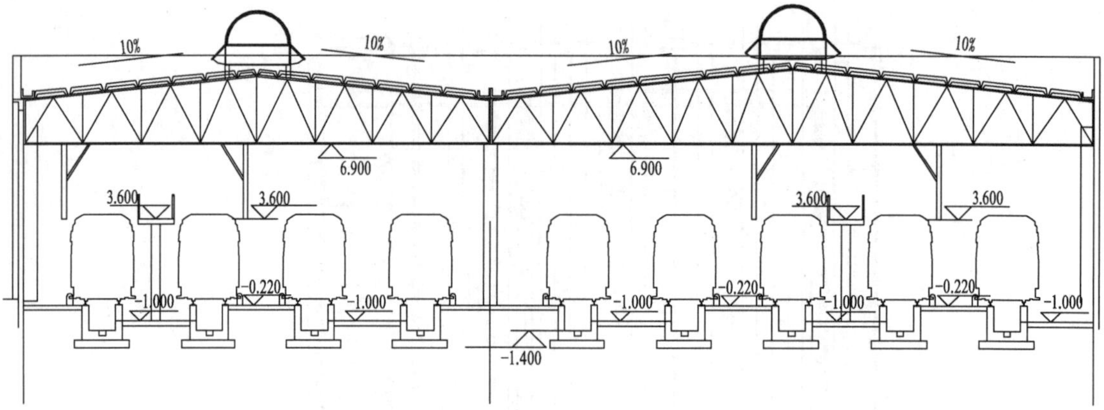

图 7.1-14　全自动运行停车列检库剖面图

本案例为接触轨供电，库内检查坑的形式与接触网供电的不同，不是在停车列检线的两侧都设置有低位检查坑，而是一侧是低位检查坑，另一侧的地面用于安装接触轨，标高为 −0.22 m，见图 7.1-14。

7.1.5　停车列检库主要工艺设备

固定式登司机室平台如图 7.1-15 所示。受电弓检查平台如图 7.1-16 所示。

图 7.1-15　固定式登司机室平台

图 7.1-16　受电弓检查平台

7.2　双周/三月检库

在《地铁设计规范》（GB 50157—2013）车辆检修修程和检修周期中，规定了三月检和双周检两个修程，并且要求“车辆段运用整备设施应根据生产需要配备停车列检库（棚）、双周/三月检库和列车清洁洗刷设备及相应线路和必要的办公、生活房屋和设施”“停车场应主要承担列检和停车作业，必要时可承担双周/三月检及临修作业”。

7.2.1　双周/三月检库设计工艺要求

双周/三月检库（以下简称周月检库）宜与停车列检库（棚）合建组成运用库，也可单独设置或与定修库等检修厂房合建组成联合检修库。

周月检库远期扩建困难时，可按远期规模一次建成。

库型为尽端式布置时，周月检线应按 1 线 1 列位设计，困难时可按 1 线 2 列位设计；库型为贯通式布置时，周月检线应按 1 线 2 列位设计。

周月检库线采用架空接触网时，每线列位之间和库前均应设置隔离开关或分段器，并应设有送电时的信号显示或音响设施。

周月检库接触网绝缘段应靠近车库大门设置，以方便操作人员在检查坑台阶附近悬挂接触网安全接地棒。

周月检库内线路应设柱式检查坑，中间检查坑坑深宜为轨面下 1.2 ~ 1.5 m，坑内应有良好的照明和排水设施，并设置动力插座和安全照明插座。股道两侧地坪标高宜为轨面下 1.0 m，两端根据运输车辆的爬坡能力设斜坡与库内±0.00 m 的通道相连。

周月检库线应根据作业要求，设置车顶作业平台和中间作业平台。车顶作业平台标高宜为+3.6 m，中间作业平台标高应与车辆地板面持平。平台与车辆之间的间隙应满足车辆限界要求。

采用接触网供电时，车顶作业平台门的开关应与接触网隔离开关联锁，兼作两线作业的车顶作业平台中间应设隔离栅栏。

采用接触轨供电时，接触轨不应进入周月检库。周月检库应设置滑触线系统便于列车自行进出周月检库以及列车牵引系统的检查。

应根据检修作业的需要设置工业吸尘装置和静态调试电源设备。

周月检库宜有 1 ~ 2 列位设置调试外接电源设备。

周月检库冬季供暖时的室内设计温度应为 12 °C。

根据《地铁设计规范》（GB 50157—2013）中的“表 28.3.15 各车库有关部位最小尺寸（m）”，周月检库有关部位的尺寸宜符合表 7.2-1 的规定。

表 7.2-1 周月检库有关部位最小尺寸 单位：m

车体之间的通道宽度（无柱）	车体与侧墙之间的通道宽度	车体与柱边之间通道宽度	库内前、后通道净宽	车库大门净宽	车库大门净高
3	3	2.2	4	B+0.6	H+0.4

7.2.2 周月检库尺寸

7.2.2.1 周月检库计算尺寸

（1）周月检库计算长度。

周月检库计算长度不应小于公式（7.2.2.1-1）的计算值。

$$L_{yk} = (L+1) \times N_y + (N_y - 1) \times 4 + N_y \times 2 \times 8 + 9 \quad (7.2.2.1\text{-}1)$$

式中 L_{yk}——周月检库计算长度（m）；

（L+1）——列车长度加停车误差 1 m；

N_y——每条周月检线列位数；

4——每条周月检线检查坑之间距离（m）；

8——周月检线柱式检查坑坡道底边长度（m）；

9——周月检库内两端横向通道宽度之和（m）。

公式中，数字 4 为 1 线 2 列位周月检库中间通道的宽度，也就是两条检查坑之间的距离；数字 8 为股道两侧检查坑坡道的底边的长度；数字 9 为周月检库库内前后通道宽度（4.5 m）之和。

（2）周月检库计算宽度。

周月检库的宽度应依据表 7.2-1 的规定计算。

周月检库计算宽度不应小于公式（7.2.2.1-2）的计算值。

$$W_{yk} = (N_y \times W) + (N_y - 1) \times 3 + 6 \tag{7.2.2.1-2}$$

式中 W_{yk}——周月检库计算宽度（m）；

N_y——周月检库股道数；

W——车体宽度（m）；

3——车体之间的距离（m）；

6——周月检库两侧库边到车体的距离之和（m）。

7.2.2.2 周月检库尺寸计算取值

（1）周月检库长度计算取值。

周月检库有 1 线 1 列位和 1 线 2 列位之分，根据周月检库库长计算公式，不同形式的周月检库长度见表 7.2-2。

表 7.2-2 周月检库长度表

车型	每股道列位数	库长计算值/m	计算取值/m
A 型车	1	（140+1）×1+（1−1）×4+1×2×8+9=166	≥168
	2	（140+1）×2+（2−1）×4+2×2×8+9=327	≥330
B 型车	1	（120+1）×1+（1−1）×4+1×2×8+9=146	≥150
	2	（120+1）×2+（2−1）×4+2×2×8+9=287	≥288

注：计算取值为建筑模数 6 的倍数。

在周月检库库长计算公式中，股道两侧检查坑坡道的底边长 8 m，是以坡道坡度为 12.5%、检查坑深度为 1 m 计算得出的，见图 7.2-1（b），此时整列车均未位于坡道之上。实践中，坡道坡度常按 10%取值，则两侧检查坑坡道的底边长为 10 m，见图 7.2-1（c），此时整列车端部会有一小部分位于坡道之上。

周月检库前、中、后通道的宽度是一定的，决定周月检库长度的关键因素是周月检线检查坑的长度，而周月检库检查坑的长度又关系到工艺要求。周月检线上设置有中高层作业平台，平台长度应不小于列车的长度。中层作业平台不应位于检查坑坡道上方，应保证平台底部到检查坑地面的净高不低于 1.75 m，以避免经过此处的工作人员的出现碰头的情况。

图 7.2-1（b）为列车和中层作业平台完全位于检查坑坡道端部之内，中层作业平台端部距检查坑坡道端部还有 1.5 m 的距离。图 7.2-1（c）为列车有 0.5 m 位于检查坑坡道上方，虽然并不影响对列车车底设备的检查，但中层作业平台底部距坡道的距离会减少，这时，可将中层作业平台向右移动一段距离，保证列车司机室门位于中层作业平台范围之内即可。

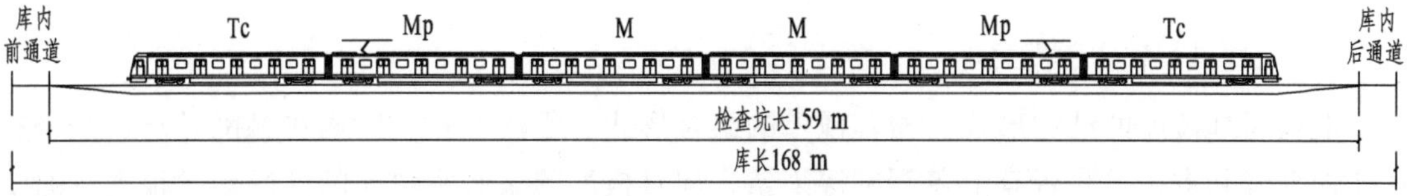

（a）周月检库检查坑侧视图

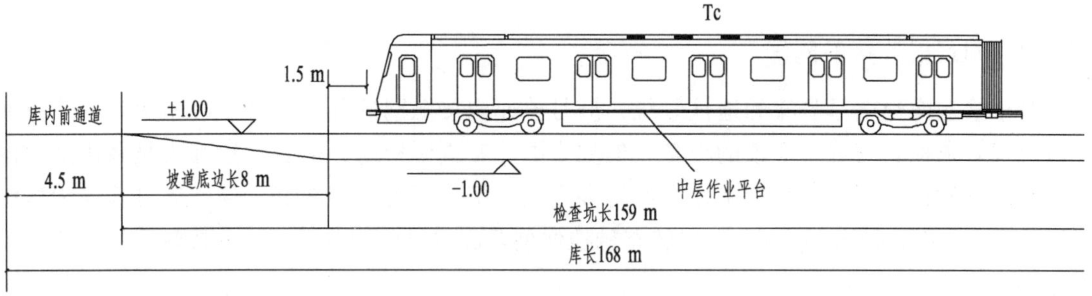

（b）中层作业平台端部距坡道端部距离为 1.5 m

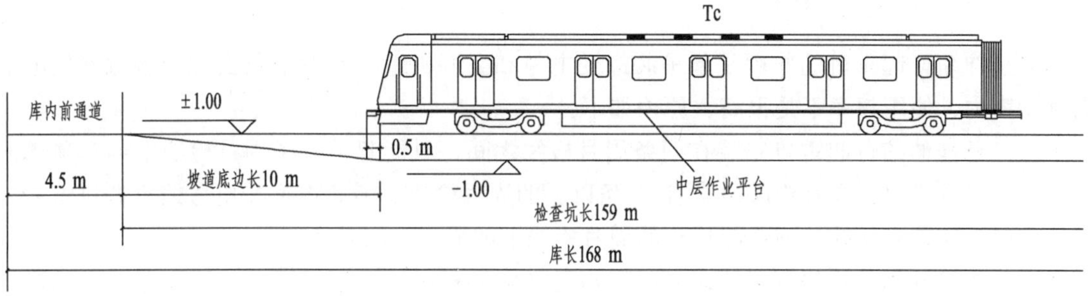

（c）中层作业平台端部侵入坡道端部 0.5 m

图 7.2-1　A 型车周月检库检查坑侧视图

（2）周月检库宽度计算取值。

周月检库通常由跨组成，每跨股道数常见的有 1～4 股道，5 股道的周月检库很少见。不同股道数的周月检库跨宽见表 7.2-3。

表 7.2-3　周月检库跨宽度表

车型	每跨股道数	跨宽计算/m	计算取值/m
A 型车	1	（1×3）+（1-1）×3+6=9	9
	2	（2×3）+（2-1）×3+6=15	15
	3	（3×3）+（3-1）×3+6=21	21
	4	（4×3）+（4-1）×3+6=27	27
	5	（5×3）+（5-1）×3+6=33	33
B 型车	1	（1×2.8）+（1-1）×3+6=8.8	9
	2	（2×2.8）+（2-1）×3+6=14.6	15
	3	（3×2.8）+（3-1）×3+6=20.4	21
	4	（4×2.8）+（4-1）×3+6=26.2	27
	5	（5×2.8）+（5-1）×3+6=32	33

注：计算取值为建筑模数 3 的倍数。

7.2.2.3 周月检库梁底标高

根据周月检库的结构形式、与其他库的组合形式、受流方式、库内接触网导高、是否有悬挂伸缩臂起重机、是否有上盖开发等因素，周月检库的梁底距轨面的高度差异很大，通常应不小于 6.5 m。

7.2.2.4 周月检库接触网导高

对于接触网受电弓受流的地铁系统，周月检库内接触网的导高由两个因素决定：一是周月检修程要求检查安装于车顶的设备，例如受电弓和空调机组，需要给检修人员留出适宜的工作高度空间；二是受电弓的工作高度有一定的范围，不是越高越好。通常周月检库内接触网的导高有 5.4 m 和 5.7 m 两种，安装有悬挂伸缩臂起重机的周月检线，其接触网导高应不小于 5.7 m。

7.2.2.5 悬挂伸缩臂起重机

悬挂伸缩臂起重机的作用是起吊装卸受电弓和空调机组，此设备仅安装于接触网供电的周月检库内，使用频率不是很高，原因如下：

（1）悬挂伸缩臂起重机安装在两条周月检线之间，只能起吊一条周月检线上列车顶部的受电弓或空调机组，周月检库通常有 2 条以上的周月检线，需要更换受电弓或空调机组的列车恰好停在安装有悬挂伸缩臂起重机的周月检线上的概率并不是 100%。

（2）车辆的周月检修程不要求更换受电弓和空调机组，发生需要更换受电弓和空调机组的故障的几率也不是很大。

在装卸受电弓或空调机组时，悬挂伸缩臂起重机要吊着受电弓或空调机组沿着周月检线纵向方向行走平均半列车长的距离，操作复杂，存在一定的安全隐患。

车辆在进行周月检修程时，更换受电弓或空调机组属于临修作业，如果是在设置有临修线的车辆段或停车场，可以去安装有起重机的临修线更换受电弓或空调机组。

7.2.3 周月检库与其他库房的组合

周月检库既具有列车的周月检检查功能，又具有列车的停放功能，形成了与其他库房组合的灵活性，有单独设置、与停车列检库合建组成运用库、与检修厂房合建组成检修库等多种组合方式。

7.2.3.1 单独设置的周月检库

实践中，单独设置周月检库的车辆段和停车场的案例并不多见，单独设置不利于节约土地。图 7.2-2 为单独设置周月检库的车辆段。

7.2.3.2 与停车列检库合建组成运用库

周月检线也具有停车线的功能，更多的时候是与停车列检库合建为运用库，尤其是在停车场中，几乎全部与停车列检库合建，见图 7.2-3。

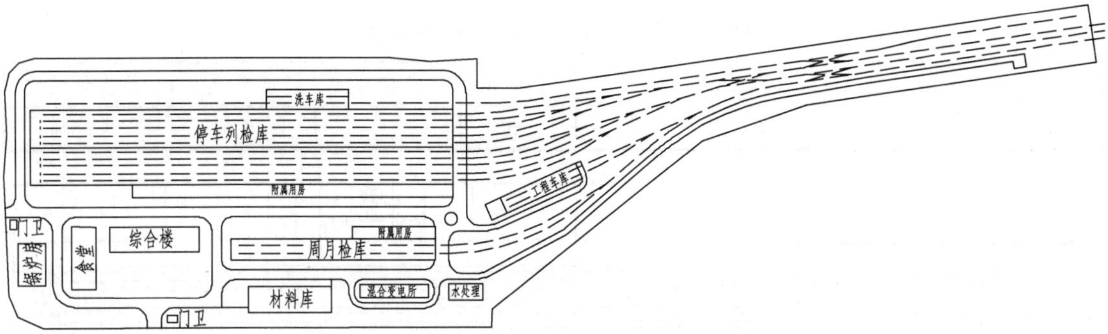

图 7.2-2　单独设置周月检库的停车场平面图

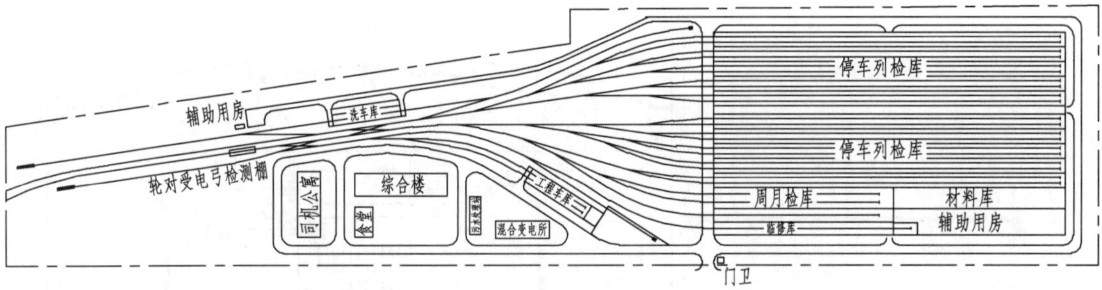

图 7.2-3　周月检库与停车列检库合建的停车场平面图

7.2.3.3　与检修厂房合建组成检修库

在车辆段中，周月检库经常和检修厂房合建组成联合检修库，见图 7.2-4。

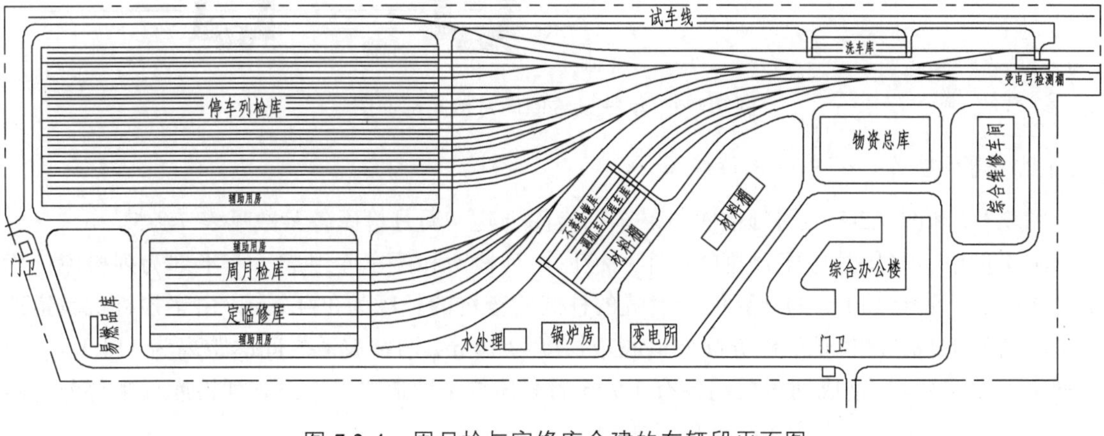

图 7.2-4　周月检与定修库合建的车辆段平面图

7.2.4　周月检库设计案例

7.2.4.1　单独设置的周月检库

图 7.2-5 和图 7.2-6 为单独设置的周月检库，周月检库各参数见表 7.2-4。

本案例中，周月检库长度设计取值为 150 m，与计算长度值 150 m 相同。

周月检线上方安装了悬挂伸缩臂起重机，用于起吊受电弓和空调机组，见图 7.2-6。

表 7.2-4　单独设置的周月检库参数表

车型	每跨股道数	线间距/m	库宽/m	库长/m	梁底标高/m	起重机吨位/t	检查坑坡度
B/6 编组	2	6	15	150	7	1.5	12.5%

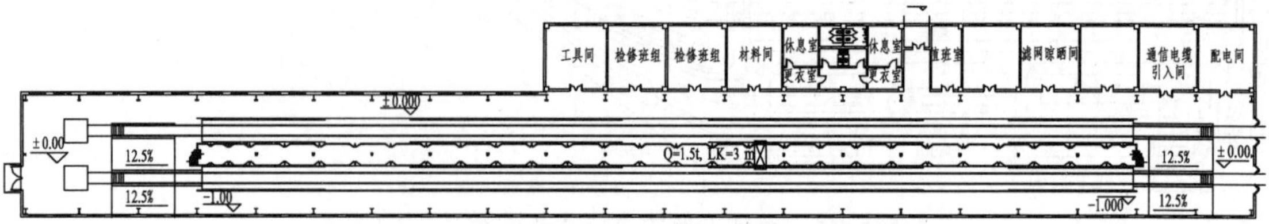

图 7.2-5　单独设置的周月检库平面图

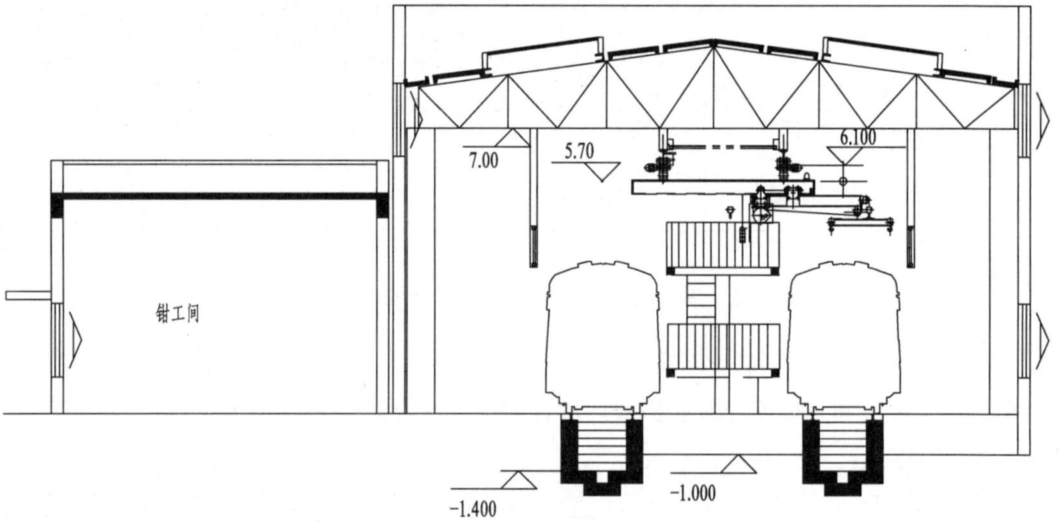

图 7.2-6　单独设置的周月检库剖面图

7.2.4.2　周月检库与停车列检库合建

图 7.2-7 和图 7.2-8 为周月检库与停车列检库合建，周月检库各参数见表 7.2-5。

本案例中，与周月检库合建的停车列检库由列检库和停车库组成，前半部为列检库，库长为 146 m，小于 150 m 的计算值，设置的柱式检查坑的长度为 134.2 m，由于检查坑坡道选取了较缓的 10%的坡度值，检查坑坡道底边长度为 10 m，两端坡道之间的距离为 114.2 m，小于列车长度 118 m，造成列车两端各有 1.9 m 的车体位于坡道之上。停车列检库后半部分为停车库，库长为 139 m，大于 132 m 的计算值。

当周月检库贴建在停车列检库一侧时，停车列检库的长度取值应服从周月检库的长度。

本案例中，周月检库的设计值为 146 m，小于计算值 150 m，库内设置的柱式检查坑长度与相邻的列检线上的柱式检查坑长度相同，均为 134.2 m，由于周月检股道检查坑的坡道采用的是较陡的 12.5%坡度，使得检查坑底的长度达到 118.2 m，与列车长度 118 m 几乎相等，所以整列车仍位于周月检线检查坑坡道之外。

此案例中，在不缩短整个库长的基础上，可将库后部分的停车库长度缩短 6 m，增加到库前部，可使周月检库的长度增加到 152 m。

表 7.2-5　周月检库参数表

车型	每跨股道数	线间距/m	库宽/m	库长/m	梁底标高/m	接触网导高/m	检查坑坡度
B2/6 编组	2	5.8	15	146	7.9	5.4	12.5%

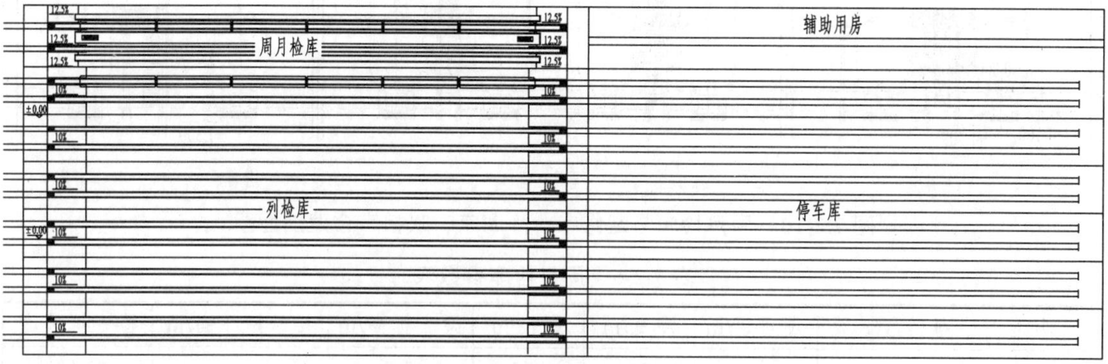

图 7.2-7　与停车列检库合建的周月检库平面图

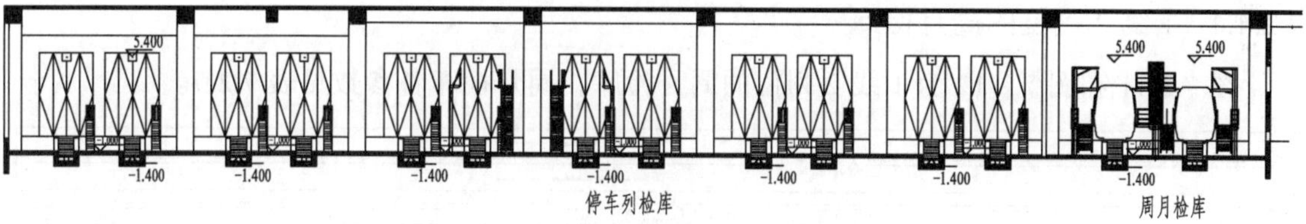

图 7.2-8　与停车列检库合建的周月检库剖面图

7.2.4.3　周月检库与定修库、静调库、吹扫库合建

图 7.2-9 和图 7.2-10 为周月检库与定修库、静调库、吹扫库合建，组成联合检修库，周月检库各参数见表 7.2-6。

本案例中，列车为 As 型、6 编组，列车全长 142 m。

当周月检库与定修库、静调库、吹扫库合建时，周月检库的长度取决于这些库中最长的尺寸。本案例中定修库和周月检库的长度相等，为最长。周月检库长度的设计取值为 172 m，大于计算值 168 m。

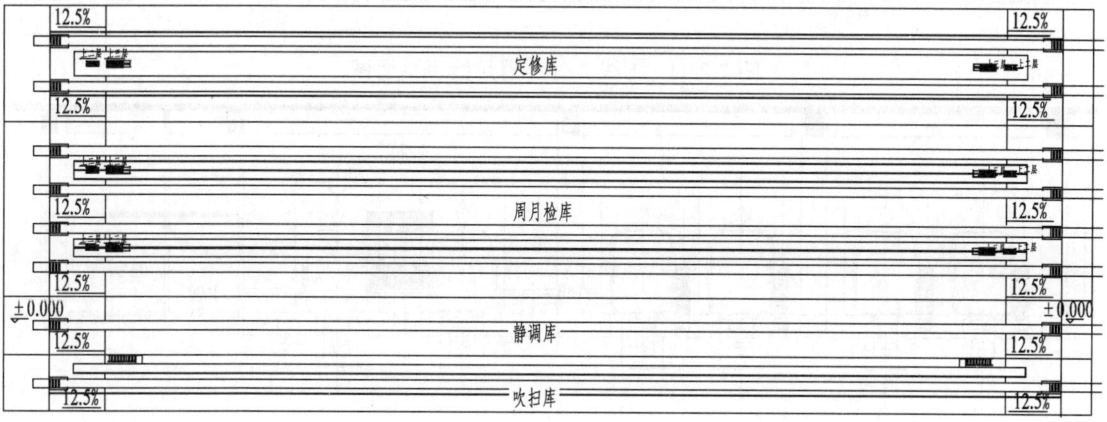

图 7.2-9　周月检库与定修库、静调库、吹扫库合建平面图

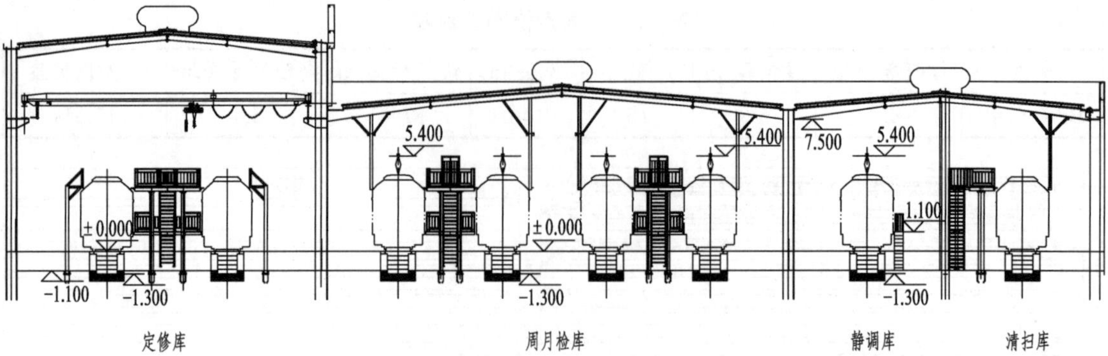

图 7.2-10　周月检库与定修库、静调库、吹扫库合建剖面图

表 7.2-6　周月检库参数表

车型	每跨股道数	线间距/m	库宽/m	库长/m	梁底标高/m	接触网导高/m	检查坑坡度
As/6 编组	4	6	27	172	7.5	5.4	12.5%

7.2.4.4　1 线 2 列位的周月检库

图 7.2-11 和图 7.2-12 为 1 线 2 列位的周月检库，周月检库各参数见表 7.2-7。

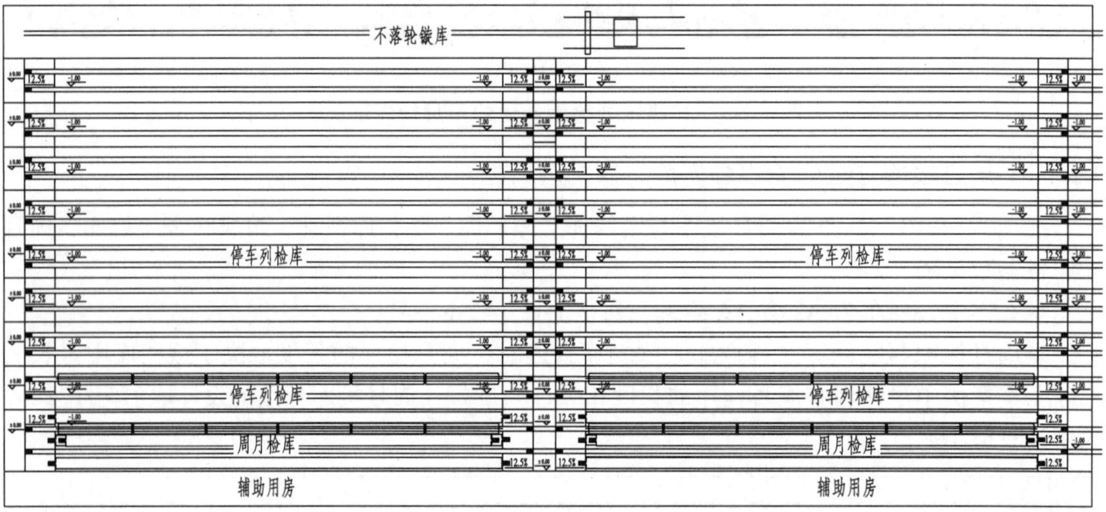

图 7.2-11　1 线 2 列位周月检库平面图

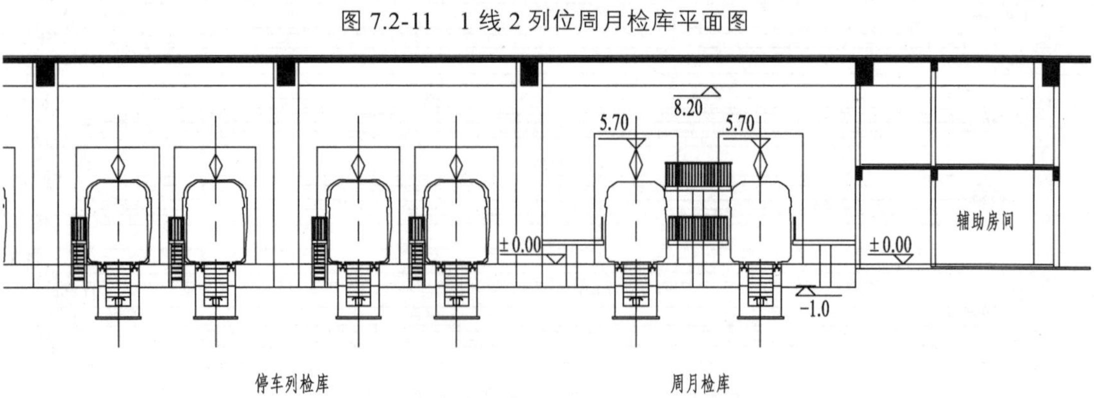

图 7.2-12　1 线 2 列位周月检库剖面图

表 7.2-7　周月检库参数表

车型	每跨股道数	线间距/m	库宽/m	库长/m	梁底标高/m	接触网导高/m	检查坑坡度
B2/6 编组	2	5.8	15.6	286.4	8.2	5.7	12.5%

本案例为上盖开发项目，为了保证上盖面积尽量大而整齐，周月检库采用 1 线 2 列位形式。周月检库长度设计取值为 286.4 m，接近计算长度值 288 m。

7.2.4.5　接触轨供电系统的周月检库

图 7.2-13 和图 7.2-14 为周月检库与停车列检库合建，周月检库各参数见表 7.2-8。

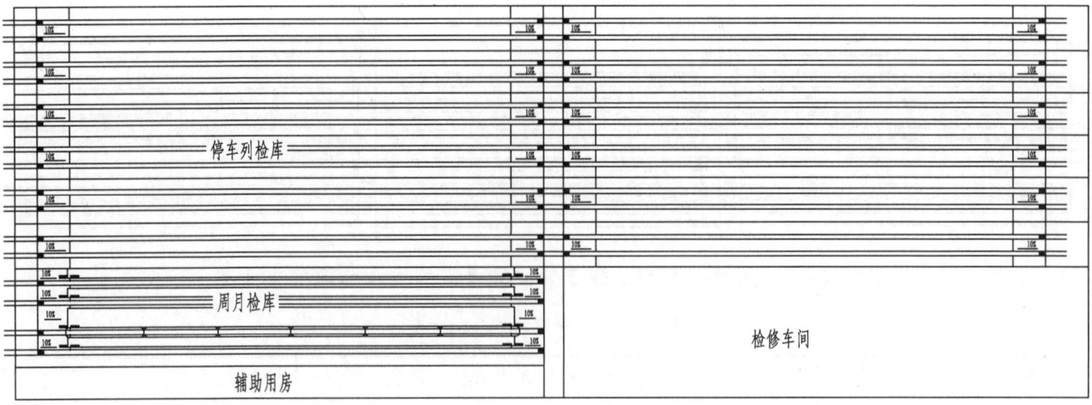

图 7.2-13　接触轨供电系统的周月检库平面图

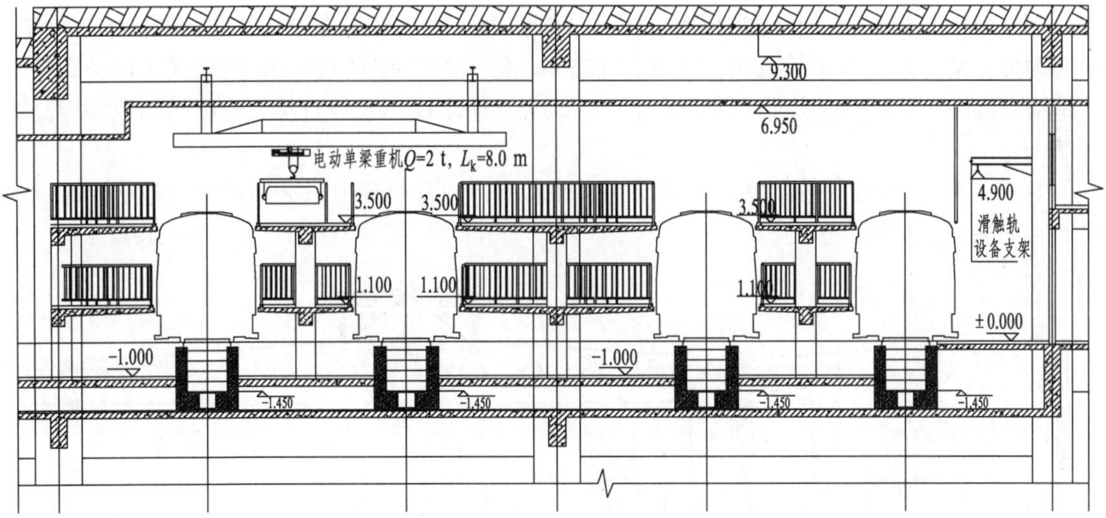

图 7.2-14　接触轨供电系统的周月检库剖面图

表 7.2-8　周月检库参数表

车型	每跨股道数	线间距/m	库宽/m	库长/m	梁底标高/m	起重机吨位/t	检查坑坡度
A/6 编组	2	6	15	167	7.7	2.0	10%

本案例中，列车采用接触轨供电。

周月检库设计取值为 166 m，与计算长度值 166 m 相同。由于检查坑坡道坡度采用 10%，造成坡道底边之间长度为 10 m，大于计算公式中的取值 8 m，因此列车两端各有 2.5 m 的部分位于检查坑坡道之上。

由于列车采用接触轨供电方式，周月检库有条件在其中一跨上方安装起重机用于起吊空调机组，见图 7.2-14。

本案例中，每条周月检线两侧均设置了中、高层作业平台，见图 7.2-14，这样设置不利于周月检库的自然采光和通风，一侧设置中高层作业平台，另一侧设护栏即可。

7.2.4.6 周月检库与 1 线 3 列位的停车列检库合建

图 7.2-15 为周月检库与 1 线 3 列位的停车列检库合建，周月检库各参数见表 7.2-9。

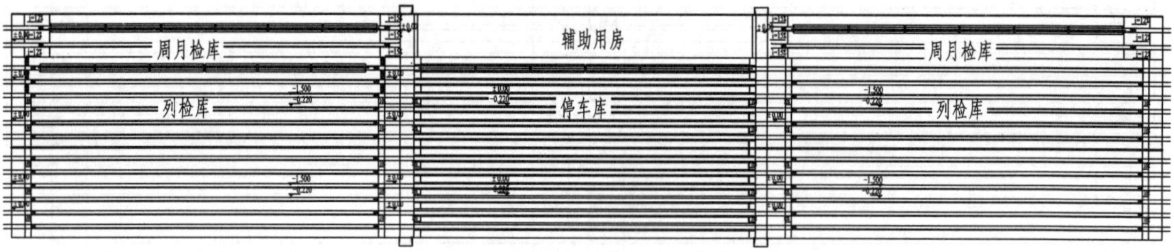

图 7.2-15 周月检库与 1 线 3 列位的停车列检库合建的平面图

表 7.2-9 周月检库参数表

车型	每跨股道数	线间距/m	库宽/m	库长/m	梁底标高/m	接触网导高	检查坑坡度
B1/6 编组	2	6	15	145	7.2	—	12%/15%

本案例中，列车采用接触轨供电。停车列检库为 1 线 3 列位贯通式布置，两端为列检线，中间为停车线，列检线（检查坑）长度为 125 m，停车线长度为 122 m。列检线采用壁式检查坑，检查坑深 1.5 m，轨道两侧地坪标高为−0.22 m。停车线不设检查坑，轨道两侧地坪标高为−0.22 m。

对于 1 线 3 列位贯通式停车列检库的这种库型，周月检库通常分两部分贴建于停车列检库两端的侧面，见图 7.2-15。

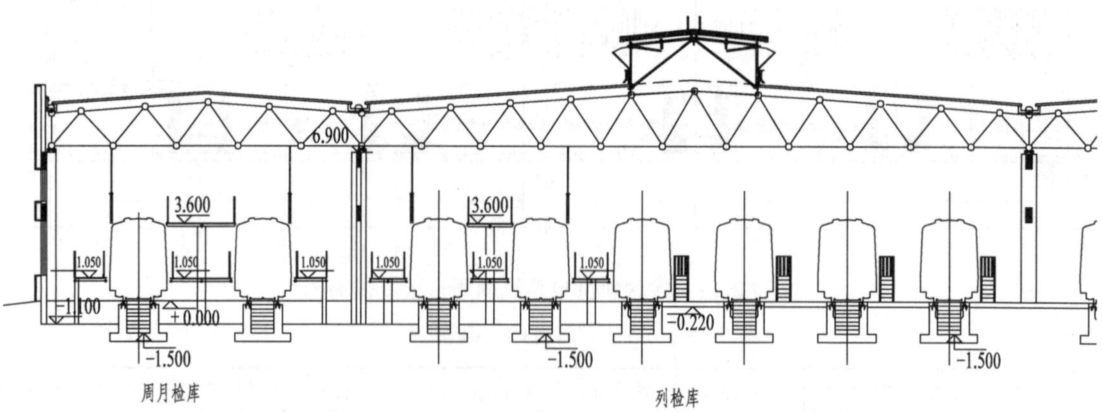

图 7.2-16 周月检库与 1 线 3 列位的停车列检库合建的剖面图

周月检库设计取值为 145 m，小于计算长度值 150 m，采用柱式检查坑，检查坑长 135.2 m，中间检查坑深 1.5 m，股道两侧地坪标高为−1.1 m，检查坑坡道坡度取值比较特殊，靠近两端的坡度取值为 12%，靠近中部的坡道坡度取值为 15%，检查坑坡道之间的距离为 119.7 m，大于列车的长度 118.37 m，即整列车仍位于坡道内。

为了避免列车有部分车体位于坡道之上，两端坡道选取了不同的坡度值，而且坡度值较大，这种做法值得商榷。

7.2.4.7 阻断中间通道的周月检库

图 7.2-17 为周月检库与停车列检库合建，周月检库各参数见表 7.2-10。

此案例中，停车列检库库长为 264.2 m，近似 265 m 的计算值。库前部为列检线，列检线（检查坑）长度为 123 m，小于 124 m 的计算值，列检线两端坡道的坡度值选取了较缓的 10%，造成股道两侧检查坑坡道之间的长度只有 101 m，列车前后端各有 8 m 左右的长度位于坡道上方，对于车辆底部设备的检查会有一定的影响。库后部为停车线，长度为 123 m，股道两侧地坪标高为-0.152 m。

周月检库库长的设计值为 156 m，大于计算值 150 m。

本案例中贴建于停车列检库侧面的周月检库阻断了停车列检库的中间通道，这是不可取的。

表 7.2-10 周月检库参数表

车型	每跨股道数	线间距/m	库宽/m	库长/m	梁底标高/m	接触网导高/m	检查坑坡度
B2/6 编组	2	6	15	156	7.2	5.4	10%

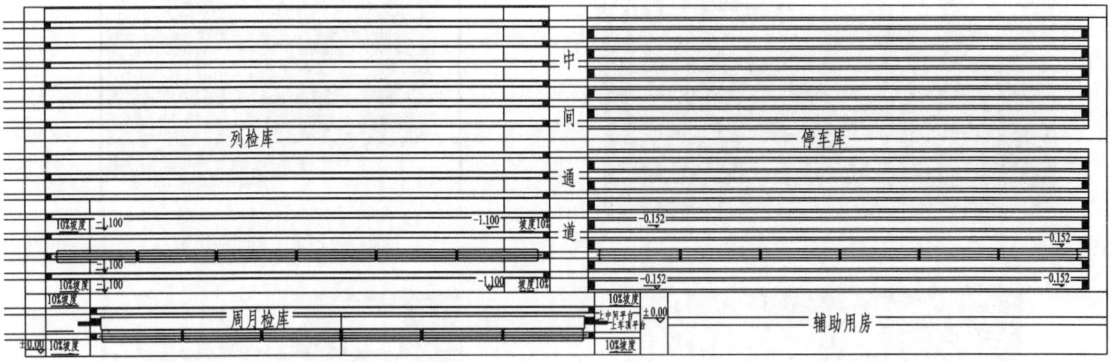

图 7.2-17 阻断中间通道的周月检库平面图

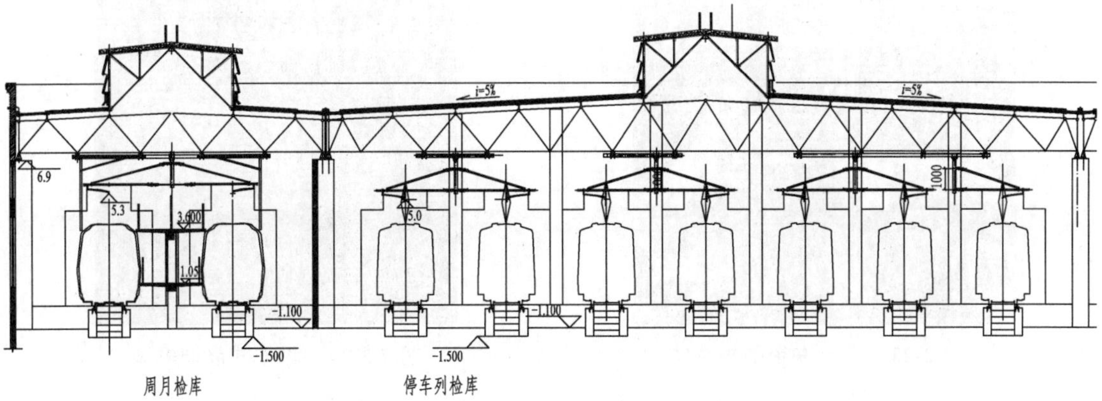

图 7.2-18 阻断中间通道的周月检库剖面图

7.2.5 周月检库主要设备

各设备见图 7.2-19 ~ 7.2-24。

图 7.2-19 悬挂伸缩臂起重机

图 7.2-20 钢制中高层作业平台

图 7.2-21 除尘系统

图 7.2-22 静调电源

图 7.2-23 安全联锁防护系统

图 7.2-24 移动式静调电源

7.3 大、架修库

在《地铁设计规范》(GB 50157—2013) 中规定 “车辆段根据其作业范围分为大、架修段和定修段，大、架修段应为承担车辆的大修和架修及其以下修程作业；定修段应为承担车辆的定修及其以下修程作业”“大架修车辆段除设置上述定修段各种生产房屋外，尚应根据车辆检修要求设大架修架落车库、检修库、静调库和转向架、电机、电器、钩缓、受电弓、空调、制动及蓄电池等部件检修分间，并根据需要设油漆库”。

7.3.1 车辆架、大修工艺流程与所需的检修设施

地铁车辆的架修和大修是地铁车辆的两个高级修程，车辆段检修厂房的设计主要取决于列车和车辆在工艺流程中所需的设施和设备。

列车和车辆在架修修程中的工艺流程如下：

列车入段→待修→列车清洁→列车解列→车辆解体→车辆组装→列车编组→列车静调→列车动调→修竣→列车出段。

架修作业的工艺流程与所需设施、设备见表 7.3-1。

表 7.3-1 车辆架修工艺流程和所需设施、设备表

序号	工艺流程	作业场所	作业内容	工艺设备
1	列车入段	待修车停放线	待修	—
2	列车清洁	吹扫线	车下清洁	吹扫设备
3	列车解列	架修线	列车解列 拆卸零部件	架车机、 车体支撑、 起重机
4	车辆解体	架修线	零部件拆卸	车体支撑、 起重机
5	车辆组装	架修线	零部件组装	车体支撑、 起重机
6	列车编组	架修线	列车编组	架车机
7	列车静调	静调线	列车静态调试	静调设备
8	列车动调	试车线	列车动态调试	—
9	列车出段	修竣车停放线	等待回段	—

列车和车辆在大修修程中的工艺流程如下：

列车入段→待修→列车清洁→列车解列→车辆解体→车辆油漆→车辆组装→车辆称重→列车编组→列车静调→列车动调→修竣→列车出段。

大修作业的工艺流程与所需设施、设备见表 7.3-2。

表 7.3-2　车辆大修工艺流程和所需设施、设备表

序号	工艺流程	作业场所	作业内容	工艺设备
1	列车入段	待修车停放线	待修	—
2	列车清洁	吹扫库	车下清洁	吹扫设备
3	列车解列	解列编组线	列车解列 拆卸转向架、受电弓、空调等	架车机、 工艺转向架、 起重机
4	车辆解体	车体车间（大修线）	拆卸零部件	移车台、 工艺转向架、 起重机
5	车体油漆	油漆车间	车辆外皮油漆	移车台、 油漆设备、 工艺转向架
6	车辆组装	车体车间	安装零部件	移车台、 工艺转向架、 起重机
7	车辆称重	车辆称重线	车体称重 安装转向架 车辆称重	移车台、 车辆称重设备、 工艺转向架、 移动式架车机
8	列车编组	车辆称重线或解列编组线	列车编组	移车台、 架车机
9	列车静调	静调库	列车静态调试	静调设备
10	列车动调	试车线	列车动态调试	—
11	列车出段	修竣车停放线	等待回段	—

从表 7.3-1 和表 7.3-2 可以看出，车辆架修需要的线路包括架修线、静调线、吹扫线、试车线、待修修竣线。车辆大修需要的线路包括解列编组线、大修线、油漆线、称重线、静调线、吹扫线、试车线、待修修竣线。

这些线路包括室内线路和室外线路，室内线路是组成架修库或大修库的基本部分。

地铁车辆是一个复杂的机电一体化大设备，由成千上万的零部件组成，主要的组成系统见表 7.3-3。架修库和大修库除了必须的室内线路外，车辆各系统也需要在架修库或大修库中安排检修空间；根据零部件的大小、复杂程度、需要的修理设备，检修间分别布置在不同的检修跨和辅助房间内。

表 7.3-3　地铁车辆组成系统表

序号	系统	系统组成
1	车体及内装	底架、端墙、侧墙、车顶、座椅、车窗、地板、立柱、扶手、灯带、侧墙板、天花板、空调风口等

续表

序号	系统	系统组成
2	车钩和缓冲器	全自动车钩、半自动车钩、半永久车钩
3	贯通道	—
4	车门	客室侧门、司机室侧门、司机室通道门、紧急疏散门
5	空调和通风	空调机组、通风道
6	照明	内部照明、外部照明
7	空气、制动系统	空气供给系统、制动控制系统、基础制动系统、车轮防滑保护装置、空气悬挂装置、空气信号装置、升弓装置、车钩操纵装置
8	转向架	构架、轮对、轴箱、齿轮传动、弹簧悬挂装置、基础制动装置、牵引装置
9	电气系统	受电弓或受流器、避雷针、牵引逆变器、高压箱、高速断路器、制动电阻、牵引电机、司机控制器
10	辅助电气系统	辅助逆变器、充电机、蓄电池、车间电源
11	乘客信息及视频监控系统	列车广播以及对讲装置、乘客信息显示系统、列车视频监视系统、乘客安全标志

7.3.2 大修库和架修库的基本组成

7.3.2.1 大修库的基本组成

采用车辆大架修分修制的地铁系统，车辆段内车辆的最高修程为架修，只有架修车辆段。而采用车辆大架修合修制的地铁系统，会有大修车辆段，同时承担车辆的架修和大修修程。

大修车辆段内的大修库是一个组成复杂的系统，其基本组成见图 7.3-1 ~ 图 7.3-4，纯粹意义上的大修库由大架修主库、检修组合库组成。大架修主库用于车辆架落车、解列、编组、解体、油漆、组装、称重作业，检修组合库用于除主库作业外的车辆各部件检修作业。

图 7.3-1 和 7.3-3 中，粗实线内为大修库范围，斜线部分为大架修库主库，可以看出，大架修库主库主要由轨道组成，为车辆的架、大修提供检修列位和检修台位，斜线之外的部分用于车辆零部件的检修。

大架修主库以移车台为界，分为两部分，靠近库外咽喉区的一侧布置解列编组线和架修线，另一侧布置车体车间内的大修线、油漆线和称重线。

大架修主库内的轨道包括架修线和大修线，其区别是车辆的架修为定位修，车辆不需要转线作业，列车进入架修线后，可以在架修线上直接解列，车辆在架修线上即可完成架修修程要求的静调之前的所有作业，架修线必须引出库外，与咽喉区线路相接。

车辆的大修属于流水作业，列车在解列编组线上解列后，借助移车台，车辆要在位于车体车间内的大修线、油漆线、称重线之间转线作业，然后再回到解列编组线上编组。

图 7.3-1 所示的大修主库内有 1 列位的解列编组线、2 列位的架修线、5 条共 2.5 列位（15 台位）的大修线、1 条称重线、1 条车体表面处理线和 1 条车体油漆线。

图 7.3-3 所示的大修主库内有 1 列位的解列编组线、3 列位的架修线、6 条共 2 列位（12 台位）的大修线、1 条称重线、1 条车体表面处理线和 1 条车体油漆线，还有 1 条不属于大修

库的临修线。

大修线和架修线从形式上看没有区别，可以共用。临修线也可以作为解列编组线使用。

7.3.2.2 架修库的基本组成

由于车辆架修为定位修，将大修库内的移车台、车体车间、油漆库去掉，即为架修库的基本组成。

图 7.3-5 和 7.3-6 中，粗实线内为架修库范围，斜线部分为架修库主库，架修库主库主要由轨道组成，为车辆的架修提供检修列位，斜线之外的部分用于车辆零部件的检修。

图 7.3-5 所示的架修主库内有 2 列位的架修线，并与架修库、周月检库、静调库和吹扫库共同组成联合检修库。

7.3.2.3 架修库、大修库的组成形式

与具有单一功能的停车列检库、周月检库、静调库、吹扫库、洗车库等可以单独设置不同，实践中并不存在独立设置的、纯粹意义上的架修库或大修库，所谓的架修库或大修库通常是多种单功能库房的组合，图 7.3-1、7.3-3 和图 7.3-5 即是大修库、架修库与定临修库、静调库、吹扫库的组合，因此下文的架修库或大修库，均指各种检修库的组合，这类各种检修库的组合既可称作架修库、大修库，也可称作联合检修库、检修库。

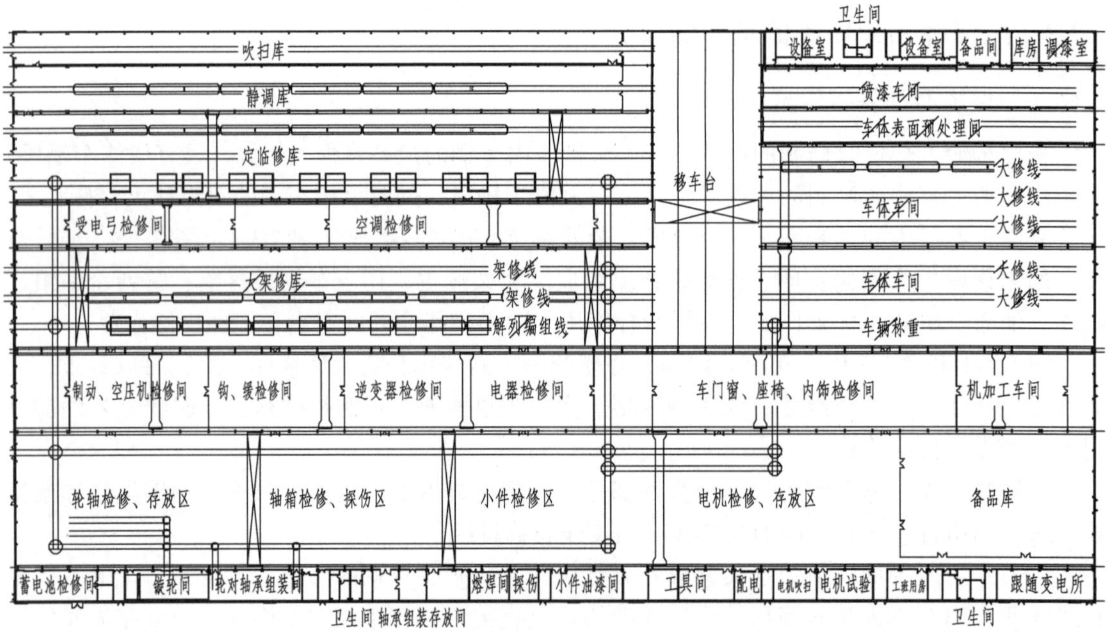

图 7.3-1 大修库基本组成（一）平面图

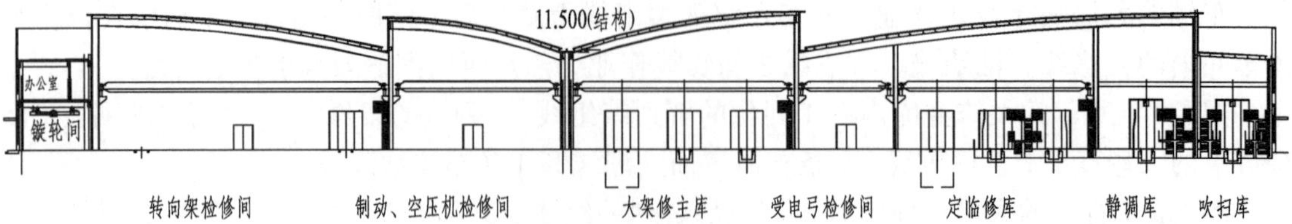

图 7.3-2 大修库基本组成（一）剖面示意图

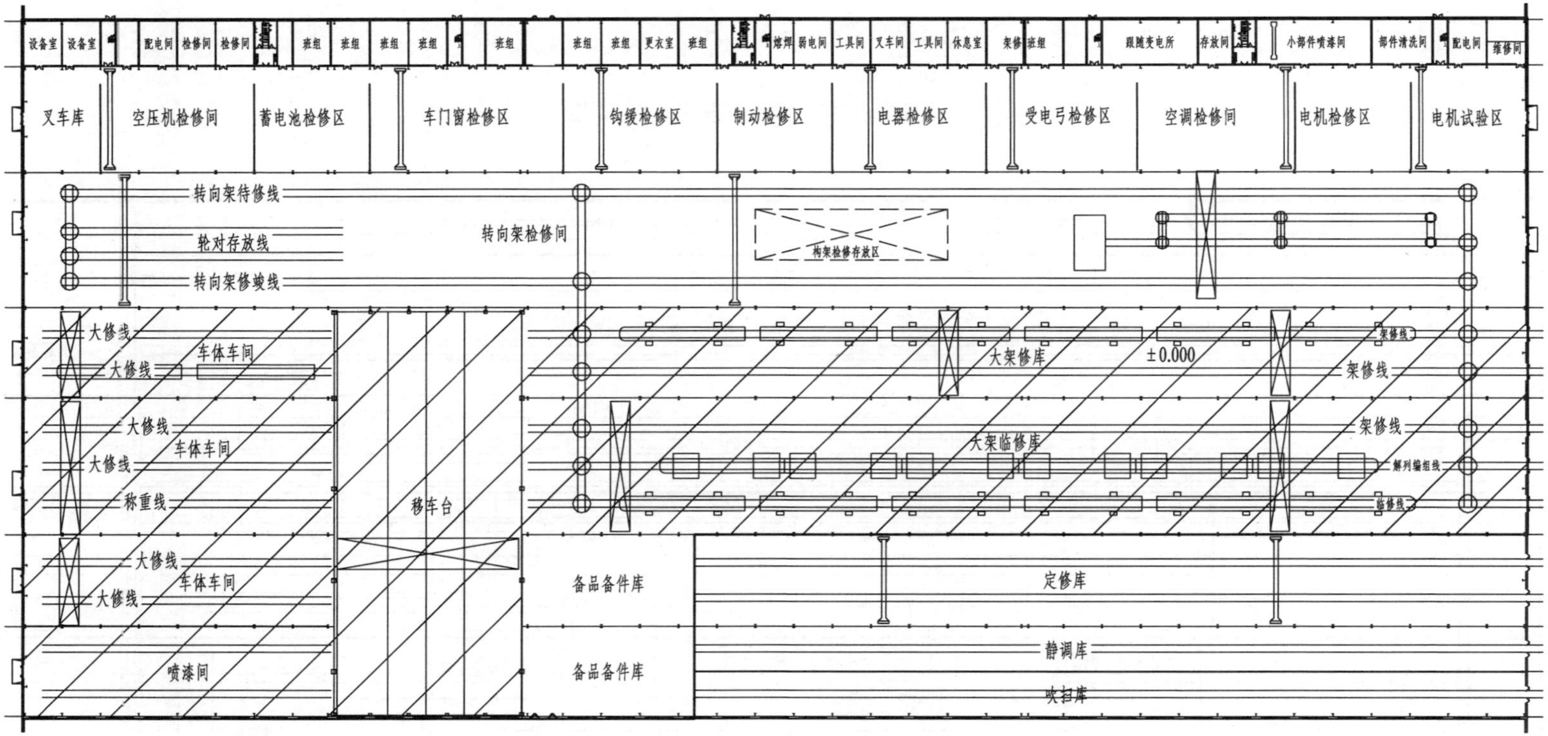

图 7.3-3　大修库基本组成（二）平面示意图

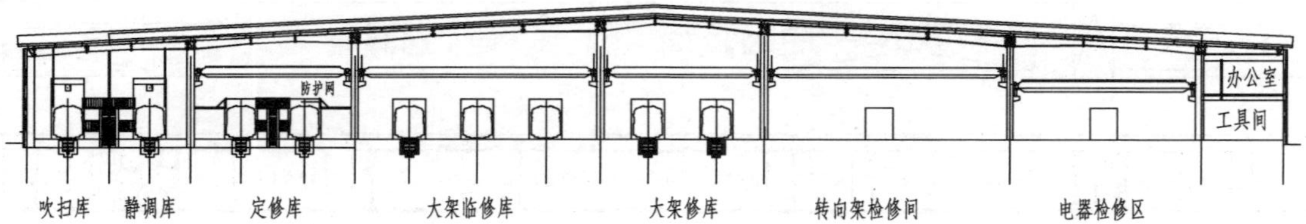

图 7.3-4　大修库基本组成（二）剖面示意图

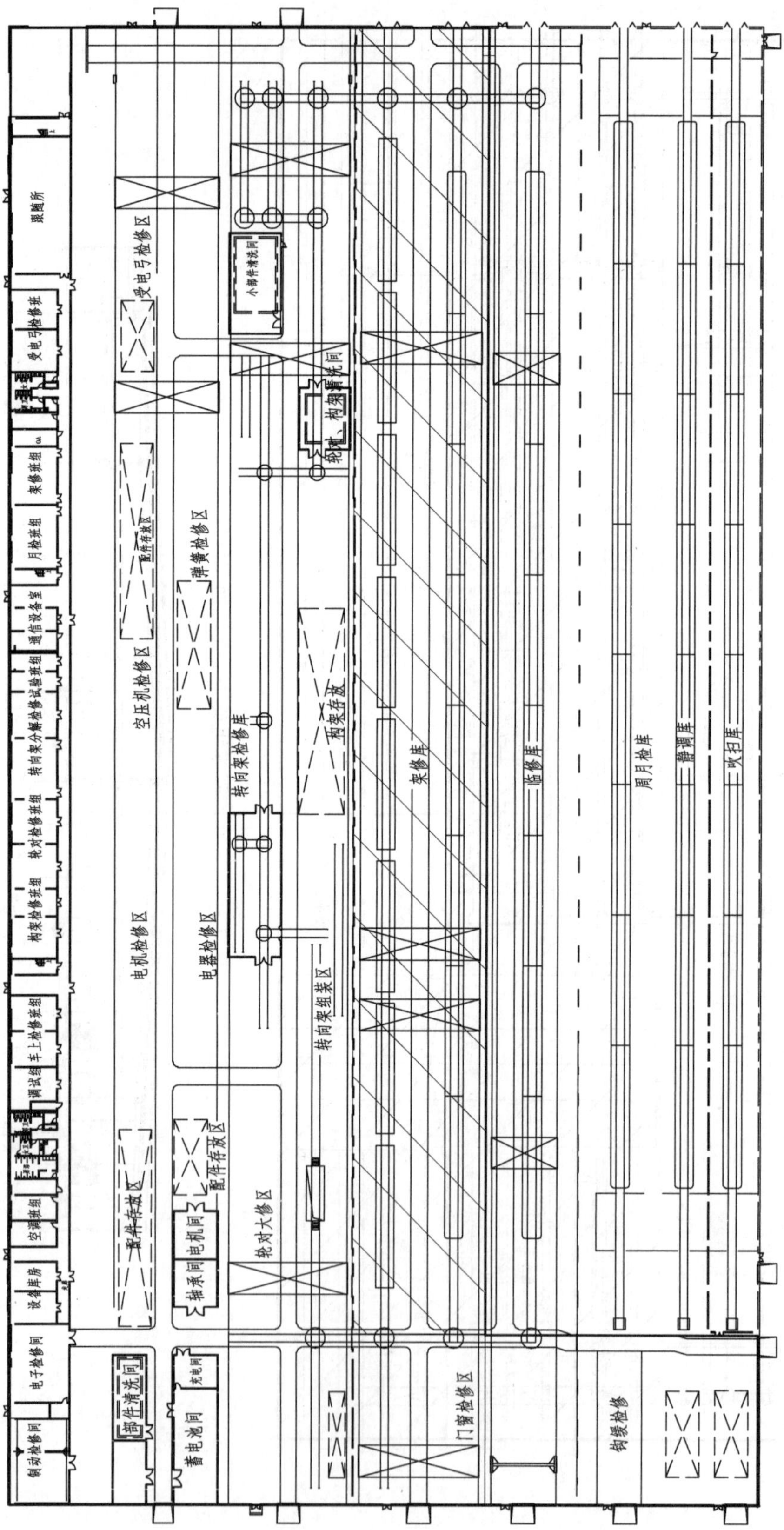

图 7.3-5　架修库基本组成平面图

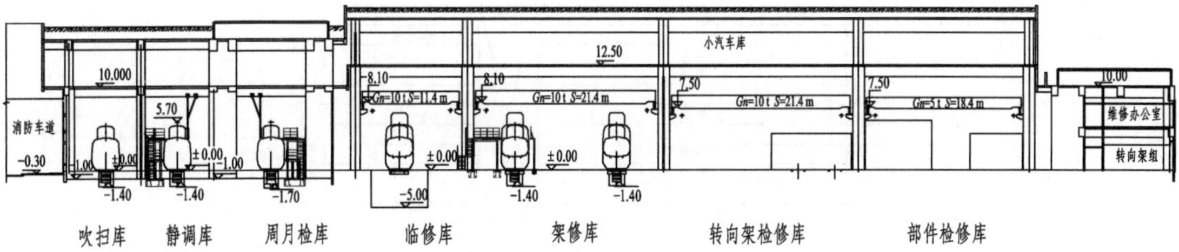

图 7.3-6　架修库基本组成剖面图

架修库和大修库通常可分为 3 个部分，即轨道区、部件检修区和辅助房屋，见图 7.3-7 和图 7.3-8。

本着检修设施尽量合建的原则，架修库和大修库的几种组合形式见图 7.3-7 ~ 图 7.3-12。

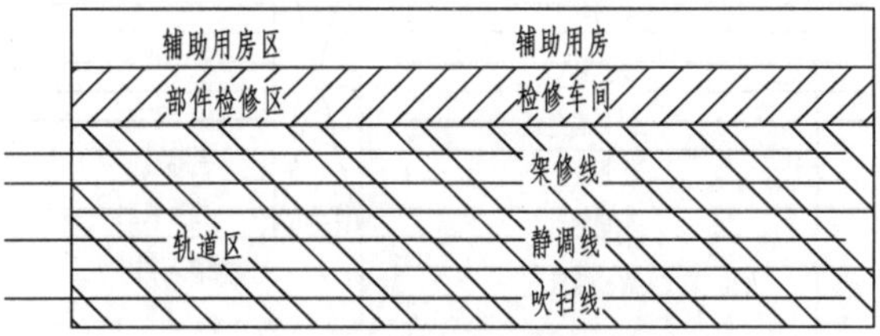

图 7.3-7　架修库的组成示意图

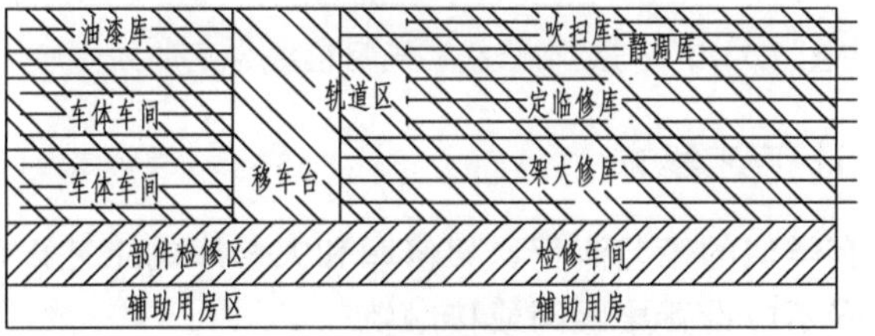

图 7.3-8　大修库的组成示意图

图 7.3-9　与定临修线合建的架修库

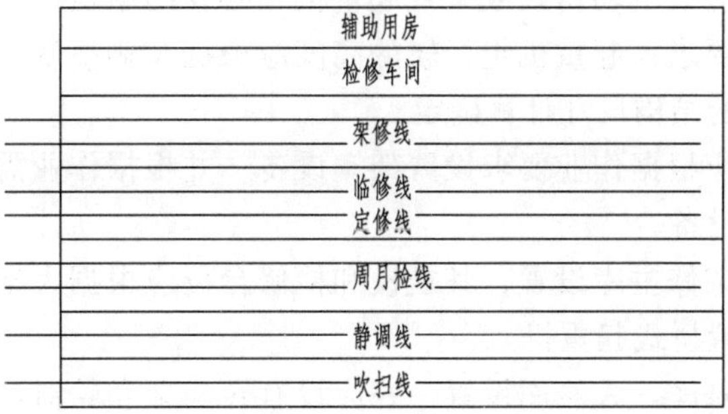

图 7.3-10　与定临修线、周月检线合建的架修库

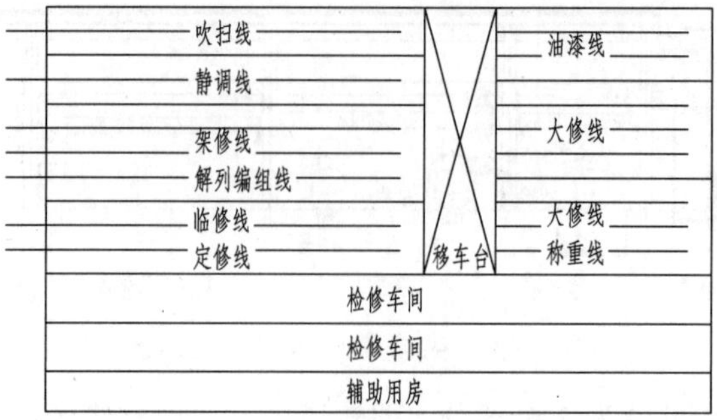

图 7.3-11　与定临修线合建的大修库

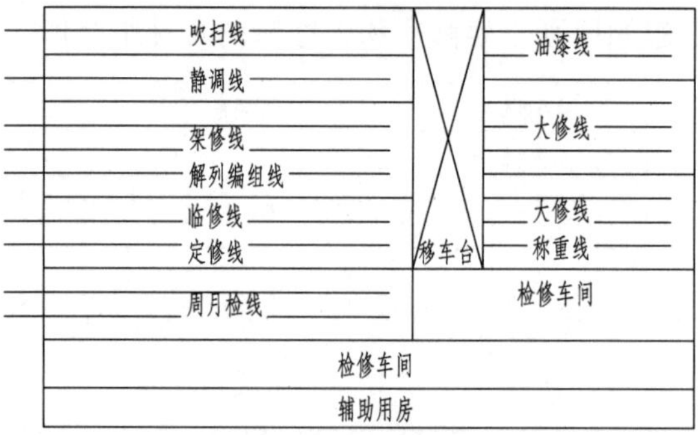

图 7.3-12　与定临修线、周月检线合建的大修库

7.3.3　架、大修库设计工艺要求

车辆的架修和大修有类似的工艺流程，架修库和大修库的工艺设计要求也基本相同。

车辆段的架、大修库不应设置接触网或接触轨。

架修库和大修库的规模应根据各修程的检修作业量、检修时间计算确定。

厂房的布置和尺寸应根据厂房组合形式确定，并应满足工艺流程和检修作业的要求。

大修车辆段的架、大修库宜合并设置，通常由架、大修主库，车体车间，转向架轮对检修间，电机检修间，电机试验间，配件检修间，熔焊间，轴承检修间，存轮间，空调检修间，电器检修间，电子检修间，受电弓（受流器）检修间，钩缓检修间，空压机检修间，制动检修间，门窗座椅检修间，备品库，油漆库等组成。

车辆大架修的分解、落成作业应在专用的解体、组装作业线上进行。

车体跨股道的运输可采用移车台或气垫、AGV（自动导引运输车）等设备。

架修库和大修库均应设电动桥式或梁式起重机和必要的搬运设备。起重机的起重重量应满足工艺和检修作业的要求；起重机走行轨的高度应根据车辆高度、架车方式、架车高度、车顶作业要求和起重机的结构尺寸计算确定。

架修库和大修库均应根据作业要求设置架车设备，并根据作业需要选用地下式固定架车机组或其他形式的架车设备。

车体车间应毗邻大架修主库设置，其规模和检修台位应根据大架修任务量、作业方式和检修时间确定，并应设置桥式起重机。

转向架间应毗邻架修库、大修库设置，并应设有转向架和轮对等零部件的检修、清洗、试验和探伤设备。

转向架检修间内或附近应设置轮对存放间或存放棚，存放备用轮对和待修轮对。

转向架间规模和检修台位应根据转向架检修任务量、作业方式和检修时间计算确定。

电机检修间应邻近转向架间设置，检修间内应根据作业需要配备电机分解、检测、清洗和组装设备以及必要的起重运输设备，其中电机试验间与其电源应毗邻设置，并应采取有效的降噪、隔声措施。

油漆库应根据需要按台位设置，并配备油漆铲除、喷漆、干燥设备。库内应保证良好的通风条件，电器及照明设备应按防爆要求设计。油漆库尺寸应根据工艺和设备的需要确定。

厂房组合中应根据检修作业的需要，设置必要的车辆部件检修间、机钳间、熔焊间、辅助生产分间和办公房屋，各部件检修分间应根据作业需要设置清洁、分解、检修、组装和试验设备以及必要的起重运输设备。

厂房中应设置车辆待修、修竣部件和备品的存放场地。

大修车辆称重应根据作业流程需要，设置车辆称重设备或车辆称重线，称重线应该满足零轨要求。

大架修各库房内的水池、电源柜、插座、气源出口及支架的位置要合理、安全，设置的高度应便于使用。各库、房门的高度、宽度应考虑运输车辆、设备的进出。

根据《地铁设计规范》(GB 50157—2013）中的“表 28.3.15 各车库有关部位最小尺寸（m）”，架、大修库有关部位的尺寸宜符合表 7.3-4 的规定。

表 7.3-4　架、大修库有关部位最小尺寸　　单位：m

车体之间的通道宽度（无柱）	车体与侧墙之间的通道宽度	车体与柱边之间通道宽度	库内前、后通道净宽	车库大门净宽	车库大门净高
4.5	4	3.2	5	B+0.6	H+0.4

注：1. B——车辆宽度。
2. H——车辆高度（受电弓电动车辆按受电弓落弓高度计算）。

7.3.4　架、大修库尺寸

架修库通常由架修线、定修线、临修线、静调线、吹扫线等组成。

车辆的架修属于定位修，在车辆架修过程中，车体不做转线作业，只在架修线上进行车辆的解体和组装，架修线的长度决定着架修库的长度。

列车在架修线上解编之后，车辆之间要拉开一定距离，以便车钩的装卸，车辆之间的距离应不小于 3 m。转向架也要在架修线上从车体上拆下和安装，转向架的运输通常是通过安装在架修线上的转向架转盘转向后沿轨道进出转向架车间，转向架转盘在架修线上也需要保证安装长度，其长度应不小于 5 m。

大修库通常由架修线、大修线、解列编组线、定修线、临修线、静调线、吹扫线、油漆线、称重线和移车台等组成。

大修库的长度取决于移车台和移车台两侧的架修线、大修线的长度。

7.3.4.1　架、大修库计算尺寸

（1）架修库计算长度。

架修库计算长度不应小于公式（7.3.4-1）的计算值。

$$L_{jxk} = L + (N+1)\times 3 + nZ_z + 11 \quad (7.3.4\text{-}1)$$

式中 L_{jxk}——架修库计算长度（m）；

N——列车编组数；

3——每辆车之间的距离（m）；

n——转向架转盘的数量；

Z_z——转向架转盘安装长度（m）；

11——架修库两端横向通道宽度之和（m）。

（2）架修库计算宽度。

架修库的宽度计算应满足表 7.3-4 的规定。

架修库计算宽度不应小于公式（7.3.4-2）的计算值。

$$W_{jxk} = (N_{jx}\times W) + (N_{jx}-1)\times 4.5 + 8 \quad (7.3.4\text{-}2)$$

式中 W_{jxk}——架修库计算宽度（m）；

N_{jx}——架修库股道数；

W——车体宽度（m）；

4.5——车体之间的距离（m）；

8——架修库两侧库边到车体的距离之和（m）。

（3）大修库的计算长度。

大修库的长度由架修库长度、移车台长度和车体车间的长度决定。

移车台跨见图 7.3-13，移车台跨的计算长度不应小于公式（7.3.4-3）的计算值。

$$L_{yc} = L_{yct} + (1.1+1.5)\times 2 \quad (7.3.4\text{-}3)$$

式中 L_{yc}——移车台跨计算长度（m）；

L_{yct}——移车台长度（m）；

1.1——移车台基坑两端坡道底边长（m）；

1.5——移车台基坑到车间立柱的距离（m）。

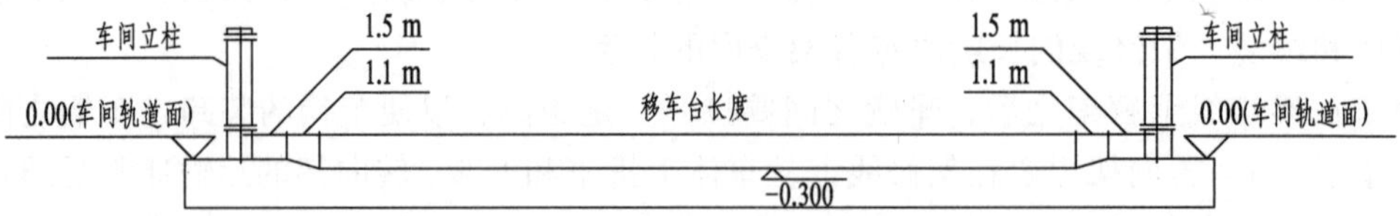

图 7.3-13 移车台跨剖面示意图

车体车间的计算长度不应小于公式（7.3.4-4）的计算值。

$$L_{ct} = (N_c\times L_c) + (N_c+1)\times 3 + 10 \quad (7.3.4\text{-}4)$$

式中 L_{ct}——车体车间计算长度（m）；

N_c——车体车间股道车辆停放数量；

L_c——车辆长度（m）；

3——车辆之间的距离（m）；

10——车体车间两端通道宽度之和（m）。

大修库的计算长度不应小于公式（7.3.4-5）的计算值。

$$L_{dxk} = L_{jxk} + L_{yc} + L_{ct} \tag{7.3.4-5}$$

式中 L_{dxk}——大修库的计算长度（m）；

L_{jxk}——架修库的计算长度（m）；

L_{yc}——移车台跨的计算长度（m）；

L_{ct}——车体车间的计算长度（m）。

（4）大修库的计算宽度。

由于大修库由许多功能性库房组成，因而没有严格意义上的宽度，其宽度可由各个功能性库房的宽度求和取得。

7.3.4.2 架修库尺寸计算取值

（1）架修库长度取值。

架修库通常为 1 线 1 列位，根据架修库库长计算公式，不同形式的架修库长度见表 7.3-5。

表 7.3-5 架修库长度表 单位：m

车型	每股道转向架转盘数	库长计算值	计算取值
A 型车	n=1	140+（6+1）×3+1×5+11=177	≥180
	n=2	140+（6+1）×3+2×5+11=182	≥186
B 型车	n=1	120+（6+1）×3+1×5+11=157	≥162
	n=2	120+（6+1）×3+2×5+11=162	≥162

注：1. 计算取值为建筑模数 6 的倍数。

2. 140 为 A 型车 6 辆编组列车长度，120 为 B 型车 6 辆编组列车长度。

（2）架修库宽度计算取值。

架修库股道数常见的有 1～4 股道，不同股道数的架修库库宽见表 7.3-6。

表 7.3-6 架修库宽度表 单位：m

车型	每跨股道数	库宽计算	计算取值
A 型车	1	（1×3）+（1-1）×4.5+8=11	12
	2	（2×3）+（2-1）×4.5+8=18.5	21
	3	（3×3）+（3-1）×4.5+8=26	27
	4	（4×3）+（4-1）×4.5+8=36.5	36
B 型车	1	（1×2.8）+（1-1）×4.5+8=10.8	12
	2	（2×2.8）+（2-1）×4.5+8=18.1	18
	3	（3×2.8）+（3-1）×4.5+8=25.4	27
	4	（4×2.8）+（4-1）×4.5+8=35.7	36

注：计算取值为建筑模数 3 的倍数。

7.3.4.3 架、大修库梁底标高

架、大修库高度应根据结构形式、架车高度、车顶吊装作业要求及起重机规格、型号等因素确定，通常应不小于 10 m，起重机的走行轨轨顶标高应不小于 7.2 m。

7.3.5 架、大修库在车辆段中的位置

架、大修库与停车列检库一样，是车辆段最主要的建筑物，其他建筑物都围绕着这两个建筑物进行布置。

架、大修库通常由架修线、大修线、定修线、临修线、静调线、吹扫线等组成，有时也将周月检线放在架修库或大修库中。

图 7.3-14 和图 7.3-15 为架修车辆段平面布置图，图 7.3-16 和图 7.3-17 为大修车辆段平面布置图。

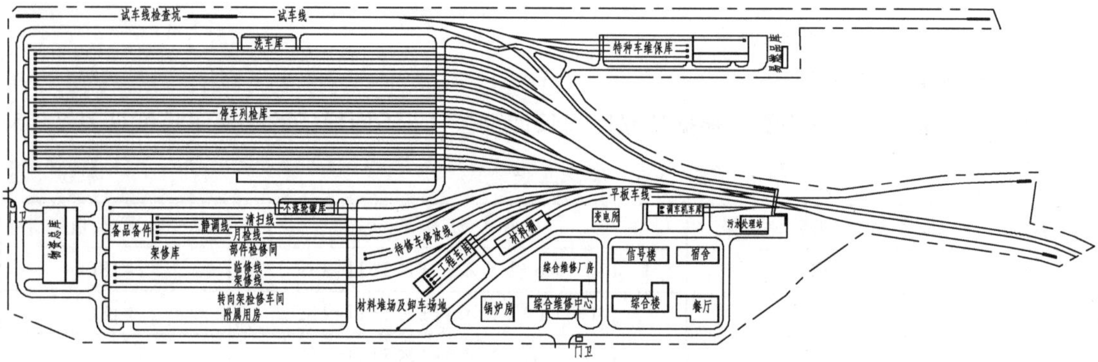

图 7.3-14　顺装架修车辆段平面图

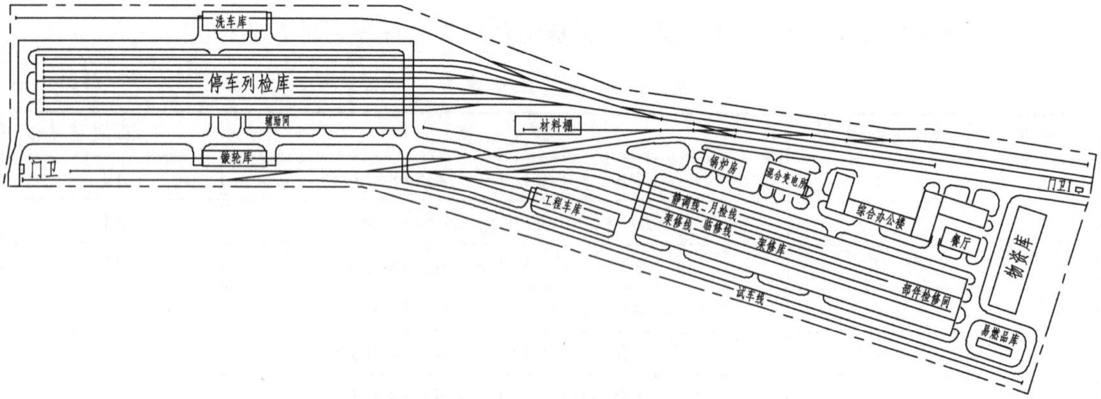

图 7.3-15　倒装架修车辆段平面图

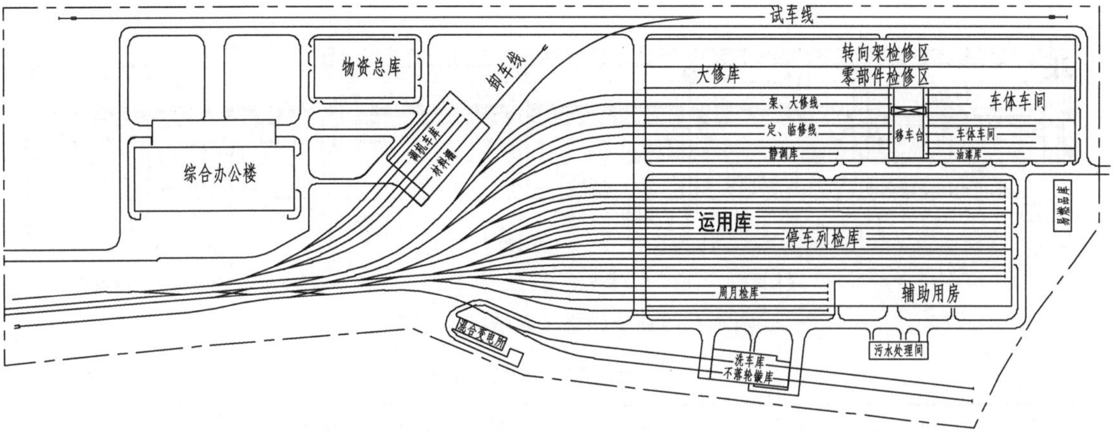

图 7.3-16　顺装大修车辆段平面图

图 7.3-17　倒装大修车辆段平面图

7.3.6　架、大修库设计案例

7.3.6.1　架修库设计案例一

在图 7.3-18 和图 7.3-19 所示的案例中，由不落轮镟库、吹扫库、静调库和架修库组成联合检修库，架修库参数见表 7.3-7，本案例的特点是转向架检修间和零部件检修间布置在架修线之后，利用此种布置方式可以减少架修库的宽度，适用于狭长的地形。

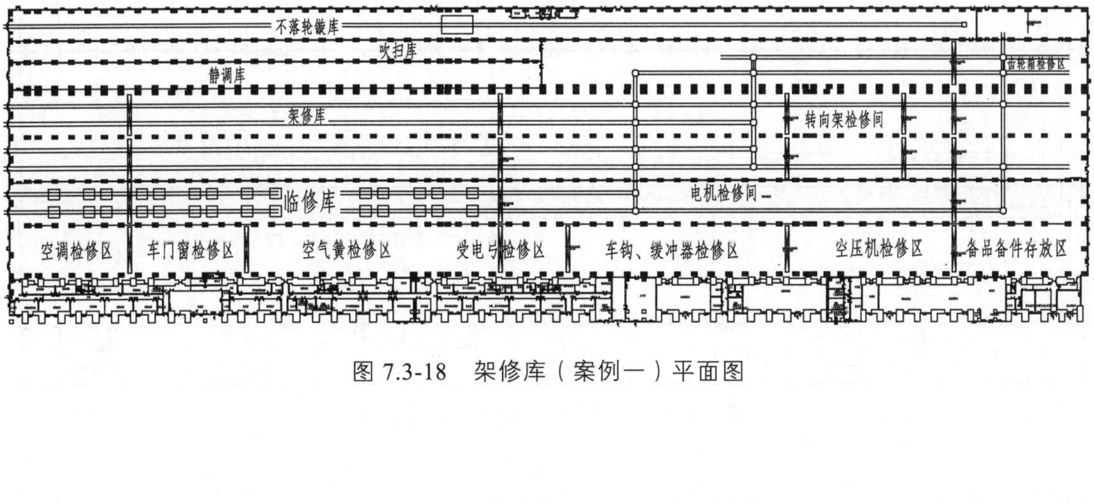

图 7.3-18　架修库（案例一）平面图

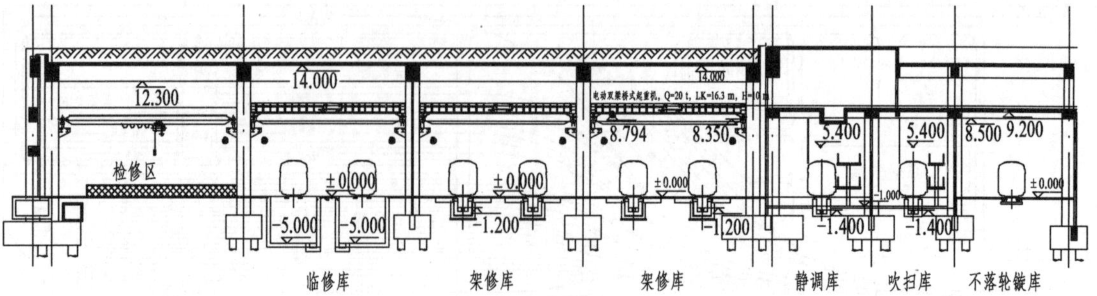

图 7.3-19　架修库（案例一）剖面图

表 7.3-7　架修库（案例一）参数表

车型	每跨股道数	线间距/m	跨宽/m	库长/m	梁底标高/m	起重机吨位/t	起重机轨顶标高/m
A/8 编组	2	7.5	18.5	235	10	20/5	8.35

本案例中，列车为 A 型车 8 辆编组，列车长 185 m，架修库设计取值为 235 m，大于计算长度值 228 m。

7.3.6.2　架修库案例二

在图 7.3-20 和图 7.3-21 所示的案例中，月修库、静调库、定临修库和架修库组成联合检修库，架修库（案例二）参数见表 7.3-8。

车辆架修采用的是定位修，即车体不需要转线作业，架修库前半部为半列位的架修线，设置有轨道、转向架转盘和地坑式架车机；架修库后半部也是半列位的架修线，不设置轨道，设置地坑式车体支撑机组。

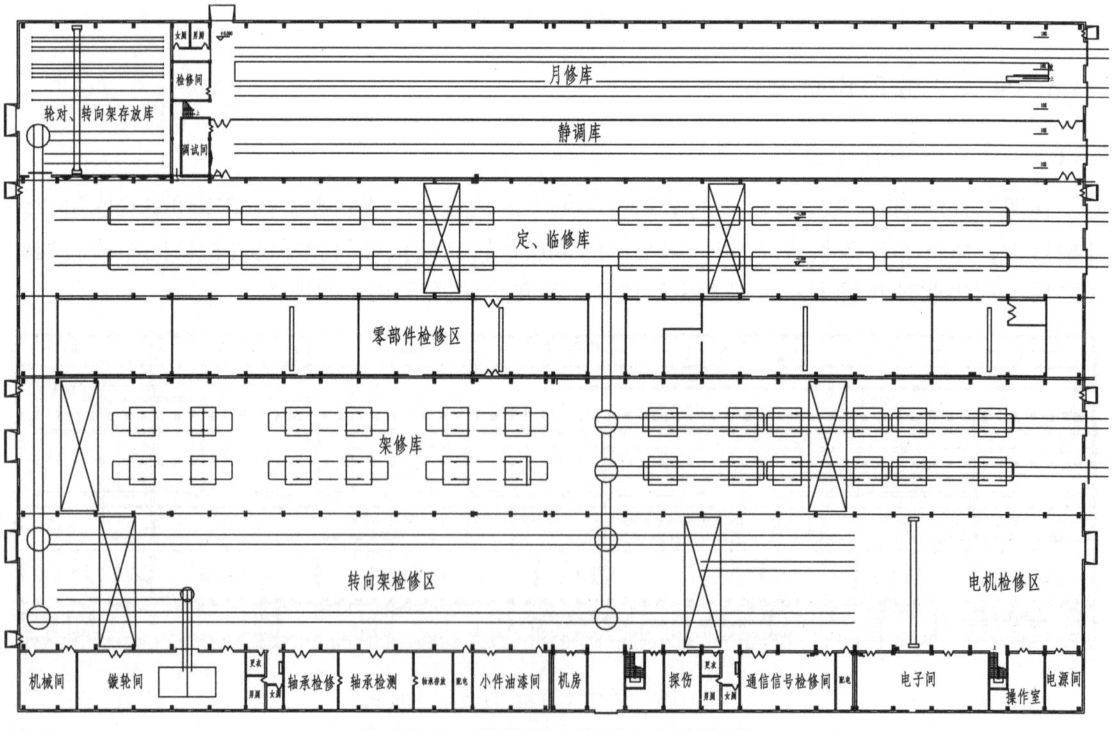

图 7.3-20　架修库（案例二）平面图

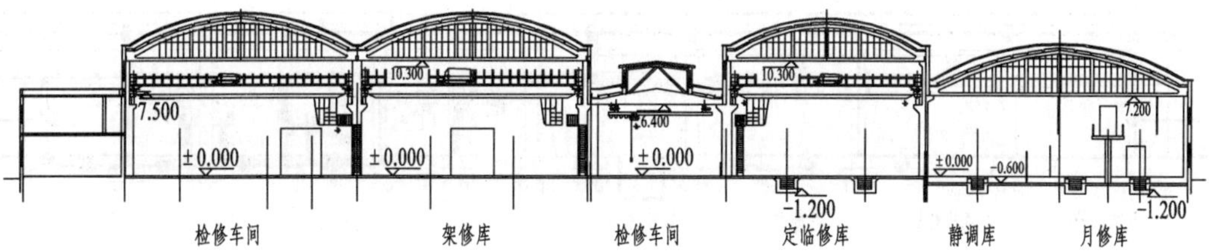

图 7.3-21 架修库（案例二）剖面图

表 7.3-8 架修库（案例二）参数表

车型	每跨股道数	线间距/m	跨宽/m	库长/m	梁底标高/m	起重机吨位/t	起重机轨顶标高/m
B/6 编组	2	7.5	21	167	10.3	20/5	7.5

从架修库配备的主要工艺设备电动双梁桥式起重机（20 t/5 t）、地坑式固定架车机组、地坑式车体支撑机组、专用气垫搬运车、车体吊具、转向架吊具可以看出，车辆在架修线上的移动是由双梁桥式起重机完成的。

与案例一不同的是转向架检修间和零部件检修间是布置在架修线两侧的，而不是在架修线的后侧。

本案例中，列车为 B 型车 6 辆编组，列车长 120 m，架修库设计取值为 167 m，大于计算长度值 162 m。

7.3.6.3 架修库案例三

在图 7.3-22 和图 7.3-23 所示的案例中，由吹扫库、月修库、静调库、临修库和架修库组成联合检修库，架修库（案例三）参数见表 7.3-9。

本案例中采用的是移动式架车机架落车，架车后，转向架由架修线的前后推出，经转向架转盘转换方向后，再推入转向架检修间，转向架在架修线上的推送距离比较长。

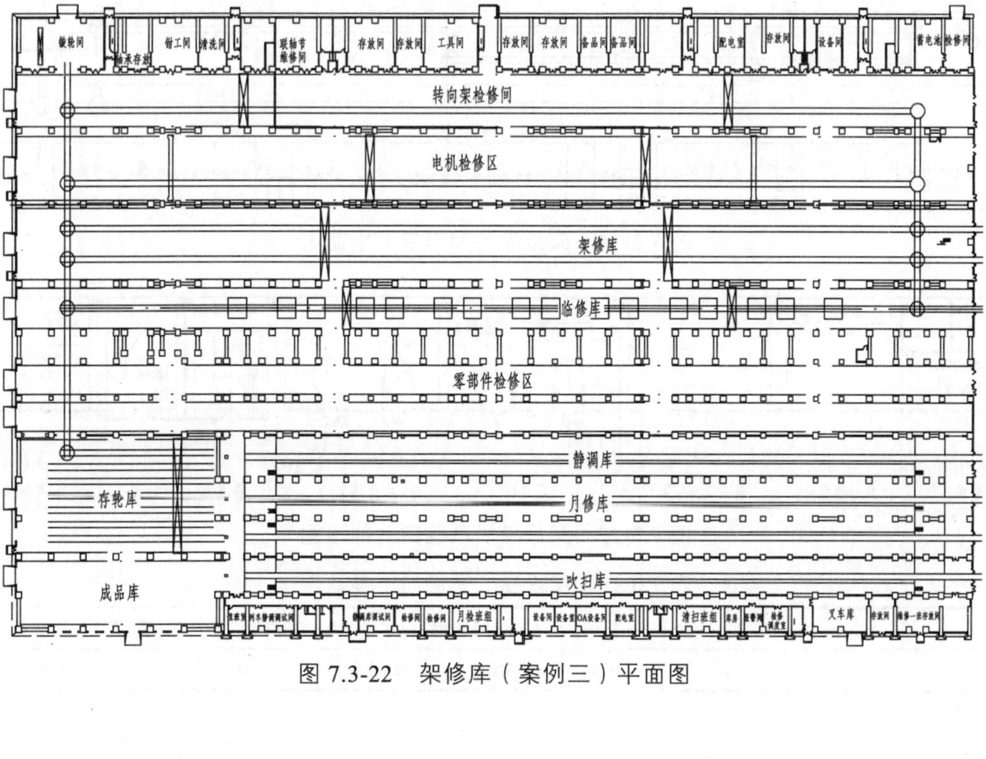

图 7.3-22 架修库（案例三）平面图

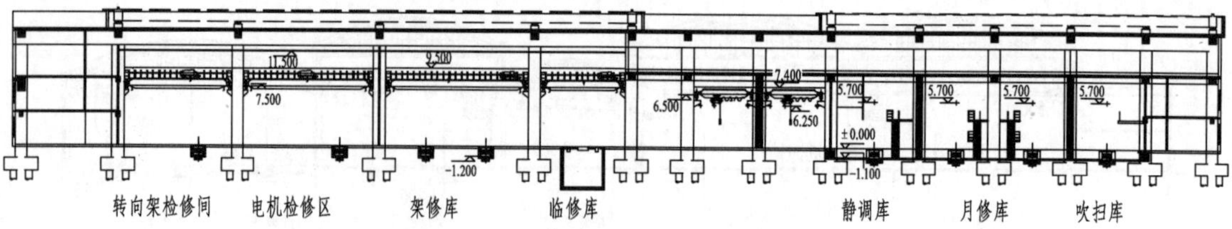

图 7.3-23　架修库（案例三）剖面图

表 7.3-9　架修库（案例三）参数表

车型	每跨股道数	线间距/m	跨宽/m	库长/m	梁底标高/m	起重机吨位/t	起重机轨顶标高/m
B/8 编组	2	7.5	19.5	212	11.5	20/5	7.5

本案例中，列车为 B 型车 8 辆编组，列车长 156 m，架修库设计取值为 212 m，大于计算长度值 204 m。

7.3.6.4　架修库案例四

在图 7.3-24 和图 7.3-25 所示的案例中，由不落轮镟库、吹扫库、静调库、临修库和架修库组成联合检修库，架修库（案例四）参数见表 7.3-10。

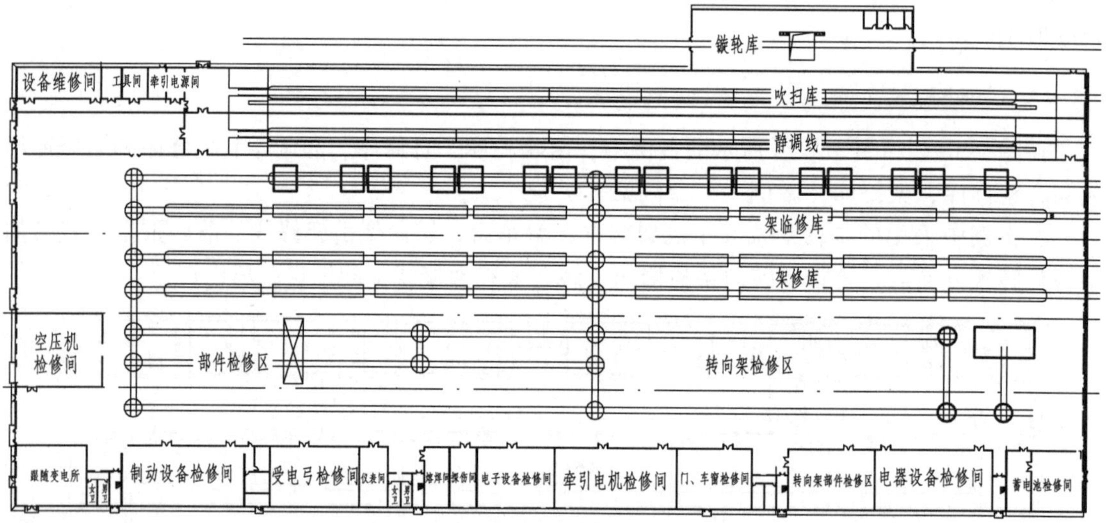

图 7.3-24　架修库（案例四）平面图

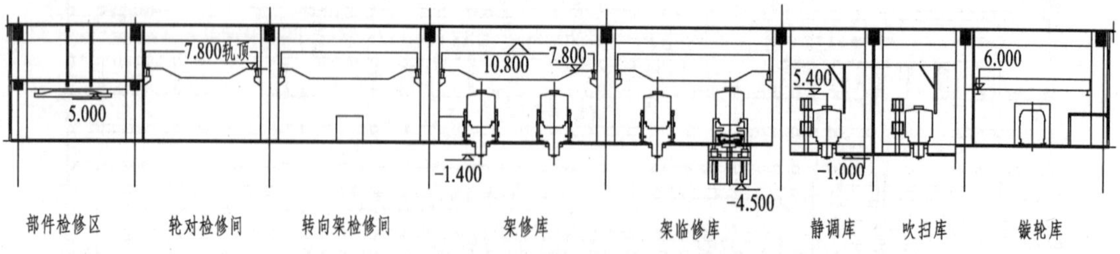

图 7.3-25　架修库（案例四）剖面图

表 7.3-10　架修库（案例四）参数表

车型	每跨股道数	线间距/m	跨宽/m	库长/m	梁底标高/m	起重机吨位/t	起重机轨顶标高/m
A/8 编组	2	8	19.4	238	10.8	10/5	7.8

本案例中，架车后，转向架由架修线的后部和中部推出，经转向架转盘转向后，再推入转向架检修间，转向架在架修线上的推送距离比架修库案例三的距离要短。

本案例中，列车为 A 型车 8 辆编组，列车长 185 m，架修库设计取值为 240 m，大于计算长度值 234 m。

7.3.6.5　大修库案例一

在图 7.3-26 和图 7.3-27 所示的案例中，由吹扫库、静调库和大修库组成联合检修库，架大修规模为 12 列位，大修库（案例一）参数见表 7.3-11。

本案例中的大修库，只由吹扫线、静调线、架大修线、车体检修线、油漆线、车体表面处理线等车辆架、大修所必不可少的线路组成，架大修能力达到 12 列位，是比较罕见的。

本案例中，列车为 A 型车 8 辆编组，列车长 185 m，架修库设计取值为 234 m，与计算长度值 234 m 相同，移车台跨长度为 36 m，车体车间设计取值为 120 m，与计算长度值 120 m 相同，大修库总长为 390 m。

表 7.3-11　大修库（案例一）参数表

车型	每跨股道数	线间距/m	跨宽/m	库长/m	梁底标高/m	起重机吨位/t	起重机轨顶标高/m
A/8 编组	3	7.5	27	390	11	10/5	7.5

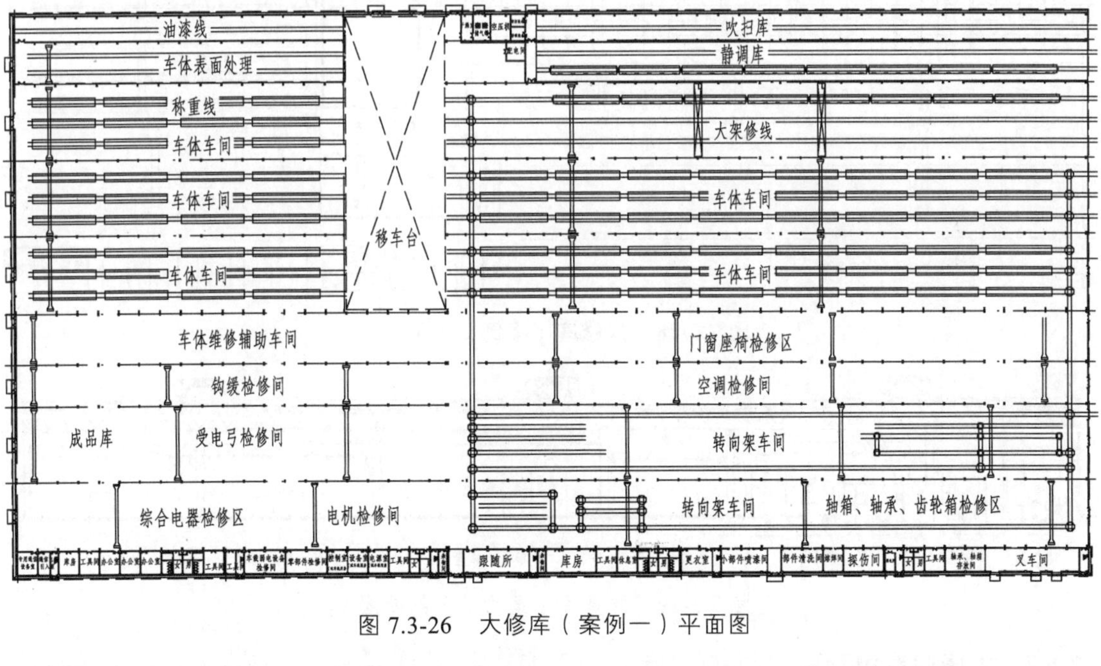

图 7.3-26　大修库（案例一）平面图

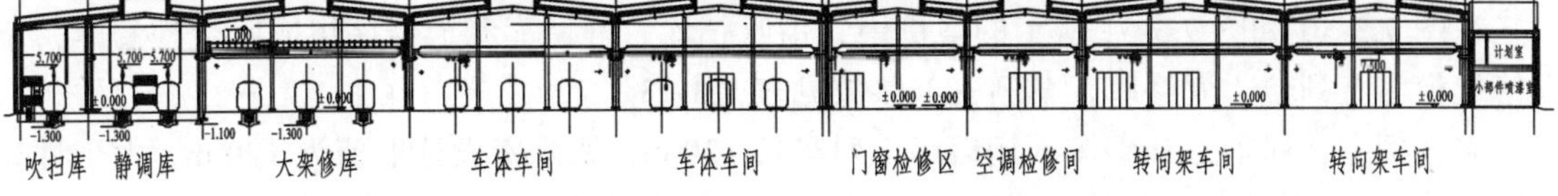

图 7.3-27　大修库（案例一）剖面图

7.3.6.6　大修库案例二

在图 7.3-28 和图 7.3-29 所示的案例中，由吹扫库、静调库和大修库组成联合检修库，架大修规模为 4 列位，大修库（案例二）参数见表 7.3-12。

本案例中，架大修线全部采用了地坑式架车机，这并非必要的。

本案例中，列车为 B 型车 6 辆编组，列车长 120 m，架修库设计取值为 168 m，大于计算长度值 162 m，移车台跨长度为 30 m，车体车间设计取值为 78 m，小于计算长度值 84 m，原因是车体之间距离设计取值仅为 1 m，大修库总长为 276 m。

表 7.3-12　大修库（案例二）参数表

车型	每跨股道数	线间距/m	跨宽/m	库长/m	梁底标高/m	起重机吨位/t	起重机轨顶标高/m
B/6 编组	3	7.5	27	276	10	10/5	8.3

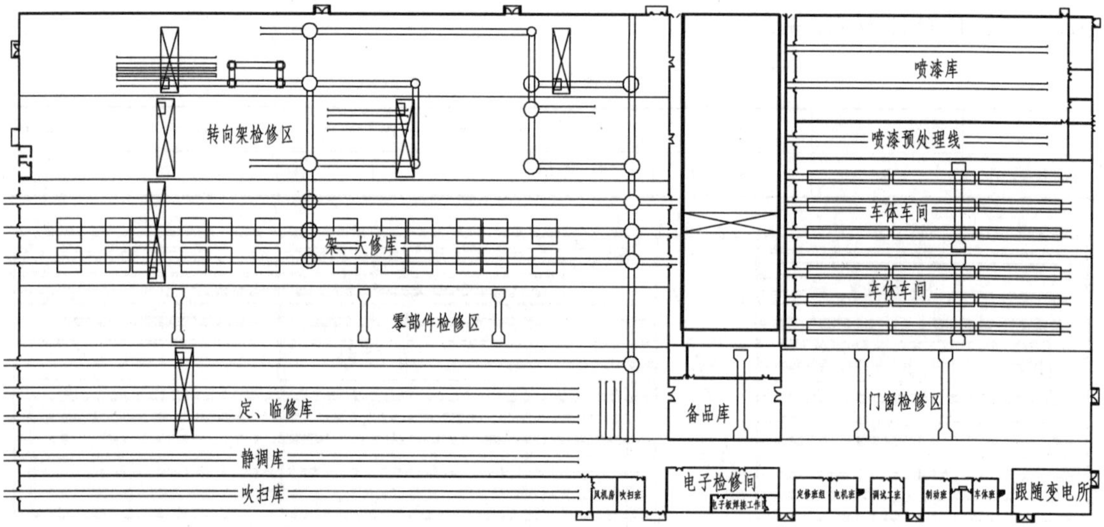

图 7.3-28　大修库（案例二）平面图

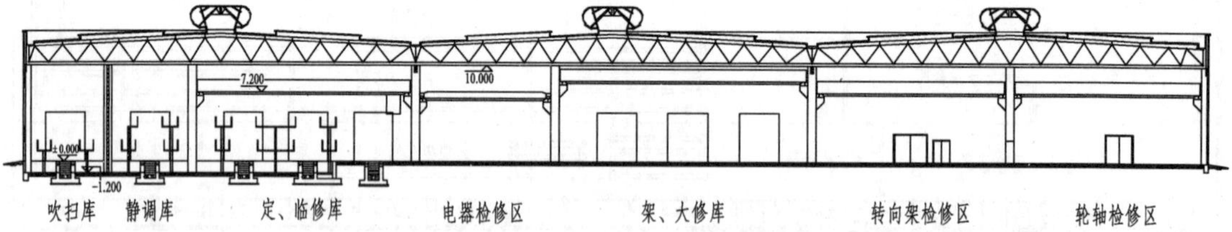

图 7.3-29　大修库（案例二）剖面图

7.3.6.7　大修库案例三

在图 7.3-30 和图 7.3-31 所示的案例中，由吹扫库、静调库和大修库组成联合检修库，架大修规模为 7 列位，大修库（案例三）参数见表 7.3-13。

本案例中，列车为 B 型车 6 辆编组，列车长 120 m，架修库设计取值为 170 m，大于计算长度值 162 m，移车台跨长度为 29 m，车体车间设计取值为 91 m，大于计算长度值 84 m，大修库总长为 290 m。

表 7.3-13　大修库（案例三）参数表

车型	每跨股道数	线间距/m	跨宽/m	库长/m	梁底标高/m	起重机吨位/t	起重机轨顶标高/m
B/6 编组	3	7.5	18.7	290	12.5	10/5	7.5

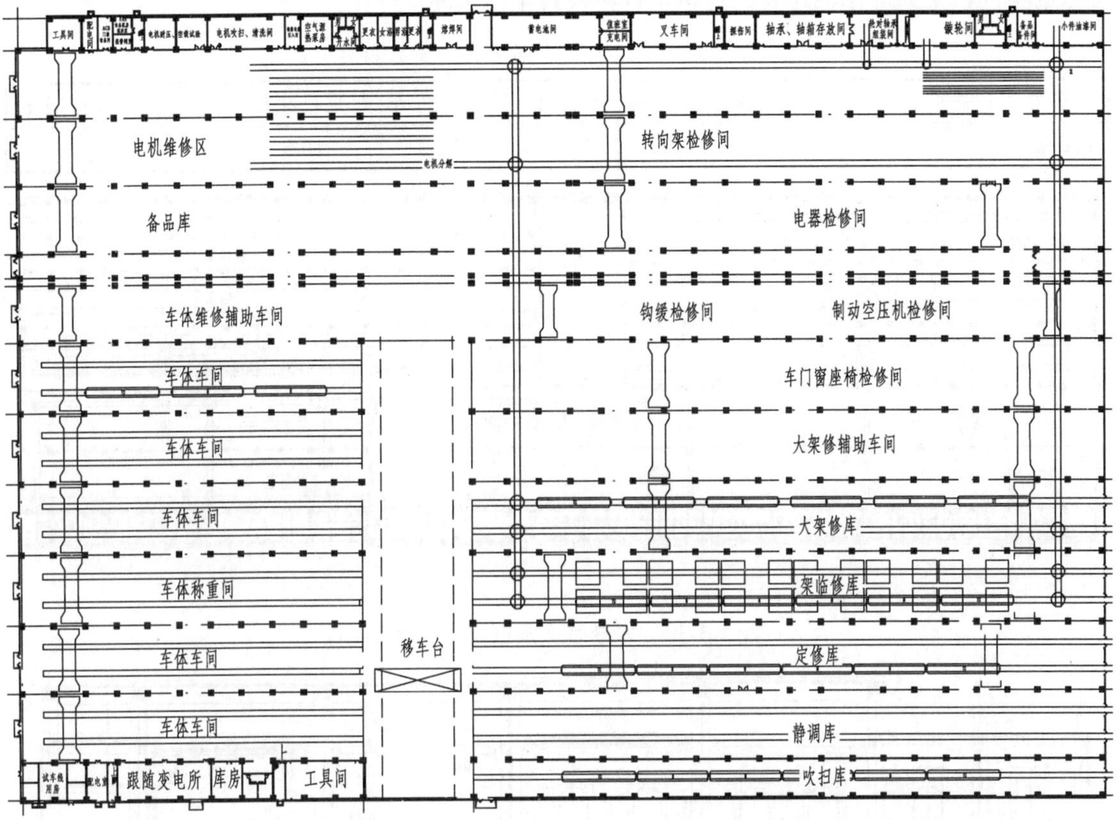

图 7.3-30　大修库（案例三）平面图

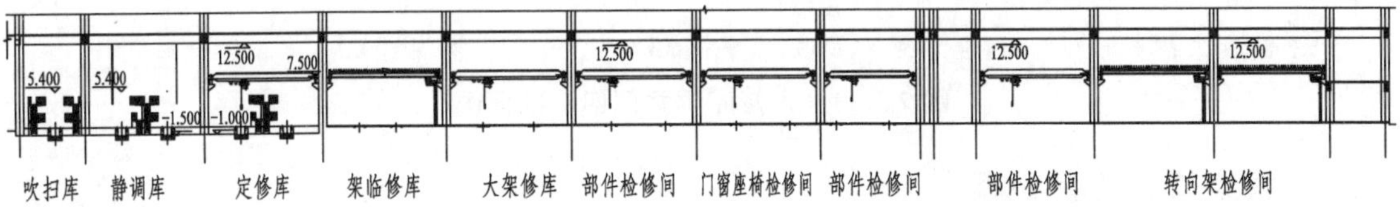

图 7.3-31　大修库（案例三）剖面图

7.3.6.8　大修库案例四

在图 7.3-32 和图 7.3-33 所示的案例中，由吹扫库、静调库、定临修库和大修库组成联合检修库，架大修规模为 4 列位，大修库（案例四）参数见表 7.3-14。

本案例中，列车为 B 型车 6 辆编组，列车长 120 m，架修库设计取值为 154 m，小于计算长度值 162 m，移车台跨长度为 29 m，车体车间设计取值为 142 m，小于计算长度值 156 m，大修库总长为 325 m。

本案例中的大修库有许多特殊之处，由于车辆段用地呈狭长状，宽度受限，大架修库采用了狭长的库型，与通常的车体车间内的大修线停放半列车的布置方式不同，停放了组成 1 列车的所有 6 辆车，车辆之间的停放距离为 3 m。移车台右侧只设置了临修线和列车解列编组线，这样布置有两个好处，一是临修线和列车解列编组线可以互用，因为需要架车的临修作业较少发生，临修线可作为列车解列编组线使用，二是大修库的库外线减少，大修库库前的占地少，轨道的工程量也相应地减少。这样布置的不足之处是此大修库已不具备架修车辆定位修的条件，架修的车辆还要经过移车台转线到车体车间。

表 7.3-14　大修库（案例四）参数表

车型	每跨股道数	线间距/m	跨宽/m	库长/m	梁底标高/m	起重机吨位/t	起重机轨顶标高/m
B/6 编组	2	7.5	18.8	325	12.5	10/5	8.4

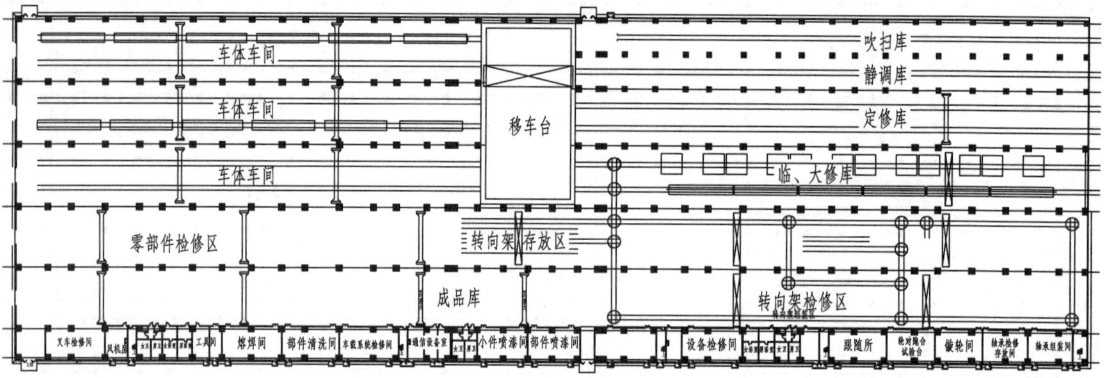

图 7.3-32　大修库（案例四）平面图

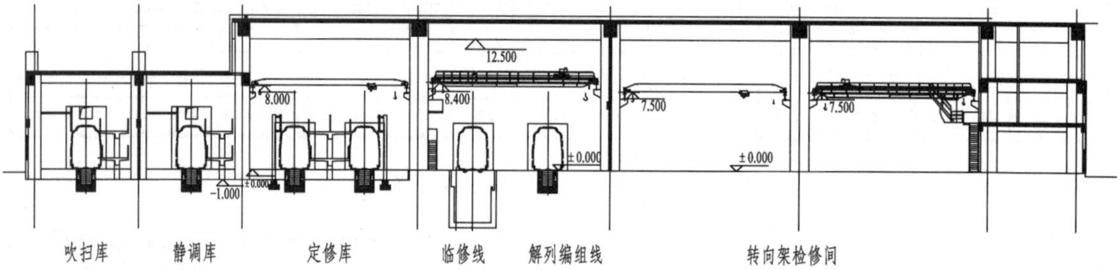

图 7.3-33　大修库（案例四）剖面图

7.3.7　大架修库工艺设备

大架修库工艺设备繁多，其中部分设备见图 7.3-34 ~ 图 7.3-47。

图 7.3-34　起重机

图 7.3-35　固定式架车机

图 7.3-36 移动式架车机

图 7.3-37 移车台

图 7.3-38 无轨移车台

图 7.3-39 固定式列车称重设备

图 7.3-40 工艺转向架

图 7.3-41 转向架提升台

图 7.3-42 转向架转盘

图 7.3-43 轮对转盘

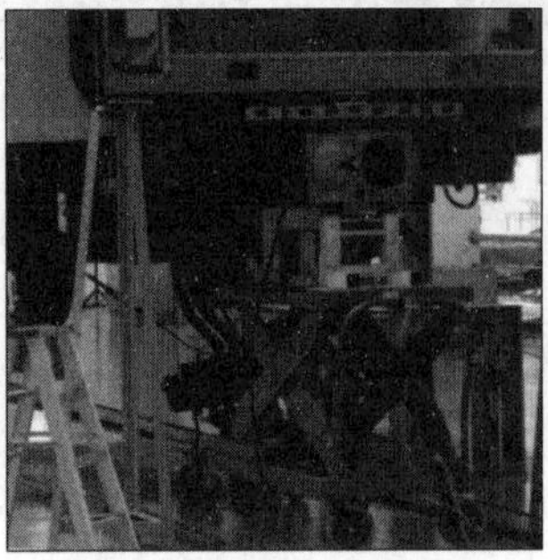

图 7.3-44　钩缓装置拆装小车

图 7.3-45　车门拆装升降机

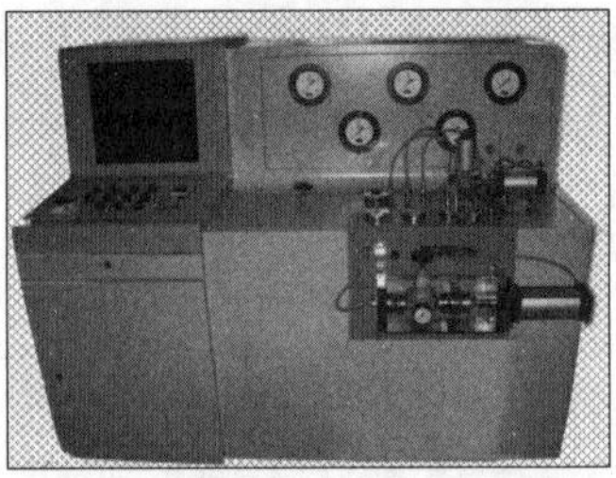

图 7.3-46　阀门综合试验台

图 7.3-47　蓄电池搬运车

7.4　定临修库

在《地铁设计规范》（GB 50157—2013）车辆检修修程和检修周期中，规定了定修修程，并且要求“车辆段根据其作业范围分为大、架修段和定修段，大、架修段应承担车辆的大修和架修及其以下修程作业；定修段应承担车辆的定修及其以下修程作业”“定修段应设置定修库、临修库，并应根据需要设置不落轮镟轮库及相应线路和辅助生产房屋”。

7.4.1　定临修库设计工艺要求

定临修库均不设置接触网或接触轨供电系统。

定修车辆段的定修库与临修库宜合建为定临修库，大架修车辆段的定临修库宜与大架修库合并设置。

定修库和临修库应设电动起重机和必要的搬运设备。起重机的起重重量应满足工艺和检修作业的要求。起重机走行轨的高度应根据车辆高度、架车方式、架车高度、车顶作业要求和起重机的结构尺寸计算确定。

定修库规模应根据定修工作量和检修时间计算确定。

定修采用定位作业，定修线按 1 线 1 列的尽端式设计，列位长度按 1 列车单元车解钩的作业需要设计。

定修列位设置通长宽型检查坑，股道内侧坑深宜为 1.3 ~ 1.5 m，坑内设固定照明及动力、安全照明插座和排水设施。股道外侧检查坑宽宜按车辆宽度加 1.0 m 设计，坑深宜为 0.8 ~ 1.0 m，两端根据运输车辆的爬坡能力设斜坡，并与库内地坪的通道相连。

定修列位设置中高作业平台、中间作业平台和车顶作业平台，并应安装动力插座和安全防护设施，工作平台顶层标高不低于+3.50 m，与车辆之间的间隙应满足限界要求，并满足检修人员的作业安全要求。

临修库应具备转向架装卸、储存和外运的条件。

临修线应根据作业要求设架车设备，可选用移动式架车机或地下式固定架车机组。

设置移动式架车机的临修线两侧应根据架车作业的需要设置块状或条状架车基础。

大架修库内的临修线宜配备转向架转盘与大架修线连通，以方便转向架的运送。

根据《地铁设计规范》（GB 50157—2013）中的“表 28.3.15 各车库有关部位最小尺寸（m）”，定临修库有关部位的尺寸宜符合表 7.4-1 的规定。

表 7.4-1 定临修库有关部位最小尺寸 单位：m

车体之间的通道宽度（无柱）	车体与侧墙之间的通道宽度	车体与柱边之间通道宽度	库内前、后通道净宽	车库大门净宽	车库大门净高
4	3.5	3	5	B+0.6	H+0.4

注：1. B——车辆宽度；
2. H——车辆高度（受电弓电动车辆按受电弓落弓高度计算）。

7.4.2 定临修库尺寸

7.4.2.1 定临修库计算尺寸

（1）定修库计算长度。

定修库计算长度不应小于公式（7.4.2-1）的计算值。

$$L_{dk} = (L+1) + 2\times 8 + 10 \qquad (7.4.2\text{-}1)$$

式中 L_{dk}——定修库计算长度（m）；

1——列车单元解钩后车钩检修作业所需距离（m）；

2×8——定修线宽检查坑坡道底边长度之和（m）；

10——定修库两端横向通道宽度之和（m）。

（2）临修库的计算长度。

① 设置地下式固定架车机的临修库不应小于公式（7.4.2-2）的计算值。

$$L_{lk} = L + 4 + 10 \qquad (7.4.2\text{-}2)$$

式中 L_{lk}——临修库的长度（m）；

4——列车两端距前后通道距离之和（m）；

10——临修库两端横向通道宽度之和（m）。

② 设置移动式架车机的临修库长度不应小于公式（7.4.2-3）的计算值。

$$L_{lk} = (L+4) + L_z + 10 \qquad (7.4.2\text{-}3)$$

式中 L_{lk}——临修库的长度（m）；

4——列车停车不准度与检查坑阶梯长度之和（m）；

L_z——转向架长度（m）；

10——临修库两端横向通道宽度之和（m）。

（3）定临修库的长度。

当定修库和临修库合建时，定临修库的长度按定修库的计算长度设计。

（4）定临修库计算宽度。

定临修库的宽度计算应满足表 7.4-2 的规定。

定临修库计算宽度不应小于公式（7.4.2-4）的计算值。

$$W_{\mathrm{dlk}} = (N_{\mathrm{d}} \times W) + (N_{\mathrm{d}} - 1) \times 4 + 7 \quad (7.4.2\text{-}4)$$

式中 W_{dlk}——定临修库计算宽度（m）;

N_{d}——定临修库股道数；

W——车体宽度（m）;

4——车体之间的距离（m）;

7——定临修库两侧库边到车体的距离之和（m）。

表 7.4-2　定临修库宽度表　　单位：m

车型	库别	库长计算值/m	计算取值/m
A 型车	定修库	（140+1）+2×8+10=167	≥168
	临修库（设置固定式架车机）	140+4+10=154	≥156
	临修库（设置移动式架车机）	（140+4）+4+10=158	≥162
B 型车	定修库	（120+1）+2×8+10=147	≥150
	临修库（设置固定式架车机）	120+4+10=134	≥138
	临修库（设置移动式架车机）	（120+4）+4+10=138	≥144

7.4.2.2　定临修库尺寸计算取值

（1）定、临修库长度取值。

定临修库通常为 1 线 1 列位，根据定修库、临修库库长计算公式，不同形式的定、临修库长度见表 7.4-3。

表 7.4-3　定临修库长度表

车型	库别	库长计算值/m	设计取值/m
A 型车	定修库	（140+1）+2×8+10=167	≥168
	临修库（设置固定式架车机）	140+4+10=154	≥156
	临修库（设置移动式架车机）	（140+4）+5+10=159	≥162
B 型车	定修库	（120+1）+2×8+10=147	≥150
	临修库（设置固定式架车机）	120+4+10=134	≥138
	临修库（设置移动式架车机）	（120+4）+5+10=139	≥144

注：1. 计算取值为建筑模数 6 的倍数。

2. 140 为 A 型车 6 辆编组列车长度，120 为 B 型车 6 辆编组列车长度。

3. 转向架长度取值为 4 m。

从表 7.4-3 可以看出，定修库的库长最长，如果定临修线同库，应以定修库的长度计算取值为准，临修线单独设置时，以临修库的长度计算取值为准。

（2）定临修库宽度计算取值。

定临修库股道数常见的有 1 ~ 4 股道，不同股道数的定临修库库宽见表 7.4-4。

表 7.4-4　定临修库宽度表

车型	每跨股道数	库宽计算/m	计算取值/m
A 型车	1	（1×3）+（1-1）×4+7=10	9
	2	（2×3）+（2-1）×4+7=17	21
	3	（3×3）+（3-1）×4+7=24	24
	4	（4×3）+（4-1）×4+7=31	33
B 型车	1	（1×2.8）+（1-1）×4+7=9.8	9
	2	（2×2.8）+（2-1）×4+7=16.6	18
	3	（3×2.8）+（3-1）×4+7=23.4	24
	4	（4×2.8）+（4-1）×4+7=30.2	30

注：1. 计算取值为建筑模数 3 的倍数。
　　2. 对于只有 1 条线的定临修库，库宽应不小于 9 m。

7.4.2.3　定临修库梁底标高

定临修库高度应根据结构形式、架车高度、车顶吊装作业要求及起重机规格、型号等因素确定，通常应不小于 9.0 m。

7.4.3　定修库、临修库与其他库房的组合

在定修车辆段中，定修库和临修库通常组合成定临修库；在大架修车辆段中，临修线通常与架大修线共库，定修线单独成库或与大架修库合建。在设置有临修线的停车场，通常临修线单独成库后，与周月检库合建。

7.4.3.1　定修车辆段中的定临修库

图 7.4-1 为定修车辆段平面图，由 1 条定修线与 1 条临修线组成定临修库，再和 3 条周月检线、1 条静调线、1 条吹扫线组成联合检修库。

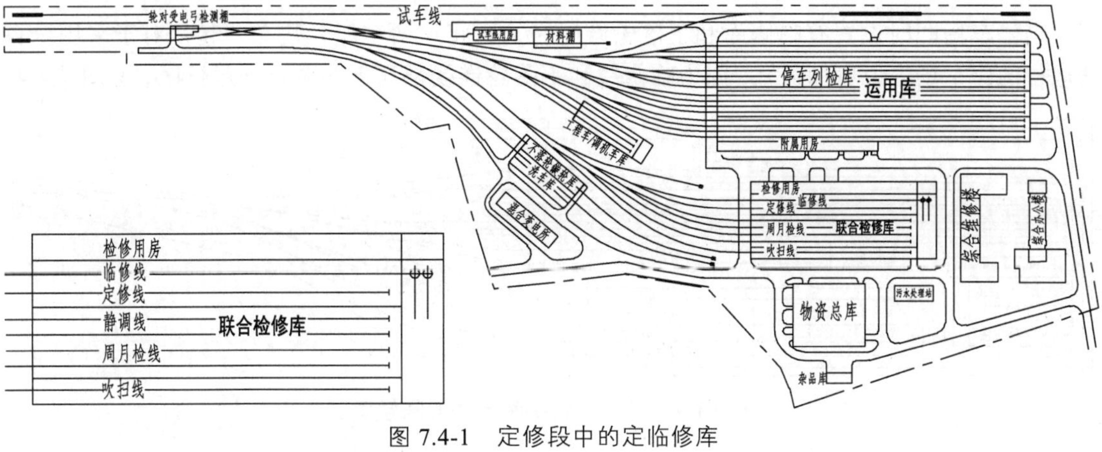

图 7.4-1　定修段中的定临修库

在定修段中，包含定修线的检修库通常都不与停车列检库合建，但也有特例，图 7.1-3 即为由定临修线组成定临修库后与周月检库、停车列检库合建为运用、检修库。

7.4.3.2　大架修段中的定临修库

在大架修段中，临修线通常与大架修线组合成大架修库，兼作解体编组线，定修线单独成库后，再与大架修库等组合成联合检修库，见图 7.4-2。

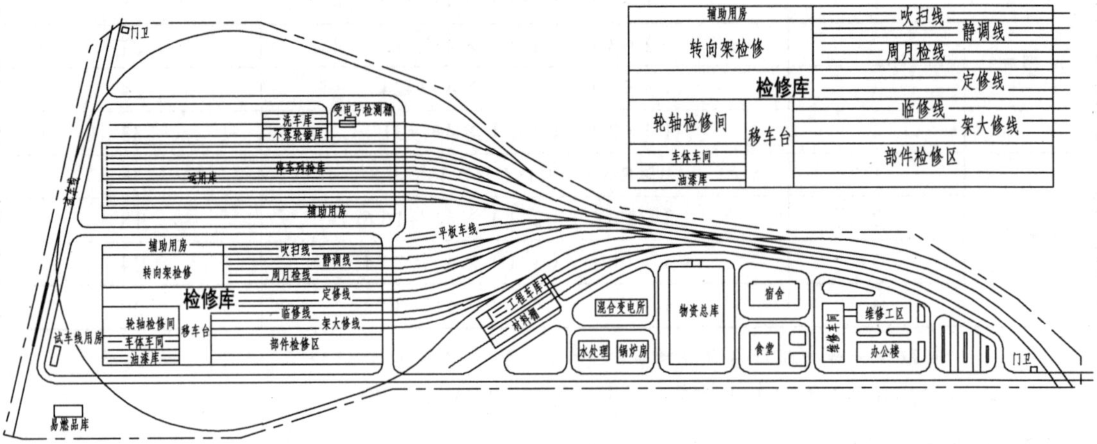

图 7.4-2　架大修段中的定临修库

7.4.3.3　停车场中的临修库

有时在停车场中也设有临修线，临修线单独建库后再与周月检库、停车列检库合建，见图 7.4-3。

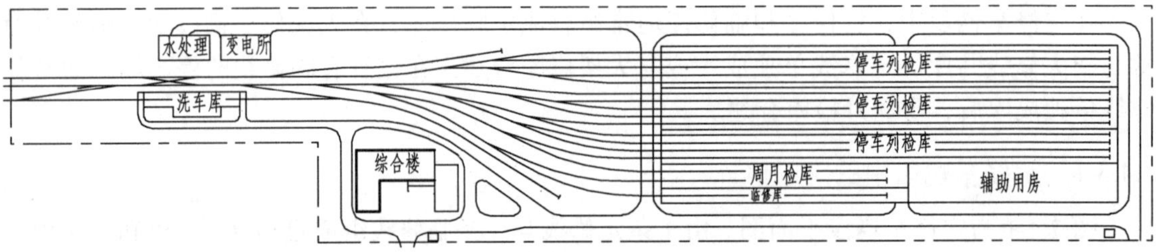

图 7.4-3　与周月检库合建的临修库

当停车场同时设置有临修库和不落轮镟库时，可将这两个库合建在一起，对于采用全自动运行的停车场来说更加适宜，因为临修线和不落轮镟线都属于非全自动运行区，见图 7.4-4。

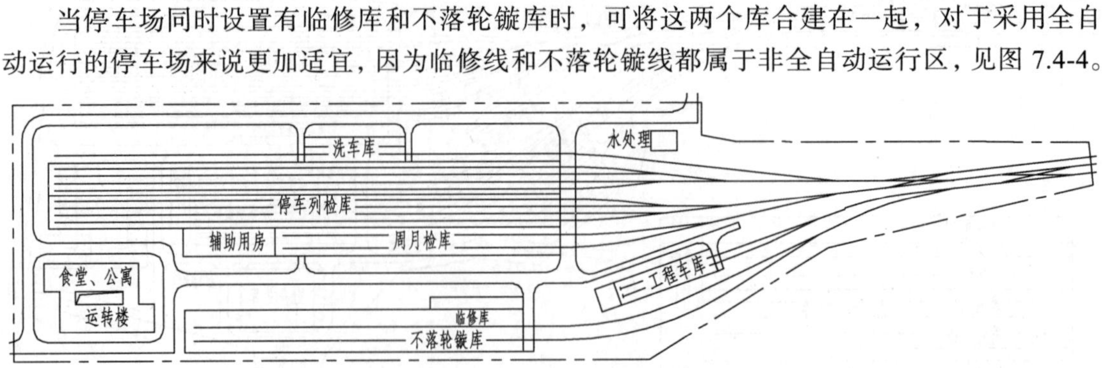

图 7.4-4　与不落轮镟库合建的临修库

7.4.4 定临修库设计案例

7.4.4.1 单独设置的定临修库

图 7.4-5 和图 7.4-6 为单独设置的定临修库，与周月检库、静调库和吹扫库组成联合检修库。临修线采用固定式地下架车机。定临修库各参数见表 7.4-5。

本案例中，列车为 A 型车 8 辆编组，列车长 185 m，定临修库设计取值为 217 m，大于计算长度值 212 m。

表 7.4-5 定临修库参数表

车型	每跨股道数	线间距/m	跨宽/m	库长/m	梁底标高/m	起重机吨位/t	检查坑坡度
A/8 编组	2	7	18	217	10.6	10/5	12.5%

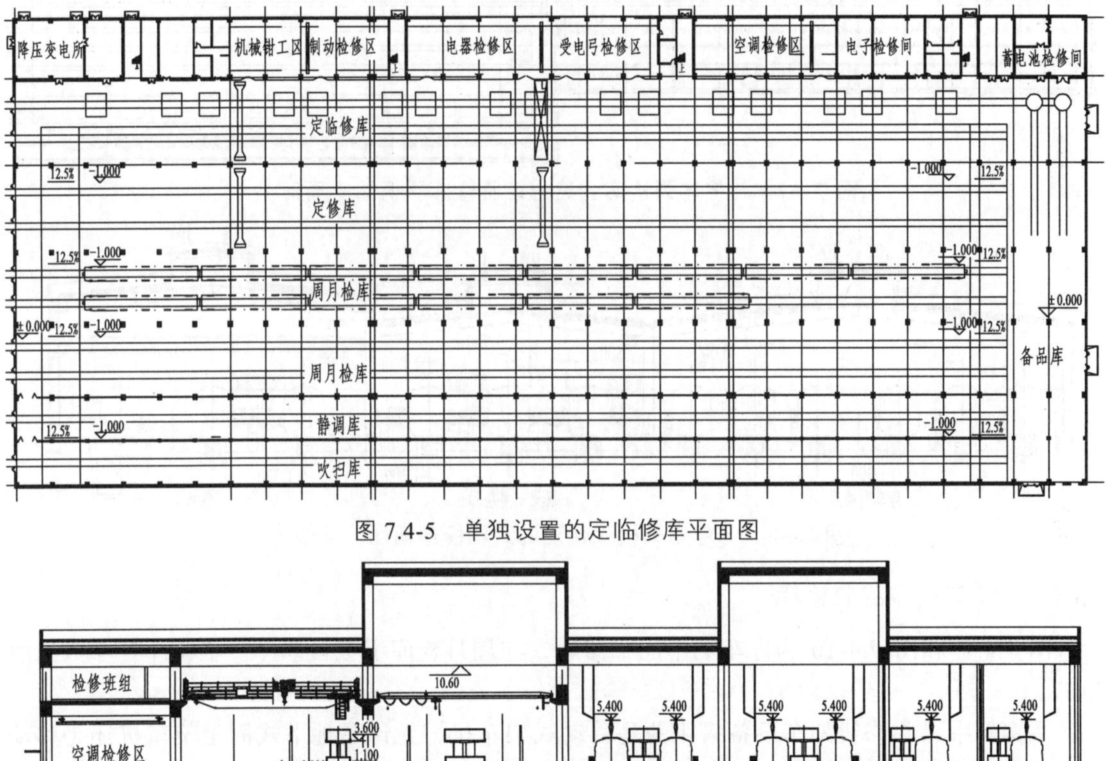

图 7.4-5 单独设置的定临修库平面图

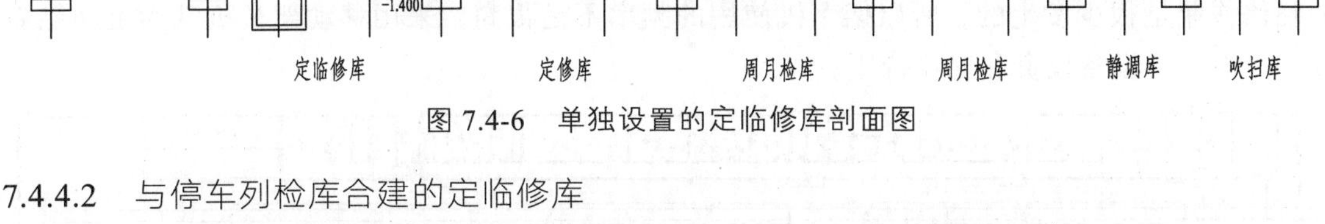

图 7.4-6 单独设置的定临修库剖面图

7.4.4.2 与停车列检库合建的定临修库

图 7.4-7 和图 7.4-8 是与停车列检库合建的定临修库，由 2 条定修线与 1 条临修线组成定临修库，再与周月检库、停车列检库组成联合车库，定临修库各参数见表 7.4-6。

本案例中，定临修库设计取值为 172 m，大于计算长度值 168 m。

对于 A/6 编组列车，停车列检库的计算长度为 168 m，周月检库的计算长度为 168 m，定修库的计算长度也为 168 m，配置地下式固定架车机的临修库的计算长度为 156 m。对于定临修库、周月检库和停车列检库合建的库房，由于周月检库和定临修库的库后通道与停车列检库的中间通道相连，周月检库、定临修库与停车列检库前半部分的库长应相同，并取其最大值。本案例中，停车列检库、周月检库、定临修库的计算库长均为 168 m，因此，定临修库库长设计取值为 172 m 是合适的。

表 7.4-6　定临修库参数表

车型	每跨股道数	线间距/m	跨宽/m	库长/m	梁底标高/m	起重机吨位/t	检查坑坡度
A/6 编组	3	7	24	172	9.0	3/10	10%

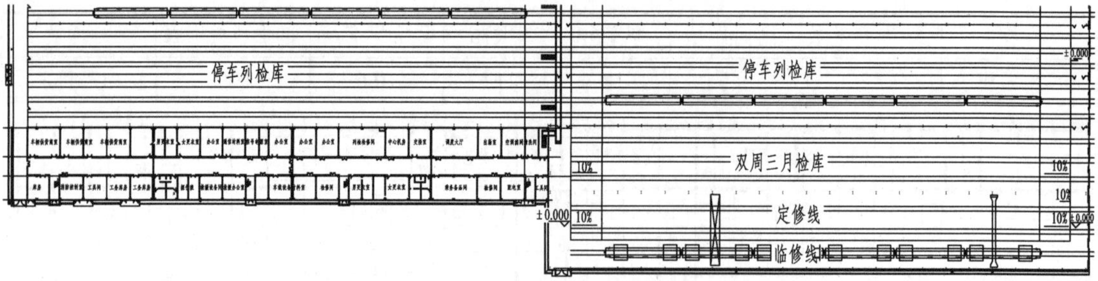

图 7.4-7　与停车列检库合建的定临修库平面图（局部）

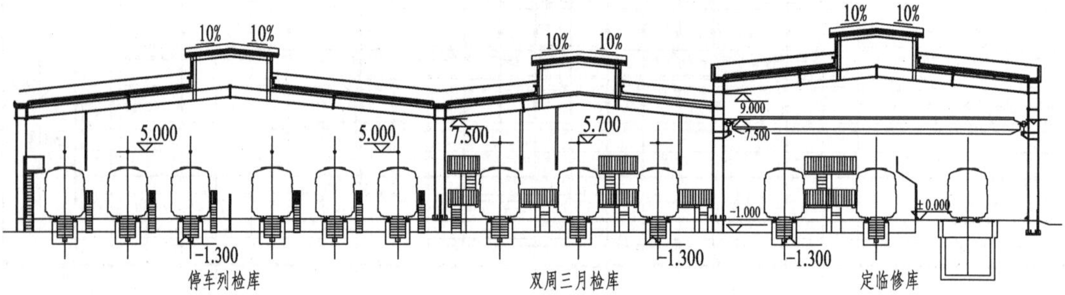

图 7.4-8　与停车列检库合建的定临修剖面图（局部）

7.4.4.3　停车场中的临修库

图 7.4-9 和图 7.4-10 为停车场中的临修库，与周月检库组成检修库。临修库各参数见表 7.4-7。

本案例中，临修线架车设备采用的是移动式架车机，无论是地下式固定架车机还是移动式架车机，其主要作用都是将列车架起后更换车下设备和转向架，而更换车下设备和转向架的临修作业是很少发生的，所以架车机使用的频率不是很高，采用移动架车机既满足功能需要，又能减少设备投资和保养费用。

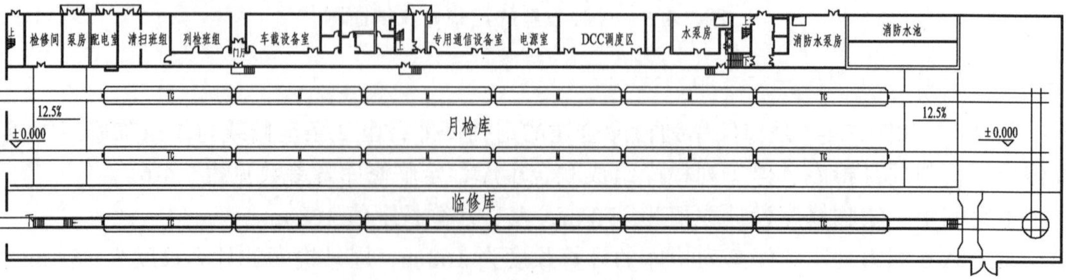

图 7.4-9　与周月检库合建的临修库平面图

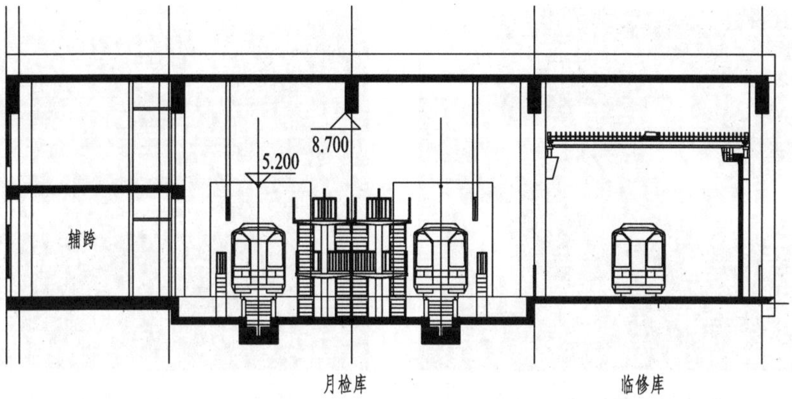

图 7.4-10　与周月检库合建的临修库剖面图

表 7.4-7　临修库参数表

车型	每跨股道数	架车机	跨宽/m	库长/m	梁底标高/m	起重机吨位/t	检查坑坡度
B/6 编组	1	移动式	11	154	8.7	10	12.5%

图 7.4-11 和图 7.4-12 为与不落轮镟库合建的临修库，临修库各参数见表 7.4-8。

本案例中，临修线没有采用用于更换转向架的移动式或地下式固定架车机，而是采用了更换转向架的专用设备。

转向架更换设备主要用于在列车不解列情况下，在线更换转向架、车下大部件等。

表 7.4-8　临修库参数表

车型	每跨股道数	架车机	跨宽/m	库长/m	梁底标高/m	起重机吨位/t	备注
A/6 编组	2	—	27	60	9	10	采用转向架更换设备

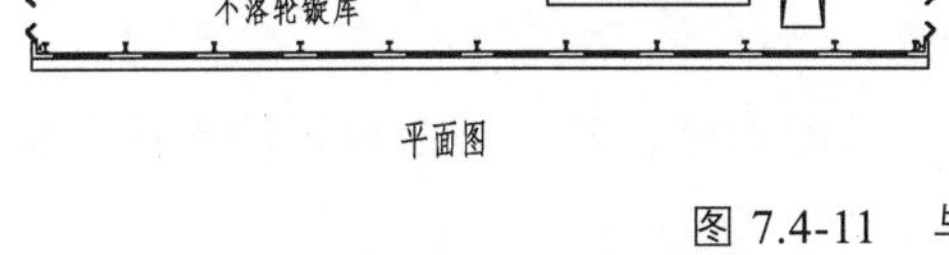

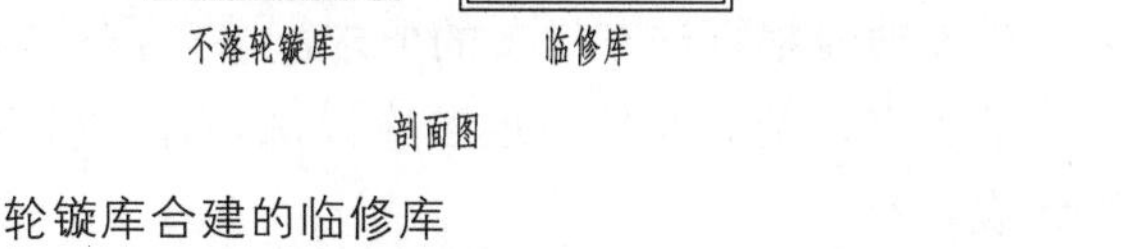

图 7.4-11　与不落轮镟库合建的临修库

7.4.5　定临修库主要工艺设备

定临修库的主要工艺设备有起重机、移动式架车机、地下式固定架车机、转向架转盘等，详见“大架修库主要工艺设备”。

图 7.4-12 和图 7.4-12 是两种转向架在线更换设备。

图 7.4-12　转向架更换设备（一）

图 7.4-13　转向架更换设备（二）

7.5　洗车库

在《地铁设计规范》（GB 50157—2013）中规定“车辆段运用整备设施应根据生产需要配备停车列检库（棚）、双周/三月检库和列车清洁洗刷设备及相应线路和必要的办公、生活房屋和设施”“车辆段应设机械洗车设施，配属车超过 12 列的停车场也可设置机械洗车设施。”

7.5.1　洗车库、洗车线设计工艺要求

洗车线应配备自动机械洗车机，洗车机应采用通过式，其功能应满足列车两侧、端部和车顶圆角处的洗刷要求；并具有清水清洗及化学洗涤剂清洗两种功能。

洗车线应布置在入段线端、运用库前或运用库侧，按通过式设计。当地形受限制时，可结合段内线路布置情况按尽端式或八字往复式布置。

洗车线采用贯通式时，宜布置在停车列检库前咽喉区前部，并与入段线平行布置；洗车线采用尽端式时，宜布置在停车列检库的一侧，并应保证列车洗刷作业走行顺畅、便捷。

当采用架空接触网供电时，洗车线接触网应满足列车洗车作业连续供电的要求；洗车库内的接触网应局部设置无电区，确保洗车时人员及设备的安全。为保障接触网检修安全，洗车库接触网应在库前后设置隔离开关。

当采用接触轨供电时，洗车设备作业范围内的线路不设置接触轨。

洗车线在洗车机前后一辆车长度范围应为直线。

洗车线两侧应设通透的隔离栅栏。

洗车线应根据洗车设备的要求配备生产、辅助房屋。

北方严寒地区及风沙地区应设洗车库，洗车库应有采暖设施；其他地区可设洗车棚或按露天设计。

洗车库应位于洗车线中部，洗车库的长度、宽度和高度应根据洗车机的要求确定。

考虑库内环境潮湿，洗车库内设施应采取防水、防腐蚀措施。

洗车机后的洗车列位，可设置人工洗车的平台和配套设施。

车辆基地洗车废水就地处理后应做到循环利用，循环利用的冲洗用水水质应符合城市污水再生利用水质标准。

列车洗车作业时的速度宜为 3 ~ 5 km/h。

机械洗车设施每班可按洗刷列车 8 ~ 12 列的工作能力计算。

洗车库冬季供暖室内设计温度应为 12 °C。

车辆段共址时，洗车能力应根据作业量计算确定，可分别设置或合用。

全自动车辆段中，洗车线应具有无人驾驶作业和有人驾驶作业两种作业模式。

洗车设备需要安装洗车库建筑梁底走行轨和地坪走行轨，上下两个走行轨之间相对高度的稳定性是洗车设备正常运转的必要条件，应确保洗车库、室内地坪、整体道床等结构的稳定性，避免出现不均匀下沉而影响洗车设备正常作业的情况。

当停车场的停车能力少于 12 列车时，可以采用人工洗车。

7.5.2 洗车库尺寸

7.5.2.1 洗车库尺寸

洗车库的长度、宽度和高度应根据洗车机的要求确定，通常为宽度不小于 9 m，长度不小于 48 m。辅助生产房屋宽度不小于 4.8 m，长度与洗车库等长。寒冷地区的洗车库长度不小于 2 倍列车长度加洗车机的长度，以满足洗车作业均在库内进行的要求。

7.5.2.2 洗车库梁底标高

根据洗车库的结构形式、与其他库的组合形式、受流方式、库内接触网导高、是否有上盖开发等因素，洗车库的梁底距轨面的高度应不小于 6.5 m。

7.5.2.3 洗车库接触网导高

对于由接触网受电弓受流的地铁系统，洗车库库内接触网的导高不应不小于 5.4 m。

7.5.3 洗车库与其他库房的组合

洗车库的布置、组合形式取决于洗车线的布置方式，通过式和八字式洗车线上的洗车库基本上都是单独设置的，尽端式洗车线上的洗车库既可以单独设置，也可以与其他运用设施合建，例如与停车列检库、不落轮镟库等组合成运用库，但很少与检修设施，如定临修库等组合。

7.5.3.1 通过式洗车线

列车通过式外皮清洗是指列车在回段时一次性通过洗车机后直接驶入停车列检库，而不必在八字式或尽端式洗车线上折返数次。

列车的清洗工艺流程如下：

列车进库→预湿→喷洗涤液→前端部洗刷→侧壁洗刷→后端部洗刷→预清洗→最终清洗→出库。

从列车清洗工艺流程可以看出，列车通过自动清洗机洗车时是单方向的。

图 7.5-1 为通过式洗车线，列车由入段线回段后，可以直接通过洗车库洗车，然后直接进入任意一条停车列检线。

通过式洗车与折返数次的八字式和尽端式洗车相比是最省时、省力、高效的洗车方式，也是要求条件较高的一种方式，要求位于车辆段内的出入线有足够的长度。图 7.5-2 也是通过式洗车线布置方式，但列车通过洗车线后只能进入停车列检库下方一半的停车列检线。

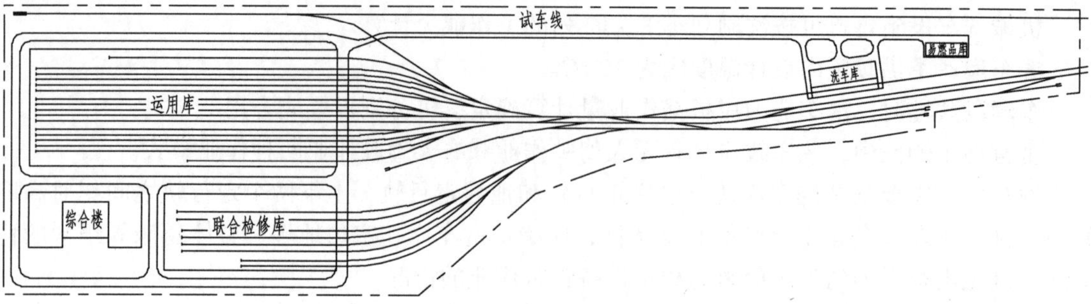

图 7.5-1　通过式洗车线之一

图 7.5-3 是通过式洗车线的另一种布置方式，列车通过洗车库后也只能进入停车列检库下方一半的停车线，但与图 7.5-1 和图 7.5-2 中的布置方式不同之处在于不需要较长的出入线即可实现通过式洗车作业。理想的洗车线布置方式是通过式，而且洗车后的列车可以进入任意一条停车列检线，考虑到列车的洗车周期通常为 3 天以上，列车洗车后可以直接进入三分之一以上的停车列检线也是可以接受的，因此，位于车辆段内出入线长度不足时，应尽可能采用图 7.5-3 的洗车线布置方式。

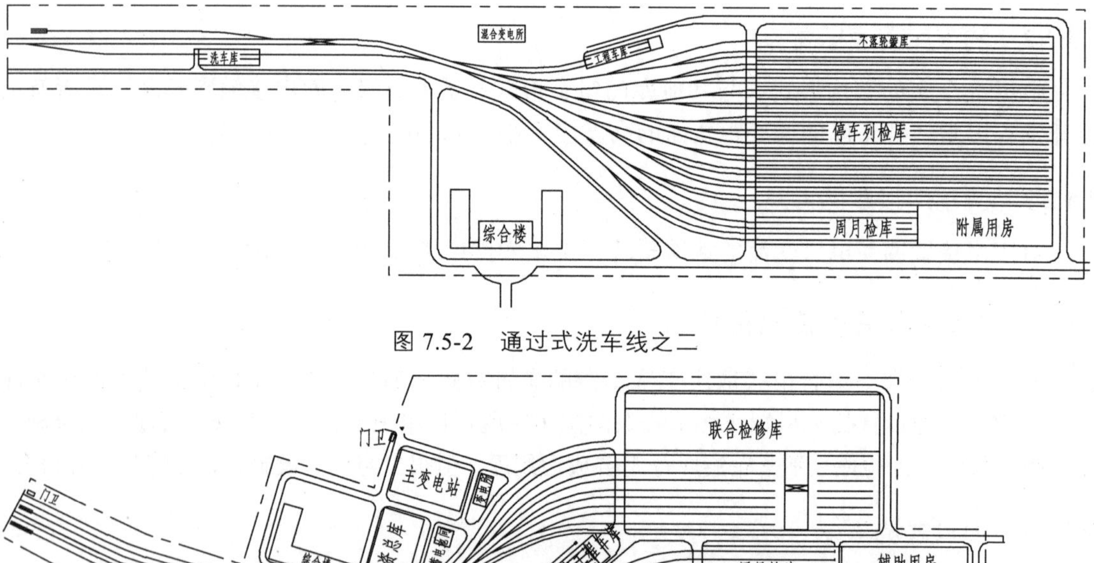

图 7.5-2　通过式洗车线之二

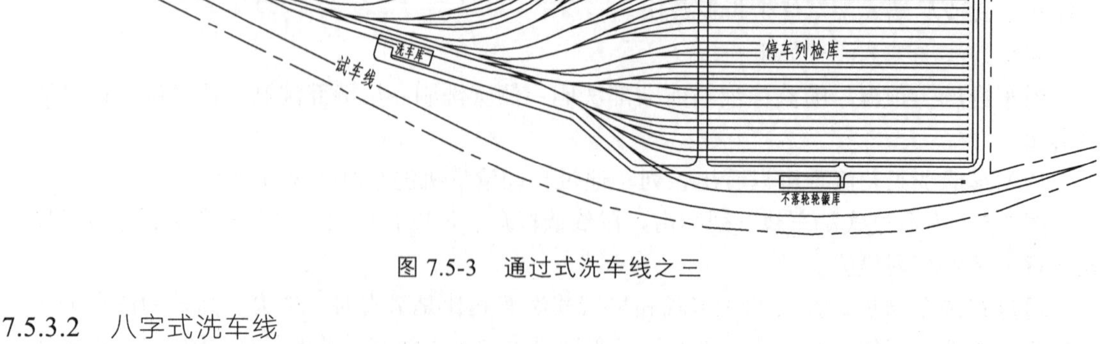

图 7.5-3　通过式洗车线之三

7.5.3.2　八字式洗车线

八字式洗车线通常布置在出入线附近入段线一侧，见图 7.5-4，列车回段后，先驶入洗车库左侧的洗车线上，再向右通过洗车库洗车，然后进入右侧的洗车线，最后通过洗车库下方的入段线进入停车库，从流程上看，比通过式洗车复杂很多。

由于洗车作业是单向的，对于八字式洗车线，洗车前进方向是背向洗车库的方向。

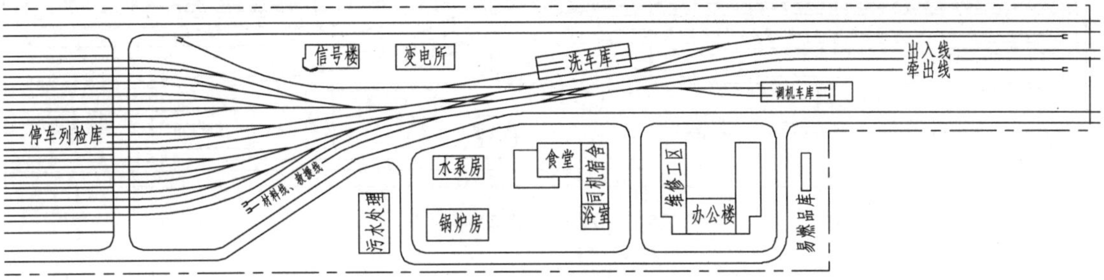

图 7.5-4　布置在入段线侧的八字式洗车线

八字式洗车线通常都布置在出入线附近,但布置在出入线的哪一侧是有区别的,与图 7.5-4 不同，图 7.5-5 中的洗车库布置在出段线的一侧，列车由入段线回段时，需要经过洗车库下方的交叉渡线驶入洗车库的右侧洗车线，才能完成洗车过程，与 7.5-4 相比多了经过交叉渡线的过程。

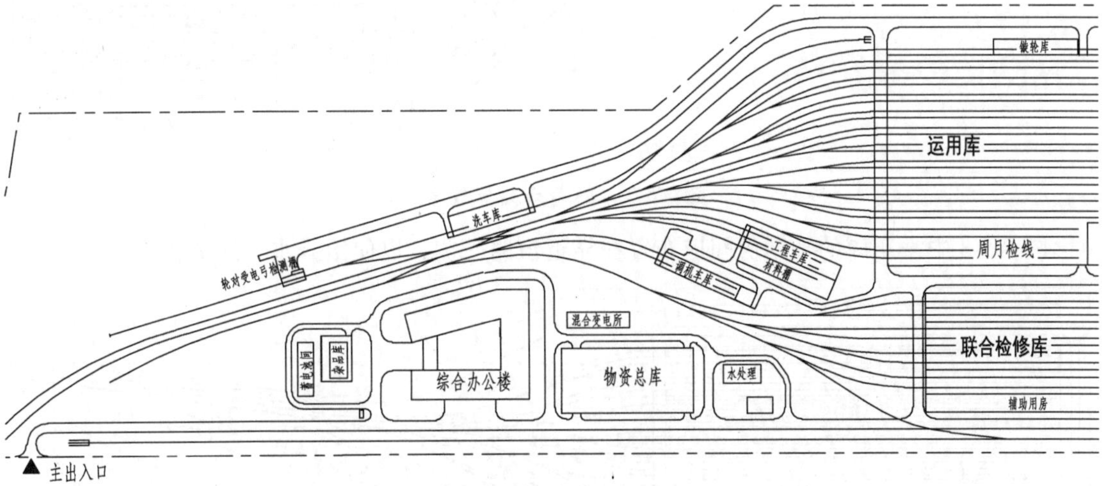

图 7.5-5　布置在出段线侧的八字式洗车线

7.5.3.3　尽端式洗车线

在场地条件不满足布置通过式或八字式洗车线时，洗车线采用尽端式布置，常见的是布置在停车列检库一侧，与停车列检库、周月检库、不落轮镟库合建为运用库，见图 7.5-6 和图 7.5-7。

图 7.5-6 中的洗车库单独与停车列检库合建为运用库，不落轮镟库与定临修库等合建为检修库。图 7.5-7 中的洗车库与不落轮镟库、停车列检库合建为运用库，由于洗车库的辅助房间占地较大，还有许多给排水管线，因此应布置在运用库的最外侧。

图 7.5-8 中的洗车库没有与停车列检库合建，是单独设置的，原因是列车洗车作业所需的时间较长，如果与停车列检库合建，列车在洗车作业时，有可能长时间占用停车列检库的库前通道，从而影响通行。图 7.3-15 中的不落轮镟库单独设置也是同样的原因。

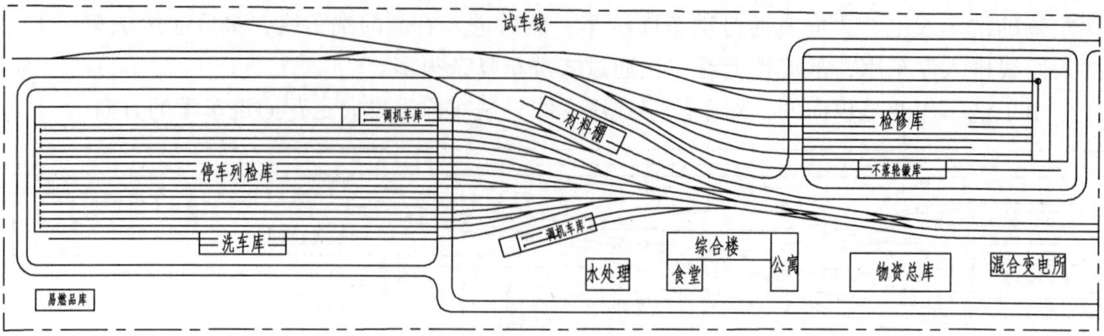

图 7.5-6　尽端式洗车线之一

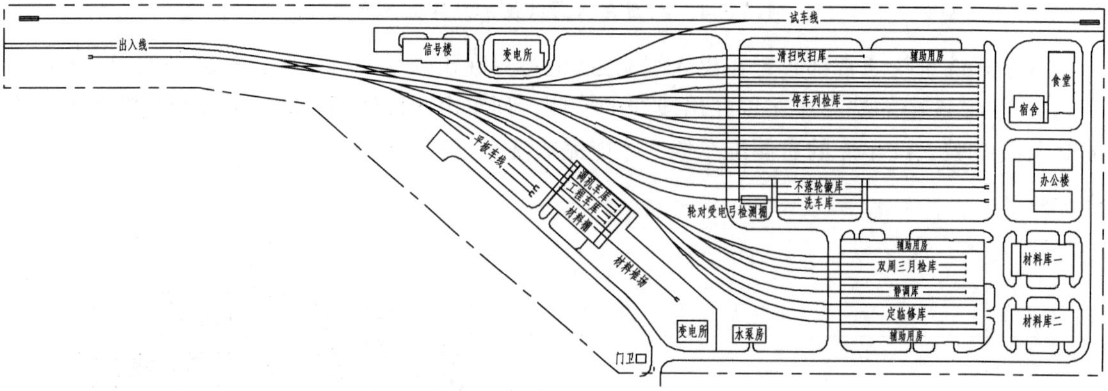

图 7.5-7　尽端式洗车线之二

图 7.5-8 中洗车库的辅助房间应布置在靠近道路一侧，以便给排水管线的接入。

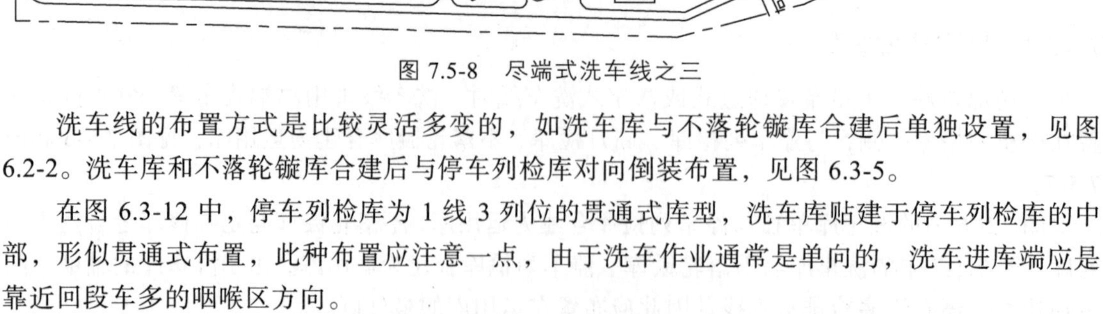

图 7.5-8　尽端式洗车线之三

洗车线的布置方式是比较灵活多变的，如洗车库与不落轮镟库合建后单独设置，见图 6.2-2。洗车库和不落轮镟库合建后与停车列检库对向倒装布置，见图 6.3-5。

在图 6.3-12 中，停车列检库为 1 线 3 列位的贯通式库型，洗车库贴建于停车列检库的中部，形似贯通式布置，此种布置应注意一点，由于洗车作业通常是单向的，洗车进库端应是靠近回段车多的咽喉区方向。

图 7.5-8 是适用于寒冷地区洗车库的形式，要求洗车作业时，保证列车全在库内，因此洗车库是通长的。

7.5.4 洗车库设计案例

7.5.4.1 洗车库案例一

洗车库是容纳自动机械式洗车机的厂房，形式比较单一，由放置洗车机的主库和放置辅助设备的辅助房间组成，主要区别是辅助房间有单双层之分，即有的洗车机的控制室在一层，有的在二层。

图 7.5-9 和图 7.5-10 为辅助房间为 2 层的洗车库，洗车库各参数见表 7.5-1。

表 7.5-1 洗车库参数表 单位：m

主库宽	辅助房间宽	库长	梁底标高	接触网导高
9	6	60	7.5	5.4

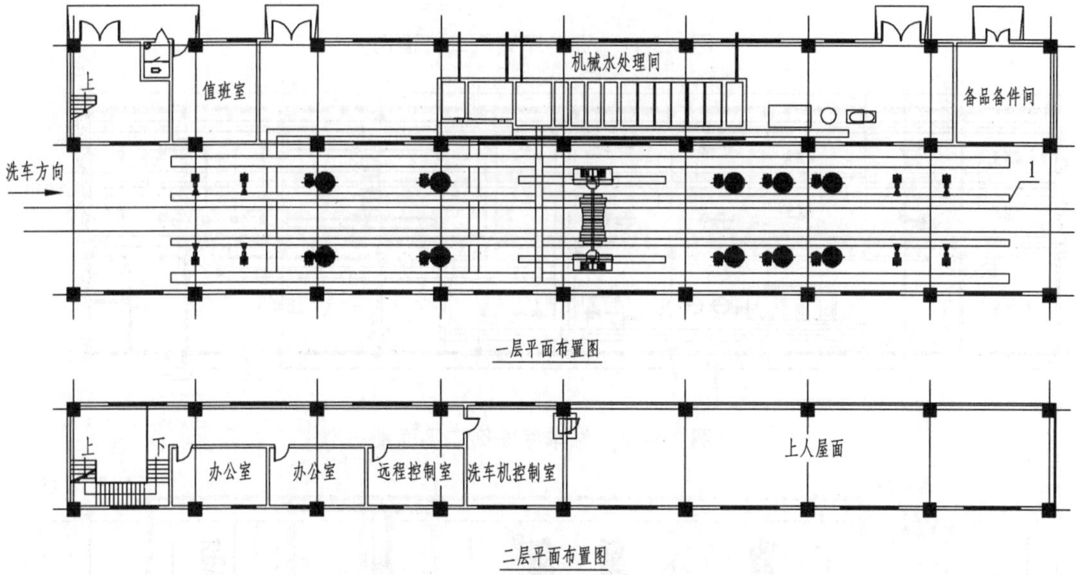

图 7.5-9 洗车库案例一平面布置图

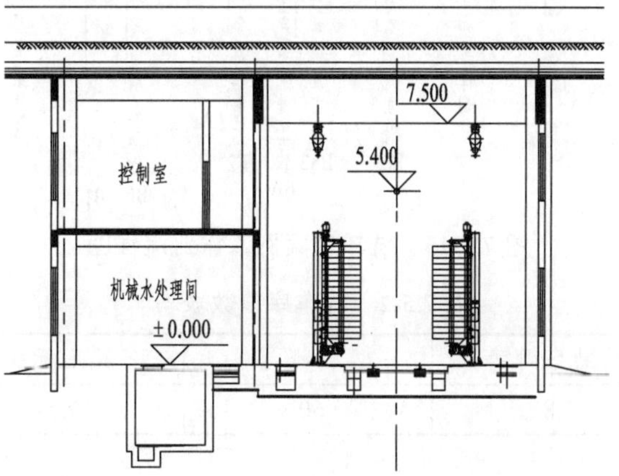

图 7.5-10 洗车库案例一剖面图

7.5.4.2 洗车库案例二

图 7.5-11 ~ 图 7.5-13 为辅助房间为 1 层的洗车库，洗车库各参数见表 7.5-2。

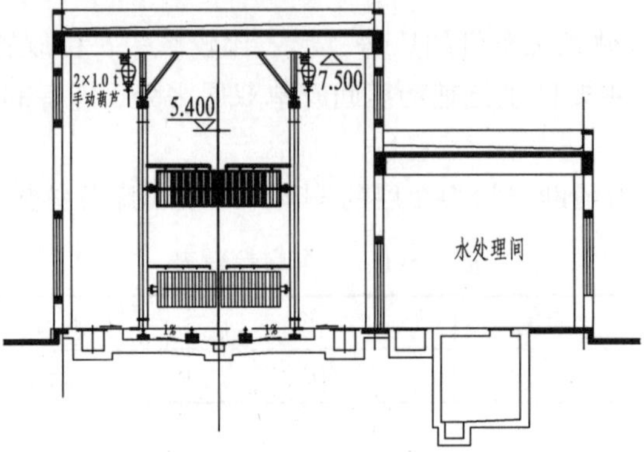

图 7.5-11 洗车库案例二剖面图

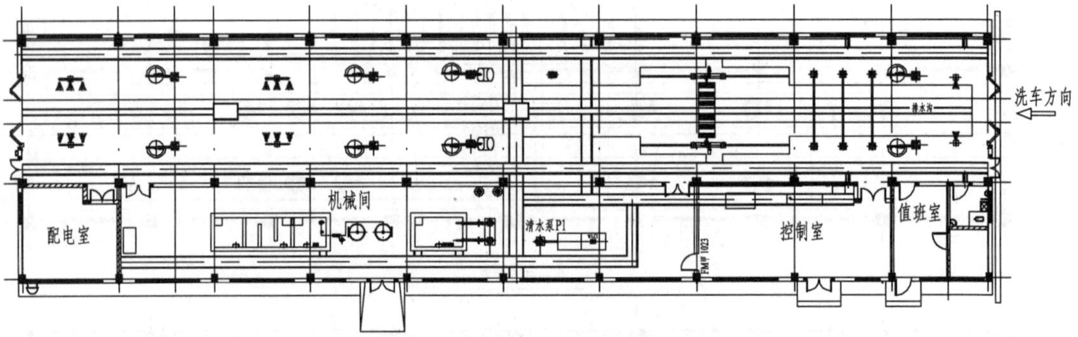

图 7.5-12 洗车库案例二平面图

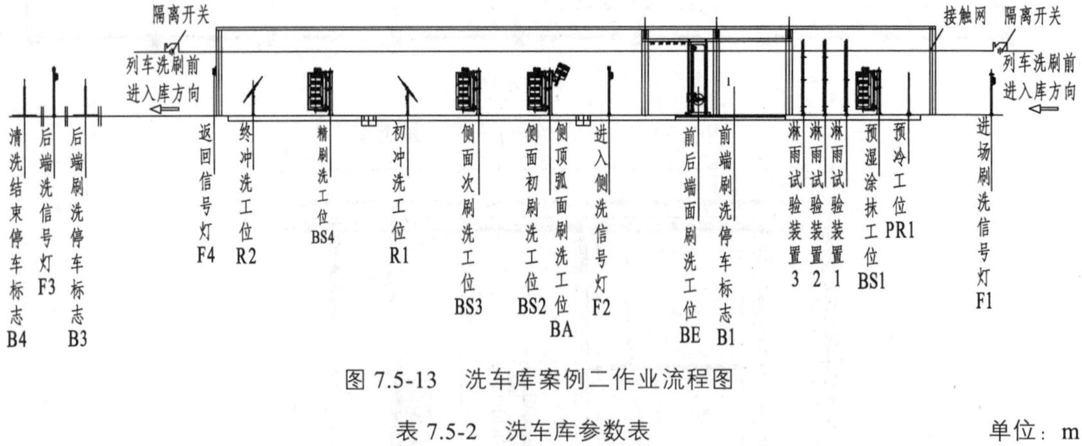

图 7.5-13 洗车库案例二作业流程图

表 7.5-2 洗车库参数表 单位：m

主库宽	辅助房间宽	库长	梁底标高	接触网导高
8.7	5.8	60	7.5	5.4

7.5.4.3 洗车库案例三

图 7.5-14 和图 7.5-15 为接触轨供电的洗车库，洗车库各参数见表 7.5-3。

列车空调机的滤网需要经常清洗，如果洗车库临近周月检库，滤网清洗间设置在洗车库内是个很好的选择。

表 7.5-3　洗车库参数表　　单位：m

主库宽	辅助房间宽	库长	梁底标高	接触网导高
9	6	66	7.9	—

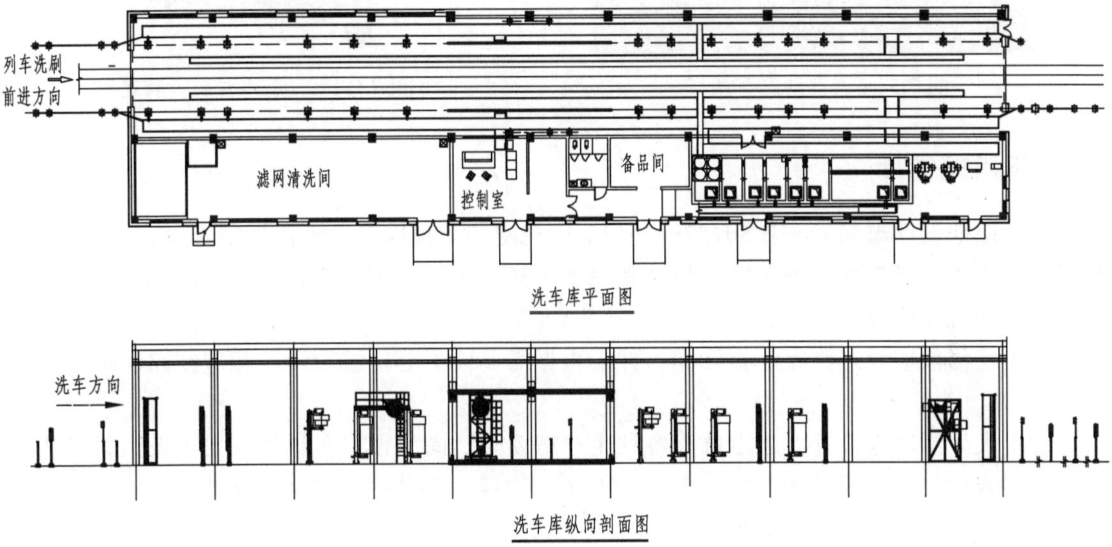

图 7.5-14　洗车库案例三平面图、纵向剖面图

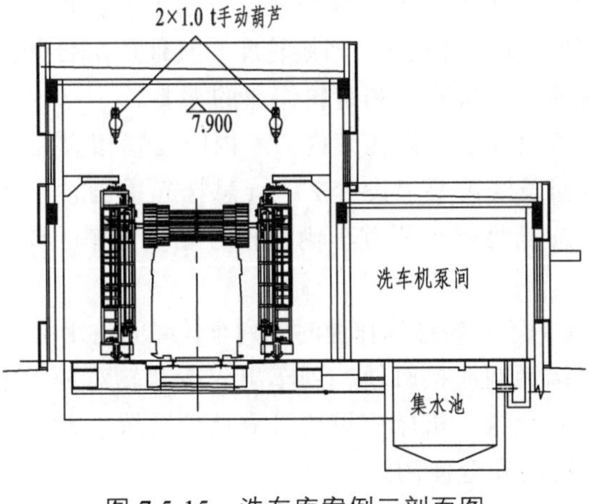

图 7.5-15　洗车库案例三剖面图

7.5.5　洗车库主要设备

洗车库的主要工艺设备有自动洗车机、冷热水高压清洗机等，如图 7.5-16 和 7.5-17 所示。

图 7.5-16　自动洗车机

图 7.5-17　冷热水高压清洗机

7.6　不落轮镟库

在《地铁设计规范》(GB 50157—2013)中规定“车辆检修设施包括定修库、大架修库、临修库、不落轮镟轮库、列车吹扫设施和辅助生产房屋及设施，应根据其功能和检修工艺要求设置，同时应符合下列规定：

(1)定修段应设定修库、临修库，并应根据需要设不落轮镟轮库及相应线路和辅助生产房屋。

(2)大架修段除设置上述定修段各种生产房屋外，尚应根据车辆检修要求设大架修架落车库、检修库、静调库和转向架、电机、电器、钩缓、受电弓、空调、制动及蓄电池等部件检修分间，并根据需要设油漆库。

7.6.1　不落轮镟库设计工艺要求

不落轮镟库(以下简称镟轮库)及其线路应结合总工艺流程和厂房组合情况合理布置，既可单独设置，也可与其他厂房合并设置，当镟轮库与其他厂房合并设置时，宜以实体墙隔开。

镟轮库的尺寸设计应满足设备安装和镟轮作业的需要。

寒冷和高温地区的不落轮镟线应设在库内，库内应设置相应的空调、供暖设施。

镟轮库宜根据设备检修及安装要求设置 2 ~ 3 t 悬挂起重机。

镟轮线的有效长度，应满足列车所有车辆的轮对镟修工作的要求，设备前后应有一辆车长度的直线段。

车辆段总平面布置应考虑不落轮镟修作业时，列车长时间占用平交道口对道路的阻隔影响。

镟轮库内不设置架空接触网或接触轨，列车出入库和轮对加工定位应配备公铁两用车或其他牵引设备；库内轨道应绝缘，机床应设置可靠接地装置，并防止该接地与列车牵引回流轨的电流交汇，以确保机床的安全使用。

镟轮线应为不设牵引回流的非电化线路，镟轮线应设置轨道绝缘节，2 个绝缘节之间的距离不应小于列车长度与牵引作业车长度之和。

镟轮线宜采用尽头式布置。

不落轮镟库宜设置作业人员休息室、备品备件存放间、卫生间等；应设置铁屑堆放场地，并具有铁屑装车外运条件。

不落轮镟床可设置开启式防尘保温罩，当镟轮列车进出时启闭便捷，设备基坑配置空调和排水设施，作业区域的管线敷设要不影响作业人员操作。

7.6.2 镟轮线和镟轮库尺寸

7.6.2.1 镟轮库尺寸

镟轮库的长度、宽度和高度应根据镟床的要求确定，通常尺寸为宽度不小于 9 m，长度不小于 48 m。寒冷地区的镟轮库长度不小于 2 倍列车长度加镟床设备的长度，以满足镟轮作业均在库内进行的要求。

7.6.2.2 镟轮库梁底标高

根据镟轮库的结构形式、与其他库的组合形式、是否有起重机等因素，镟轮库的梁底距轨面的高度通常不应小于 6.8 m。

7.6.3 镟轮库与其他库房的组合

镟轮库既可以单独设置，也可以与其他运用、检修设施合建。对于全自动运行的车辆段，由于镟轮线不属于全自动运行的线路，因此不宜与停车列检库贴建，只能独立设置或与其他检修设施合建。

7.6.3.1 独立设置的镟轮库

图 7.3-15 中的镟轮库为独立设置，其目的是在进行长时间的不落轮镟修作业时，不会占用平交道口而对道路产生阻隔影响。

7.6.3.2 镟轮库和洗车库合建

图 7.4-1 为镟轮库与洗车库合建后单独设置。

7.6.3.3 镟轮库和停车列检库合建

当洗车线为八字式时，镟轮库多单独与停车列检库合建，见图 7.5-2。

7.6.3.4 镟轮库、洗车库和停车列检库合建

图 7.5-7 镟轮库与洗车库合建后贴建于停车列检库，组成运用库。

7.6.3.5 设置在停车场的镟轮库

镟轮库属于检修设施，通常设置在车辆段内，当线路过长超过 30 km，同时全线配属列车过多时，在远离车辆段的停车场内也可设置镟轮库，见图 7.6-1。

图 7.6-1 中的停车场有许多特殊的地方，具体如下：

（1）场地长度只有 950 m，停车列检库只能采用 1 线 1 列位。

（2）场地最宽处只有 260 m，周月检库和临修库不能与停车列检库合建，只能采用倒装布置，但停车场倒装布置是很少见的。

（3）停车场是全自动运行，镟轮库属于非全自动运行线路，不能与洗车库或停车列检库合建，只能单独设置。

由于上述不利因素，造成本案例中的停车场总图布置单体零散，停车列检库、周月检库、临修库、洗车库、镟轮库和工程车库 5 个单体，分 4 处布置。

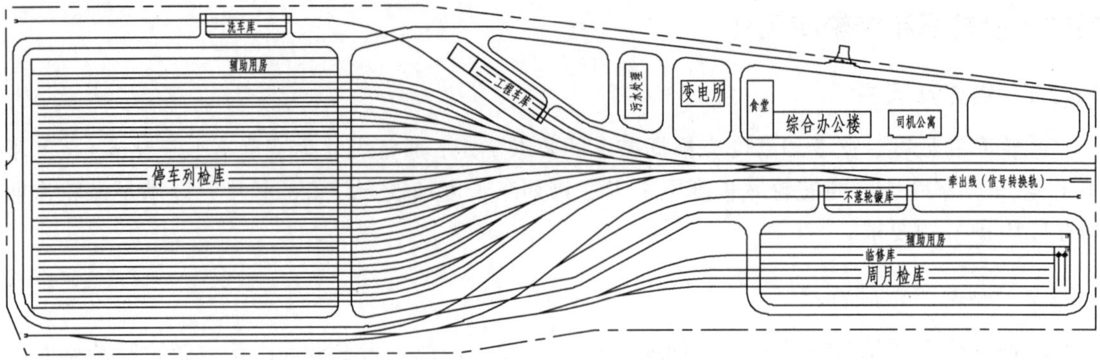

图 7.6-1　设置镟轮库的停车场平面示意图

7.6.4　镟轮库设计案例

7.6.4.1　单独设置的镟轮库

镟轮库是安装不落轮镟床的厂房，形式比较单一，由安装不落轮镟床的主库和辅助房间组成，辅助房间也位于厂房之内，不单独占地。

图 7.6-2 和图 7.6-3 为单独设置的镟轮库，镟轮库各参数见表 7.6-1。

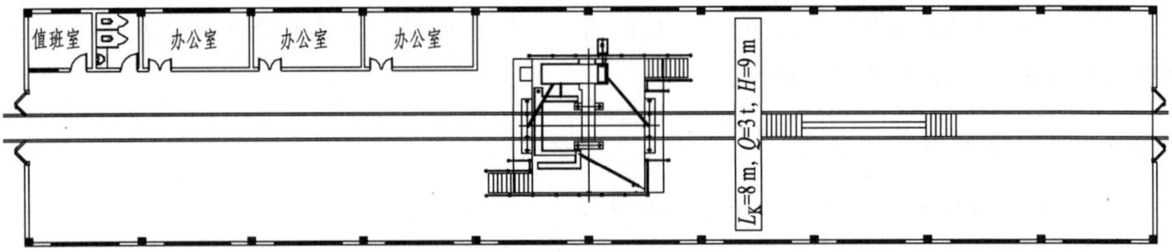

图 7.6-2　单独设置的镟轮库平面图

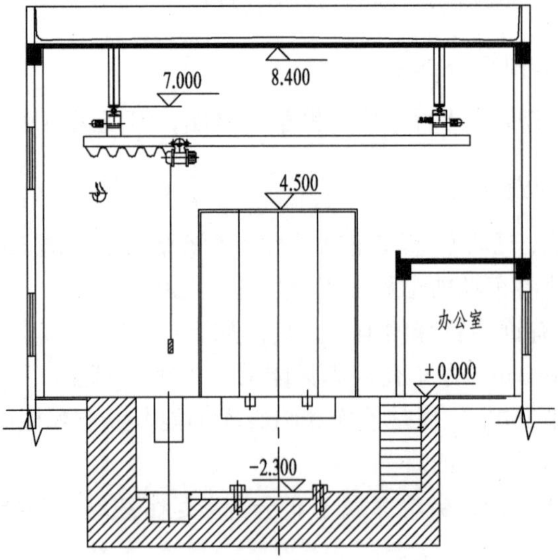

图 7.6-3　单独设置的镟轮库剖面图

表 7.6-1　镟轮库参数表

主库宽/m	主库长/m	梁底标高/m	起重机吨位/t	基坑尺寸（m）（长×宽×深）	辅助房间长度/m	辅助房间宽度/m
12	60	8.4	3	6×7×2.3	24	3

7.6.4.2　镟轮库与洗车库合建

由于镟轮线和洗车线的长度都不小于 2 倍列车的长度，因此镟轮库和洗车库经常合建在一起。

图 7.6-4 和图 7.6-5 为与洗车库合建的镟轮库，镟轮库各参数见表 7.6-2。

表 7.6-2　镟轮库参数表

主库宽/m	主库长/m	梁底标高/m	起重机吨位/t	基坑尺寸（m）（长×宽×深）	辅助房间长度/m	辅助房间宽度/m
12	60	7.4	3	6×7×2.3	18	3

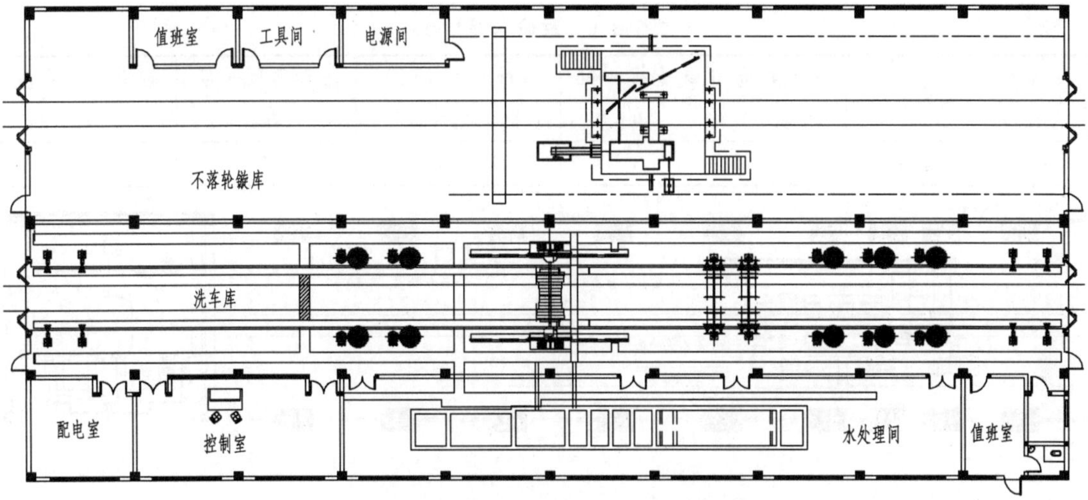

图 7.6-4　镟轮库与洗车库合建的平面图

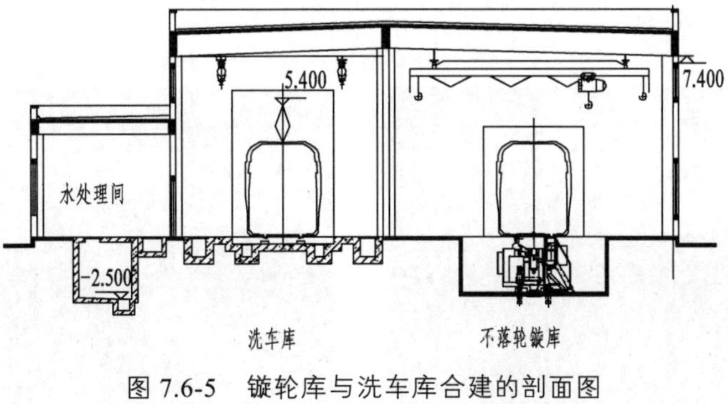

图 7.6-5　镟轮库与洗车库合建的剖面图

7.6.4.3　双轴不落轮镟床库

当发现地铁车辆的某一轮对踏面或轮缘损伤影响列车运营时，就需要对轮对进行镟修。

数控不落轮镟床就是在列车不解编及转向架不拆解的状态下对车辆轮对进行加工镟修的专用设备，使用不落轮镟床镟修轮对可以提高效率。

地铁设计规范规定："车轮直径应为 840 mm $^{+4}_{-0}$。新造车同轴的两轮直径之差不应超过 1 mm。同一动车转向架各轮径差不应超过 2 mm。"当某一车轮需要镟修时，同一车轴上的另一个车轮也要同时镟修，这时使用单轴不落轮镟床即可完成此作业。当同一转向架上的另一个车轴上的车轮直径与已镟修的车轮直径差超过 2 mm 时，这些车轮也要进行镟修，也就是说，当列车进入镟轮库作业时，通常需要将同一转向架上的 4 个车轮全都镟修一遍，一个车轴上的车轮镟修完毕后，还要移动列车，重新对位，镟修另一个轮对。

双轴不落轮镟床可以同时镟修一个转向架上的两个轮对，减少了列车的频繁移动，很大地提高了效率。

双轴不落轮镟床比单轴不落轮镟床体积要大，其基坑相对要大些。

本案例的镟轮库库长为 415 m，镟轮作业时，列车全部都可以位于库内，对于通长的镟轮库，库内悬挂式起重机的工作范围只需能覆盖不落轮镟床即可，不必与镟轮库等长。

图 7.6-6 和图 7.6-7 为安装有双轴不落轮镟床的镟轮库，镟轮库各参数见表 7.6-3。

表 7.6-3　镟轮库参数表

主库宽/m	主库长/m	梁底标高/m	起重机吨位/t	基坑尺寸（m）（长×宽×深）	辅助房间长度/m	辅助房间宽度/m
12	415	8.5	3	12.5×7.4×2.3	17	3.6

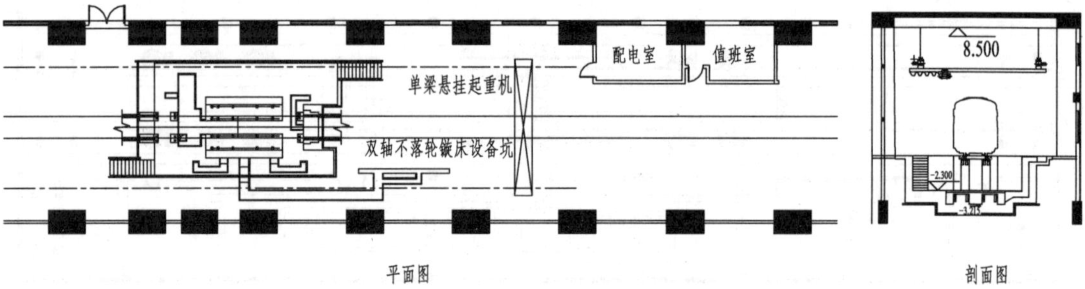

图 7.6-6　双轴不落轮镟库

7.6.5　镟轮库主要设备

图 7.6-7　单轴不落轮镟库

图 7.6-8　双轴不落轮镟库

图 7.6-9　铁屑小车

图 7.6-10　公铁两用车

7.7　静调库

在《地铁设计规范》(GB 50157—2013) 中规定“车辆检修包括车辆的定修、架修和大修等定期检修及临时性故障的临修。

定修段只承担车辆的定修和临修任务，设置了定修库、临修库和辅助生产房屋。根据国内地铁检修的经验，定修采用整列固定作业方式，作业日趋简单，在定修段可不单独设静调库，在定修库内增设调试外接电源设备，静调作业不仅可在定修列位完成，还可减少转线调车作业。

架修和大修车辆段除设有大架修检修库、临修库和辅助生产分间外，通常设静调库。

7.7.1　静调库设计工艺要求

静调库用于车辆静调作业，采用尽头式 1 线 1 列位，柱式检查坑。检查坑深宜为 1.4 ~ 1.5 m，宽 1.2 m，检查坑内两侧应设固定照明及动力和安全照明插座和排水设施。检查坑外两侧为低位工作面，标高宜为-1.00 m。

静调库的长度、宽度和检查坑的设计可参照定修库进行。

库内应设调试用的外接电源设备，其电压与接触网网压相同。

接触网供电制式静调库，应分别设置为车辆供电的接触网和车间电源，以分别用于车辆牵引系统和辅助系统的调试，列位端部应设置供电隔离的启闭设备、有无电显示设施、出入库列位外声光警示设施等。接触网供电的接触网绝缘段应靠近车库大门设置，以方便操作人员在检查坑台阶附近悬挂接触网安全接地棒。

接触轨供电制式静调库，应分别设置为车辆供电的集电小车滑触线系统和车间电源，以分别用于车辆牵引系统和辅助系统的调试，车辆静调电源接口的插入或拔出均应在无电状态下操作，并应确保车辆调试需要移动列车时人员和设备的安全。

静调库应设局部单侧车顶、中间作业平台及安全防护设施。

静调线宜按单元车配置静调电源柜，每个静调电源柜功率均应满足一列车的调试需求。

根据检修需要，宜在静调线上的适当位置设车辆轮廓检测装置。线路为零轨，是车辆轮廓检测作业以及车门等部件尺寸复核的要求。

7.7.2　静调库尺寸

静调库的长度、宽度和检查坑的设计可参照定修库进行。

7.7.3　静调库与其他库房的组合

静调库属于检修设施，主要用于车辆大架修、定修和一些临修后的静态调试，很少单独设置，在大架修车辆段中与大架修库合建，在定修段中与定临修库合建，停车场很少设置静调库。

图 7.5-7 为设置在定修段的静调库，虽然定临修库、周月检库和静调库合建为检修库，但是 3 个库各占 1 跨，具体原因如下，定临修线不电化，库内设置有起重机，3 条定临修线占据 1 个 24 m 跨，周月检线和静调线需要电化，可以布置在 1 跨内，但在本案例中，周月检线有 4 条，占据 1 个 27 m 跨，如果再加入 1 条静调线，跨宽就会过大，因此，静调线需要独占 1 跨。

图 7.4-1 也是设置在定修段的静调库，图中 1 条静调线和 3 条周月检线占据 1 个 27 m 跨，而没有单独占垮。

图 7.4-2 为设置在大架修车辆段的静调库，本案例中，作为运用设施的周月检库与作为检修设施的定临修库、大架修库等合建为联合检修库，其优点：一是联合检修库中电化线路和非电化线路分区明显，周月检线、静调线和吹扫线布置在电化区，其他库线在非电化区；二是周月检库与其他检修设施合建后，增大了检修库的面积。

7.7.4　静调库设计案例

7.7.4.1　静调库与定临修库合建

图 7.7-1 和图 7.7-2 为静调库与定临修库合建，静调库各参数见表 7.7-1。

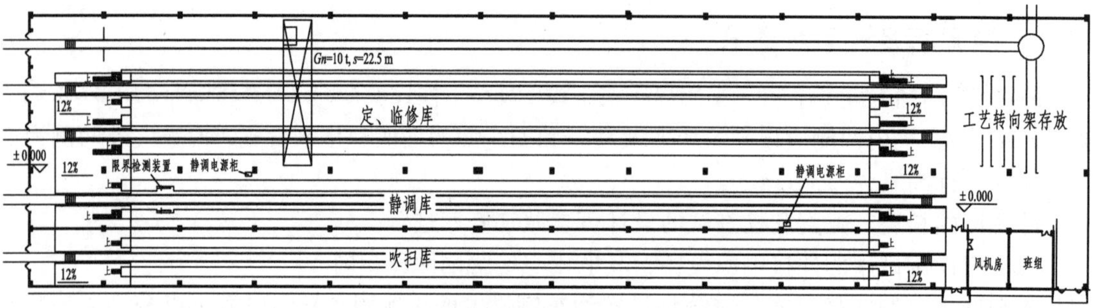

图 7.7-1　与定临修库和合建的静调库平面图

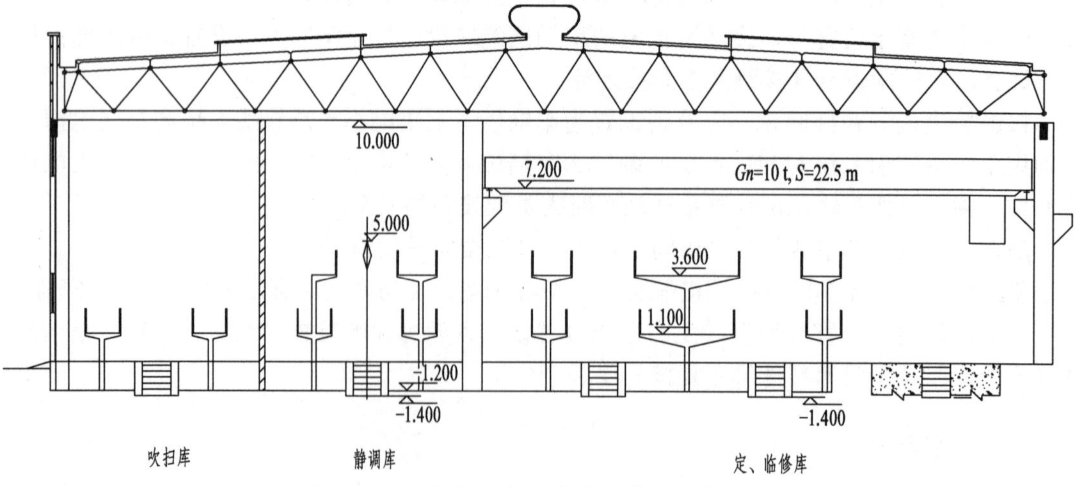

图 7.7-2　与定临修库和合建的静调库剖面图

表 7.7-1　静调库参数表

车型	每跨股道数	线间距	跨宽/m	库长/m	梁底标高/m	接触网导高/m	检查坑坡度
B/6 编组	1	—	9	154.5	10	5	12%

本案例中，静调库设有静调电源柜和限界检测装置。

7.7.4.2　静调库与吹扫库、调机车库合建

图 7.7-3 和图 7.7-4 为与吹扫库、调机车库合建的静调库，静调库各参数见表 7.7-2。

本案例中，列车为 B 型车 6 辆编组、接触轨供电，库内无接触轨，列车进出库和静调作业由设置在两线之间的滑触线系统供电。每条静调线都设有限界检测装置，限界装置两侧各有 20 m 零轨。

静调线仅设置在车辆段，通常 1 条静调线足以满足所需的列车静调能力的要求，本案例中设置了 2 条静调线，说明此车辆段的架大修任务很重。

表 7.7-2　静调库参数表

车型	每跨股道数	线间距/m	跨宽/m	库长/m	梁底标高/m	接触网导高	检查坑坡度
B/6 编组	2	4.8	15	143.5	7.2	—	12%

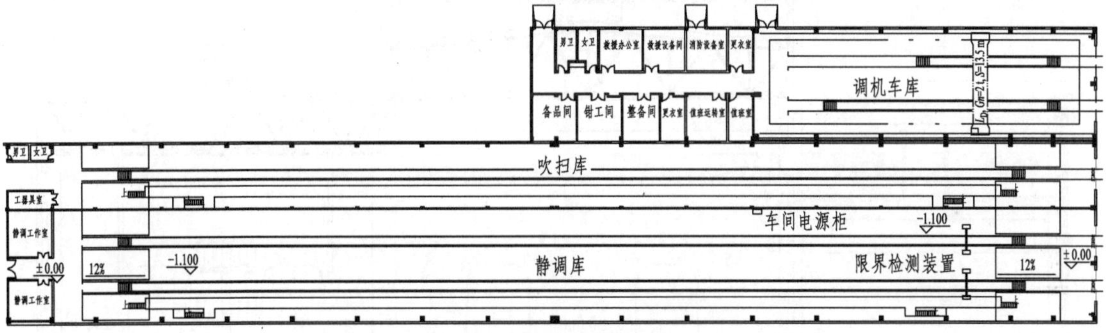

图 7.7-3　与吹扫库、调机车库合建的静调库平面图

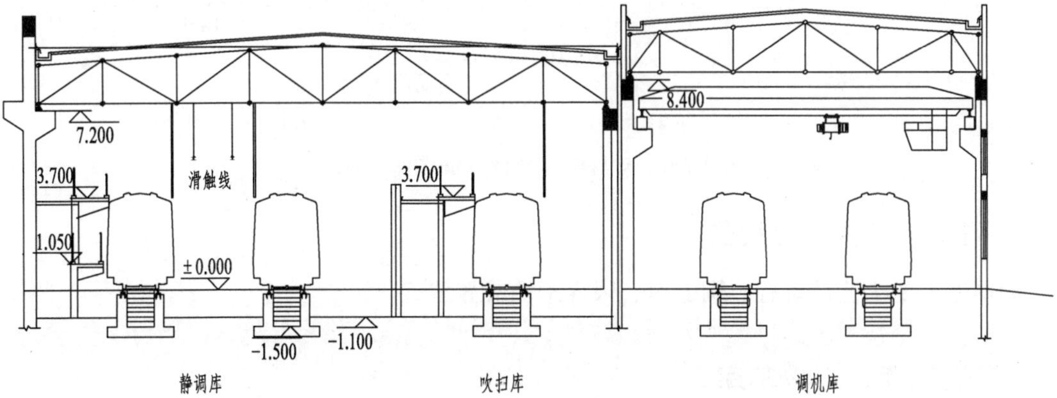

图 7.7-4　与吹扫库、调机车库合建的静调库剖面图

7.7.4.3　静调库与周月检库合建

图 7.7-5 和图 7.7-6 为静调库与周月检库合建，静调库各参数见表 7.7-3。

本案例中，列车为 B 型车 6 辆编组、接触轨供电，库内无接触轨，静调线与周月检线均设有静调电源柜。静调线与周月检库合建于一个库内，可以实现资源共享。

表 7.7-3　静调库参数表

车型	每跨股道数	线间距	跨宽/m	库长/m	梁底标高/m	接触网导高	检查坑坡度
B2/6 编组	1	—	15	150	8.7	—	10%

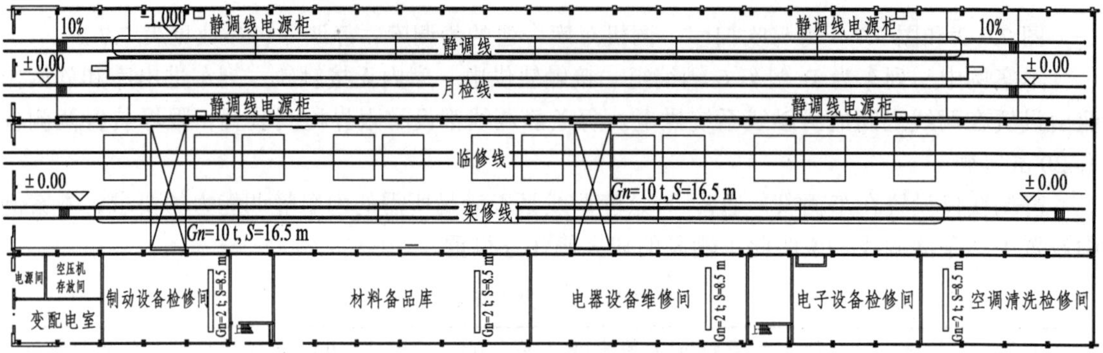

图 7.7-5　与月检库合建的静调库平面图

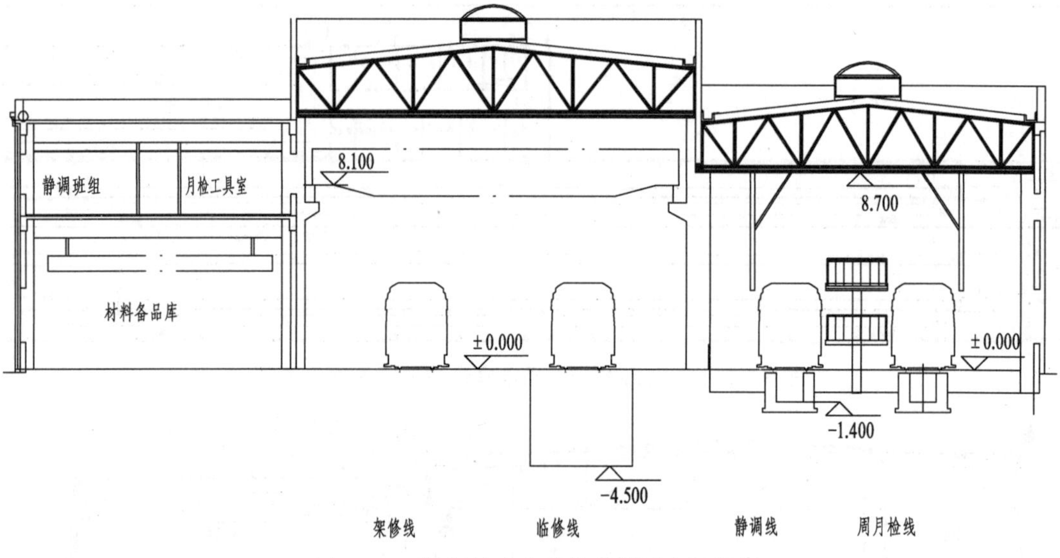

图 7.7-6　与月检库合建的静调库剖面图

7.7.5　静调库主要工艺设备

静调库主要工艺设备有静调电源、限界检测装置等。

7.8　调机车库、工程车库

在《地铁设计规范》（GB 50157—2013）中规定“车辆段应配备调车机车和调机车库”“维修中心应根据各专业的作业内容配备必要的设备和轨道检测车、接触网检修车、磨轨车、轨道车及平板车等工程车辆，并配备相应的线路和工程车库”。

图 7.7-7　静调电源柜

图 7.7-8　限界检测装置

7.8.1　调机车库、工程车库设计工艺要求

调机车库和工程车库用于调车机车、轨道车、接触网检修车等机车车辆的停放、整备、维修，并应预留网络维护检测车辆，如轨道检测车、钢轨探伤车、钢轨铣磨车、钢轨焊接车、隧道清洗车等专用设备转线作业时的停放、整备、检修及清除收集箱的垃圾和废料的条件。

调机车库和工程车库的设置位置应方便调车机车、工程车场内调车及出入场作业，调机车库与工程车库可以分设或合建，有条件时调机车库宜与停车列检库、检修库倒装布置。

调车机车整备作业包括上水、加油、上砂、蓄电池充电等；库内应设置悬挂起重机、动力插座、蓄电池车辆充电设备、网络维护检测车辆的调试用电源等。

调机车库的规模应按远期配备调车机车台数确定，库内宜设有检查坑，宜为轨面下坑深 1.4 m、宽 1.2 m 的壁式检查坑，坑内应有良好的照明和排水设施；库内应根据作业需要设 1 台 2 t 单梁起重机和必要的检修设施。

调机车库库线有效长度宜满足每线停放 2 台及以上内燃机车，车库大门内横向通道宽度不小于 4 m、内燃机车的间距不小于 5 m、线路终端停车安全距离不小于 5 m 的要求。

调机车库应在侧跨或后端设置调车机车的整备、维修、备品和司机值班等辅助房屋，并配置相应设备。

调机车库、工程车库检修股道应使用移动式架车机架车，地面基础应可承重。

调机车库、工程车库应采取机械通风，采用柴油动力的工程车需加强排烟设计，库内应考虑排水，并设置地漏。

根据《地铁设计规范》(GB 50157—2013)中的“表 28.3.15 各车库有关部位最小尺寸(m)”，调机车库、工程车库有关部位的尺寸宜符合表 7.8-1 的规定。

表 7.8-1　调机车库、工程车库有关部位最小尺寸　　单位：m

车体之间的通道宽度（无柱）	车体与侧墙之间的通道宽度	车体与柱边之间通道宽度	库内前、后通道净宽	车库大门净宽	车库大门净高
2	1.7	1.5	3	B+0.6	H+0.4

注：1. B——车辆宽度；

2. H——车辆高度（受电弓电动车辆按受电弓落弓高度计算）；

3. 调机车库为单线库时，车体与侧墙（或柱）表面的距离应有一侧不小于 2 m。

7.8.2 调机车库、工程车库尺寸

7.8.2.1 调机车库、工程车库计算尺寸

（1）调机车库、工程车库计算长度。

调机车库、工程车库计算长度应按下式计算确定。

$$L_{nk}=(L_n+2)\times N_n+(N_n-1)\times 5+7 \quad (7.8.2\text{-}1)$$

式中 L_{nk}——调机车库、工程车库计算长度（m）;

（L_n+2）——调机车、工程车长度加停车误差 2 m（m）;

N_n——每条线停放调车机车、工程车台数；

5——两调机检修台位之间通道宽度（m）;

7——调机车库、工程车库库前后横向通道宽度之和（m）。

注：有检修作业时，其库长宜增加 7 m。

（2）调机车库、工程车库计算宽度。

调机车库、工程车库的宽度计算应依据表 7.8-1 的规定。

调机车库、工程车库计算宽度不应小于公式（7.8.2-2）的计算值。

$$W_{nk}=(N_n\times W)+(N_n-1)\times 2+3.4 \quad (7.8.2\text{-}2)$$

式中 W_{nk}——调机车库、工程车库计算宽度（m）;

N_n——调机车库、工程车库股道数；

W——调机车、工程车车体宽度（m）;

2——车体之间的距离（m）;

3.4——调机车库、工程车库两侧库边到车体的距离之和（m）。

7.8.2.2 调机车库、工程车库尺寸计算取值

（1）调机车库、工程车库长度取值。

调机车库、工程车库通常为 1 线 2 列位，根据调机车库、工程车库库长计算公式，调机车库、工程车库长度见表 7.8-2。

表 7.8-2 调机车库、工程车库长度表　　单位：m

库长计算值	计算取值
（15+2）×2+（2−1）×5+7=46	≥48

注：1. 计算取值为建筑模数 6 的倍数。

2. 车库长度按每股道停放 2 台调车机车计算，调车机车的长度按 15 m 取值。

（2）调机车库、工程车库宽度计算取值。

调机车库、工程车库股道数常见的为每跨 1～4 股道，不同股道数的调机车库、工程车库库宽见表 7.8-3。

表 7.8-3　调机车库、工程车库宽度表

每跨股道数	库宽计算/m	计算取值/m
1	（1×3）+（1-1）×2+3.4=6.4	9
2	（2×3）+（2-1）×2+3.4=11.4	12
3	（3×3）+（3-1）×2+3.4=18.4	21
4	（4×3）+（4-1）×2+3.4=21.4	24

注：1. 计算取值为建筑模数 3 的倍数。
2. 对于只有 1 条线的调机车库、工程车库，库宽应不小于 9 m。

7.8.2.3　调机车库、工程车库梁底标高

调机车库、工程车库高度应根据结构形式、架车高度、车顶吊装作业要求及起重机规格、型号等因素确定，通常应不小于 7.2 m。

7.8.3　调机车库、工程车库与其他库房的组合

调机车库、工程车库建筑体量不大，库内线路多不电化，在车辆段总平面图中布置比较灵活，既可单独设置，也可以与其他建筑物合建。

7.8.3.1　车辆段内的调机车库、工程车库

车辆段的主要功能是负责对地铁车辆的维修，有电化线路和非电化线路，列车在电化线路和非电化线路之间的转线作业需要调车机车牵引，需要配置调车机车和修建调机车库；同时与车辆段共址的综合维修中心承担着正线设施、设备的维保工作，各种工程车要去正线作业，也需要配置工程车和修建工程车库，即车辆段需要同时设置调机车库和工程车库。

调机车库在总平面图中位置的布置原则是便于列车在段内的调车作业，调机车库主要用于停放和维修调车机车，而调车机车平时只用于车辆段内的调车作业，很少去正线作业，在车辆段的作用是牵引不能自行的列车往返于运用库和检修库之间，因此，调机车库的位置设置应使在段内的调车作业路径最短、调车机车的调头换向次数最少。

对于顺装布置的车辆段，调机车库与运用库和检修库应对向倒装布置，见图 7.8-1。在图 7.8-1 案例中，调车机车由调机车库出发，至停车列检库牵引列车到定临修库，再返回调机车库，调车机车需要 3 次调头换向。

工程车库在总平面图中位置的布置原则是便于工程车在正线和车辆段之间往返。工程车库主要用于停放和维修除调车机车之外的各种轨道车、工程车，而这些工程车平时用于正线的运输和设施、设备维修作业，很少在车辆段、停车场内作业，多往返于车辆段、停车场和正线间，因此，工程车库的位置应保证进出车辆段、停车场顺畅，并避免工程车的调头换向，工程车库应面对正线布置。

在图 7.8-1 的案例中，各种工程车从工程车库出发往返车辆段与正线之间均不需要调头换向。

在图 7.8-1 中，调机车库与工程车库均为单独设置，也是常见而较优的布置方式。

车辆段的调机车库和工程车库也有合建在一起的，见图 7.5-7。在图 7.5-7 的案例中，合

建的调机车库和工程车库与停车列检库顺向布置，工程车停放线接在出入线上，有利于工程车进出正线作业，工程车可以直接进出车辆段，且不用调头换向。

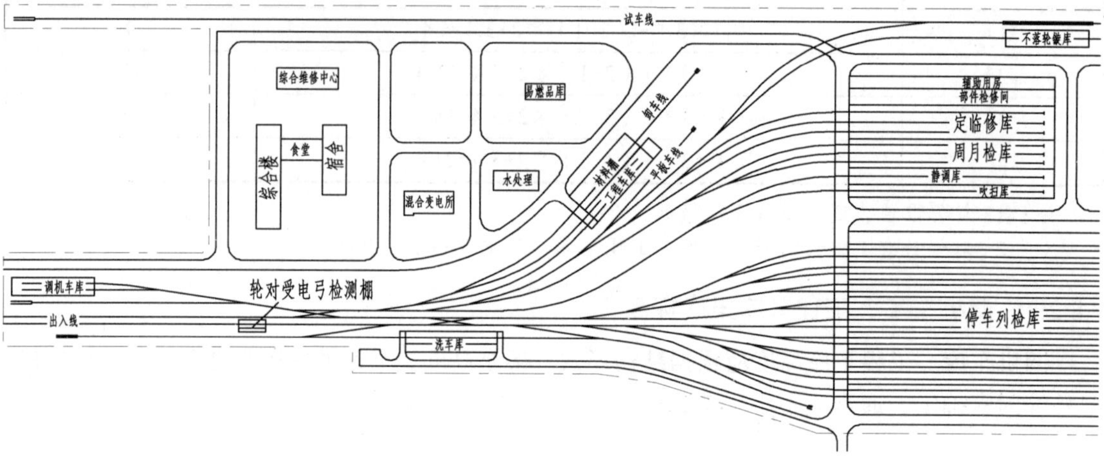

图 7.8-1 单独设置的调机车库和工程车库的车辆段平面图

但与图 7.8-1 案例中调机车库的位置相比，调车机车由调机车库出发，至停车列检库牵引列车到定临修库，再返回调机车库，调车机车需要 5 次调头换向。

在倒装布置的车辆段中，调机车库和工程车库的位置也影响着段内调车作业的效率和工程车进出正线的便捷性。图 7.8-2 为倒装车辆段中调机车库和工程车库的位置示意图，在本案例中，调车作业时，调车机车从调机车库出发，将列车由停车列检库牵引到检修库或由检修库牵引到停车列检库，再回到调机车库，调车机车需要调头换向 7 次，而按图 6.3-4 中倒装车辆段的调机车库布置方式，调车机车要完成同样的调车作业则需要调头换向 9 次，因而，图 7.8-2 中调机车库的布置方式优于图 6.3-4 中的布置方式。

图 6.3-9 也是倒装车辆段中调车机车、工程车库的一种布置方式，与图 7.8-2 不同的是调机车库、工程车库是对向布置在停车列检库对面，对于段内调车作业而言同样具有优势，但工程车库的位置却不是很好，工程车仅进出正线就需要调头换向 1 次，这是设计时需要避免的。

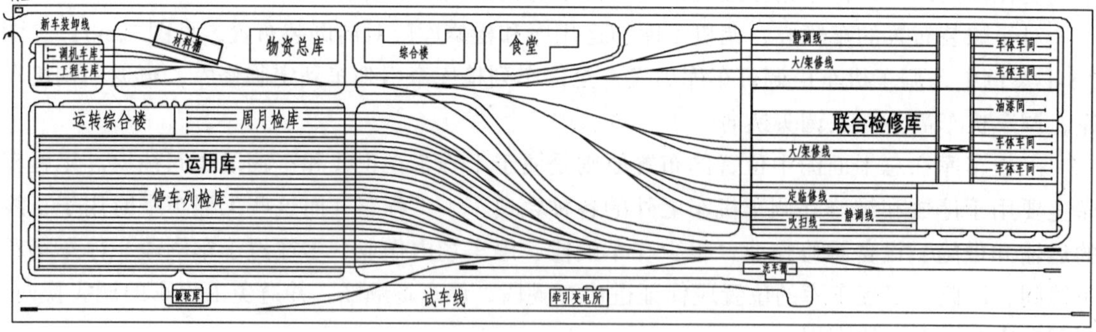

图 7.8-2 倒装车辆段调机车库和工程车库的位置示意图

7.8.3.2 停车场内的调机车库、工程车库

停车场内的线路通常都是电化的，列车在场内转线作业均可自行完成，不需要调车机车牵引，因此停车场只设置工程车库用于各种工程车的停放，见图 7.8-3。

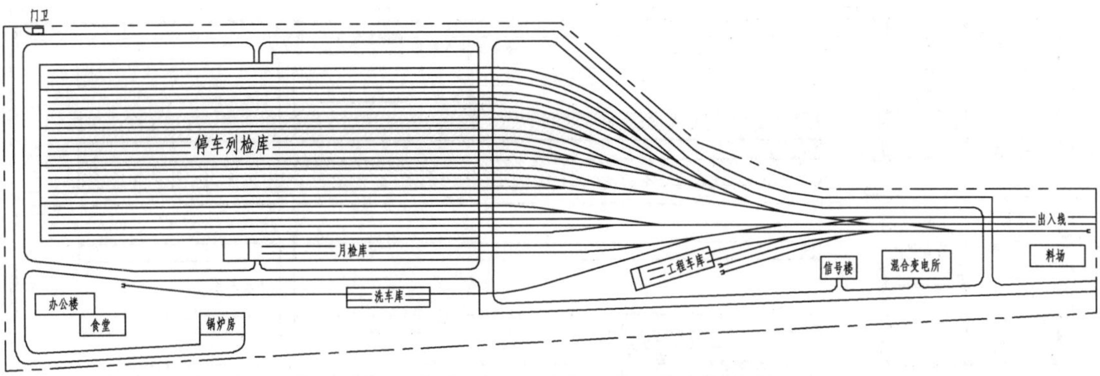

图 7.8-3　停车场内工程车库的位置示意图

本案例中，虽然工程车库是与出入线对向布置的，但工程车线不是直接接在出入线上的，工程车进出出入线需要调头换向 2 次，这也是在设计中应避免的。

有些停车场设置有临修库或不落轮镟库，见图 7.4-3 和图 7.6-1。临修线和不落轮镟线是不电化的，由于停车场内的临修作业和镟轮作业量不是很大，可不设调机车库和配置调车机车，可配置公铁两用车用于完成临修或镟轮时所需的列车调车作业。

7.8.3.3　工程车库与运用库合建

当车辆段或停车场有上盖开发时，工程车库可与停车列检库等合建，图 7.8-4 为停车列检库、周月检库、临修库、混合变电所和工程车库合建，形成一个面积大而整齐的上盖，有利于上盖开发。

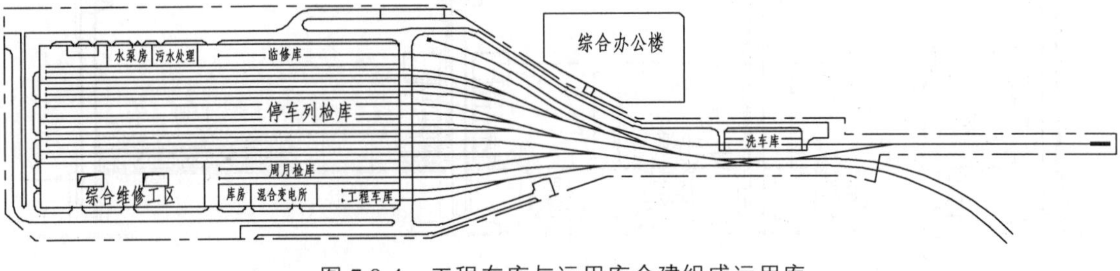

图 7.8-4　工程车库与运用库合建组成运用库

7.8.4　调机车、工程车库设计案例

7.8.4.1　合建的调机车、工程车库

图 7.8-5 为合建的调机车、工程车库，工程车库一侧还建有材料棚，调机车、工程车库各参数见表 7.8-4。

本案例中，调机车库内除设置有起重机检修平台外，还建有受电弓检查平台，用于以蓄电池、接触网双电源供电的牵引机车车顶受电弓的检查。

表 7.8-4　合建的调机车、工程车库参数表

每跨股道数	线间距/m	主库宽/m	主库长/m	梁底标高/m	天车轨道面标高/m	检查坑数量	天车吨位/t	辅助房间长度/m
2	5	24	60	9	7.5	2	3	12

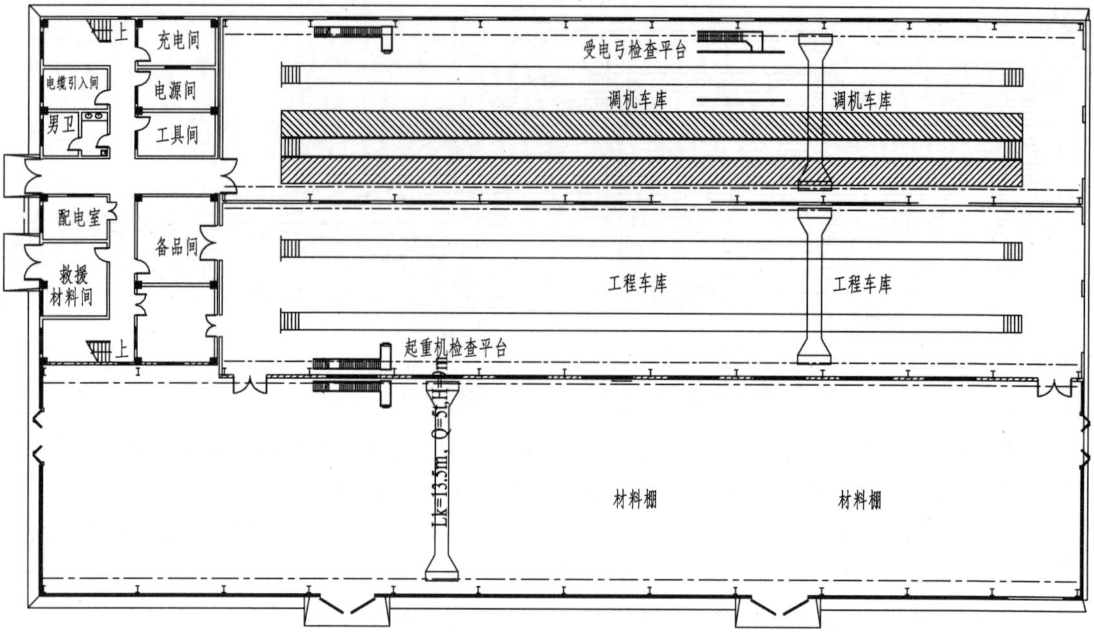

合建的调机车、工程车（一）库平面示意图

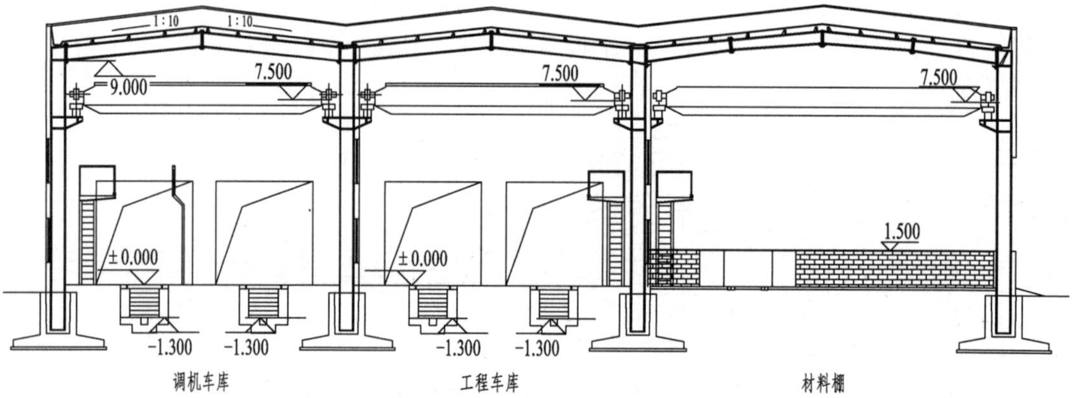

合建的调机车、工程车（一）库剖面示意图

图 7.8-5　调机车、工程车库（一）平剖、面示意图

图 7.8-6 也是合建的调机车、工程车库，调机车、工程车库各参数见表 7.8-5。

本案例与图 7.8-5 不同之处在于辅助房间位于主库的侧面。辅助房间除了服务于调机车、工程车库外，通常也将救援用房安排在此。

表 7.8-5　合建的调机车、工程车库参数表

每跨股道数	线间距/m	主库宽/m	主库长/m	梁底标高/m	天车轨道面标高/m	检查坑数量	天车吨位/t	辅助房间长度/m
2/4	5/4.6	12/21.6	72	9.3	7.5	6	3	7.5

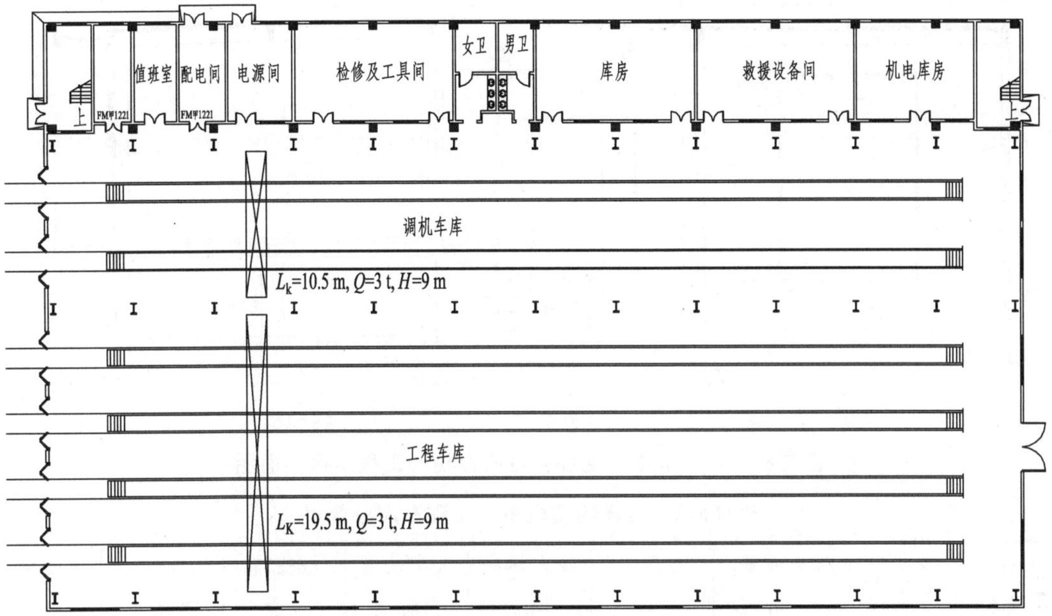

合建的调机车、工程车（二）库平面示意图

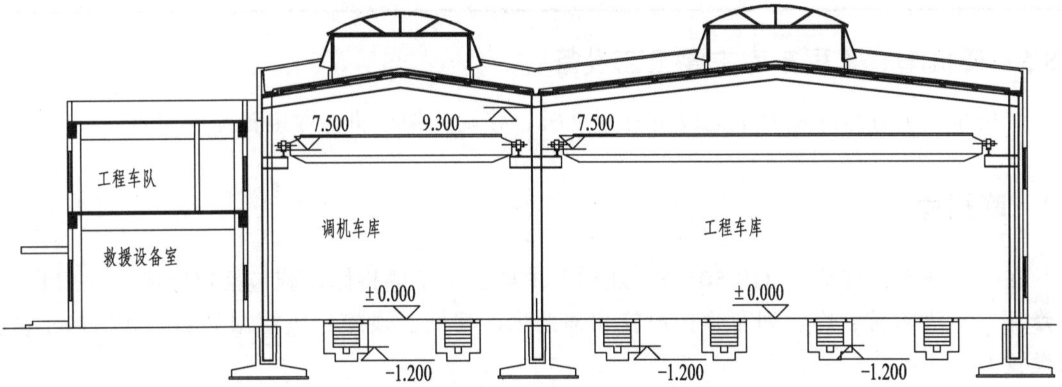

合建的调机车、工程车（二）库剖面示意图

图 7.8-6　调机车、工程车库（二）平、剖面示意图

7.8.4.2　与洗车库、混合变电所合建的工程车库

图 7.8-7 和图 7.8-8 为与洗车库、混合变电所合建的工程车库，工程车库各参数见表 7.8-6。

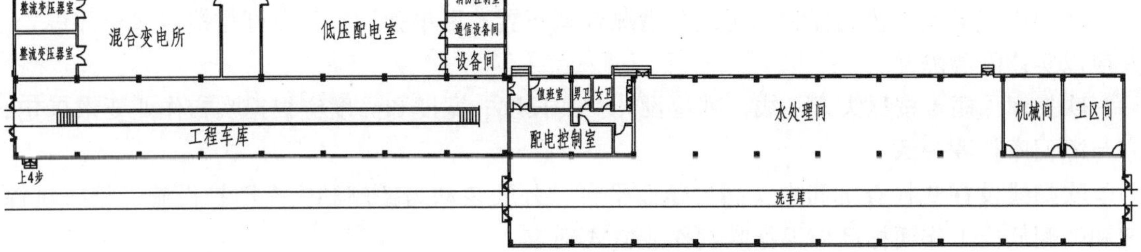

图 7.8-7　与洗车库、混合变电所合建的工程车库平面图

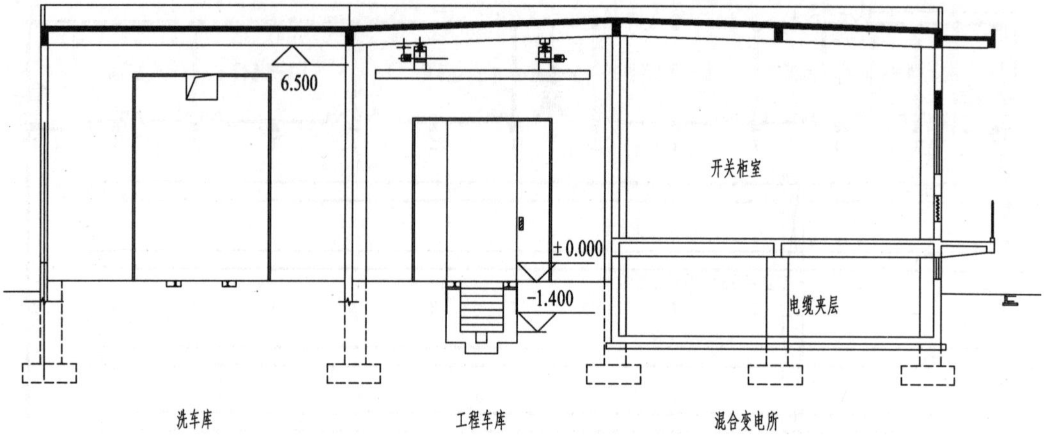

图 7.8-8 与洗车库、混合变电所合建的工程车库剖面图

表 7.8-6 合建的调机车、工程车库参数表

每跨股道数	线间距	主库宽/m	主库长/m	梁底标高/m	天车轨道面标高	检查坑数量	天车吨位/t	辅助房间长度/m
1	—	7.5	48	6.5	—	1	2	12

7.8.5 调机车、工程车库主要工艺设备

调机车、工程车库主要工艺设备有起重机、移动式架车机、蓄电池充电设备等。

7.9 吹扫库

在《地铁设计规范》（GB 50157—2013）中规定“车辆检修设施包括定修库、大架修库、临修库、不落轮镟轮库、列车吹扫设施和辅助生产房屋及设施，应根据其功能和检修工艺要求设置”。

7.9.1 吹扫库设计工艺要求

为满足列车检修前对车辆下部设备清洁，车辆段应设吹扫设施，吹扫设施包括吹扫线、吹扫作业平台和吹扫设备，吹扫作业平台应设有防护栏，平台的结构尺寸应根据车辆结构和作业要求确定。

吹扫库宜按照整列入库、定位清扫的作业方式设计。

吹扫库应根据工艺流程和厂房组合情况合理布置，可单独设置，亦可与检修库合并设置，并应以实体隔墙隔开。

吹扫库（棚）按尽头式一线一列位设计，其长度、宽度和高度应根据吹扫作业要求确定，宜与静调库长度一致。

吹扫线设柱式检查坑和中、高层作业平台，并安装动力插座和安全防护设施。检查坑深度和两侧低位工作面标高应根据吹扫作业方式确定。

吹扫设备应根据吹扫作业的要求选用成熟可靠产品，并应根据作业和设备的要求配备辅助生产房屋。吹扫库宜考虑设置工作人员休息室、洗涤用品存放间、洗衣房等辅助生产用房，洗衣房宜配备洗涤、干燥设备。

吹扫时采用压缩空气吹扫、大功率吸尘器和高压水结合的清扫工艺。吹扫设备的选型应避免对工作环境的污染，应配置空气净化、通风除尘等环保设备。部分城市也利用吹扫机器人代替人工作业。

吹扫线应根据车辆的受电方式设置架空接触网或集电小车滑触线，设置规定与静调库相同。

7.9.2 吹扫库尺寸

吹扫库的长度、宽度和检查坑的设计可参照静调库进行。

7.9.3 吹扫库与其他库房的组合

7.9.3.1 吹扫库与检修库的组合

吹扫库属于检修设施，主要用于车辆大架修、定修前对车辆下部设备的清洁，很少单独设置，在大架修车辆段中与大架修库合建，在定修段中与定临修库合建，停车场不需要设置吹扫库。

图 7.4-1 和图 7.4-2 分别为与定修库和大架修库合建的吹扫库，吹扫库通常设置在检修库的最外侧。

7.9.3.2 室外吹扫线

室外吹扫线很少出现，图 7.9-1 为设置有室外吹扫线的车辆段。

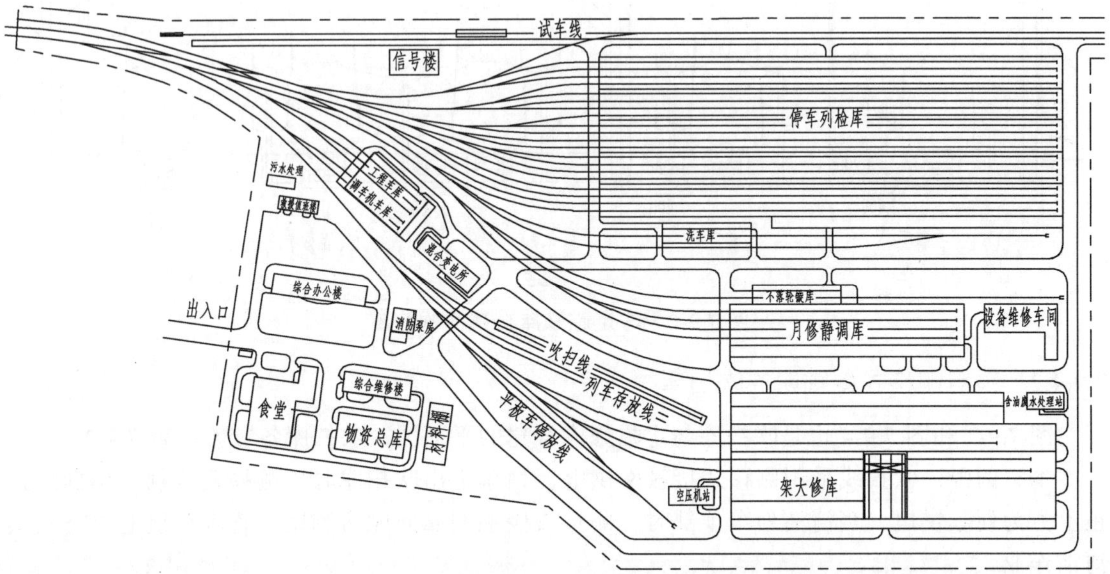

图 7.9-1 设置有室外吹扫线的车辆段平面图

7.9.4 吹扫库设计案例

7.9.4.1 吹扫库与定临修库合建

图 7.9-2 和图 7.9-3 为吹扫库与定临修库合建的平面图，吹扫库各参数见表 7.9-1。

本案例中，吹扫线没有电化，为了调车方便，吹扫线应电化，吹扫线只设置了中层作业平台，进行车顶清扫需要使用移动式高平台。

表 7.9-1 吹扫库参数表

车型	每跨股道数	线间距	跨宽/m	库长/m	梁底标高/m	接触网导高	检查坑坡度
B/6 编组	1	—	9	155	10	—	10%

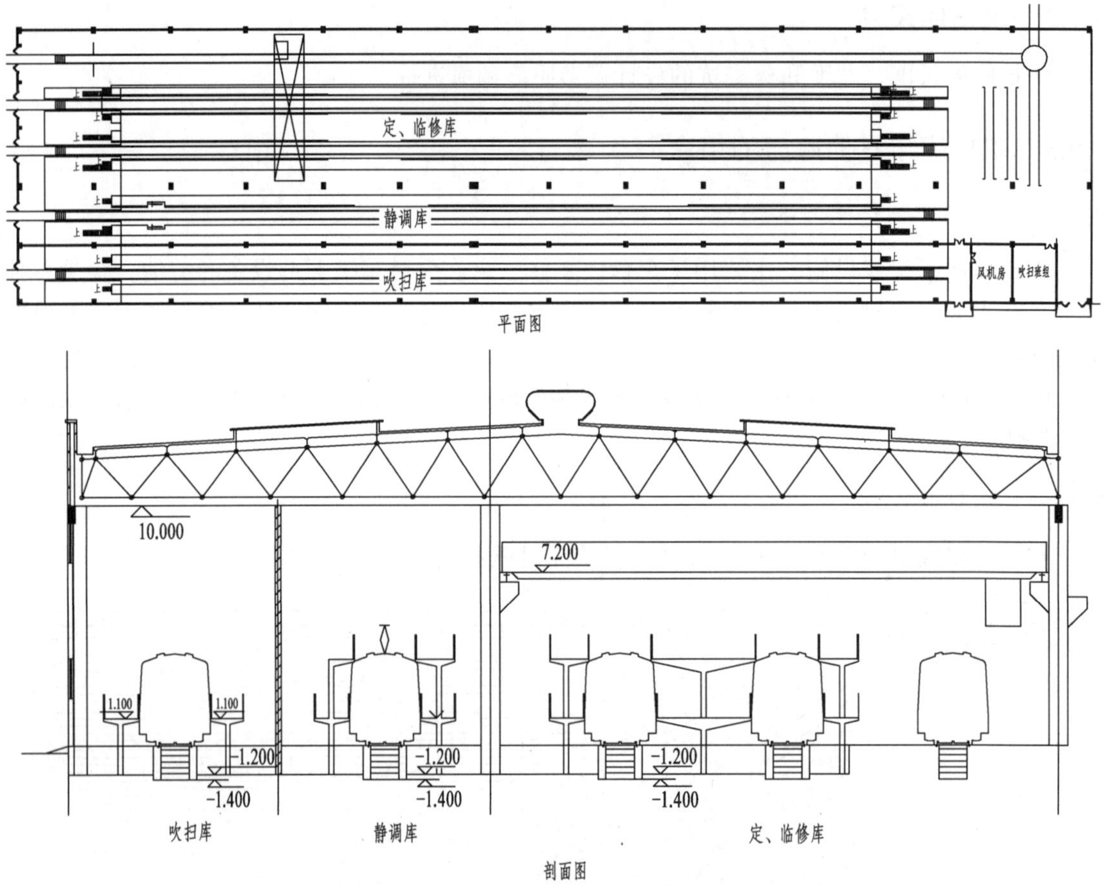

图 7.9-2 与定临修库合建的吹扫库

7.9.4.2 采用侧移式接触网的吹扫库

图 7.9-3 和图 7.9-4 也是吹扫库与定临修库合建的平面图，吹扫库各参数见表 7.9-2。

本案例中，吹扫线采用侧移式接触网供电，列车进出吹扫库时，侧移式接触网移到线路正上方为列车供电，当清洁列车顶部时，侧移式接触网靠向库房侧壁，腾出车顶上方空间供清洁作业。

从图 7.9-4 可以看出，定修线也采用了侧移式接触网供电。

表 7.9-2 吹扫库参数表

车型	每跨股道数	线间距	跨宽/m	库长/m	梁底标高/m	接触网导高/m	检查坑坡度
A/6 编组	1	—	9	168	10.6	5.5	10%

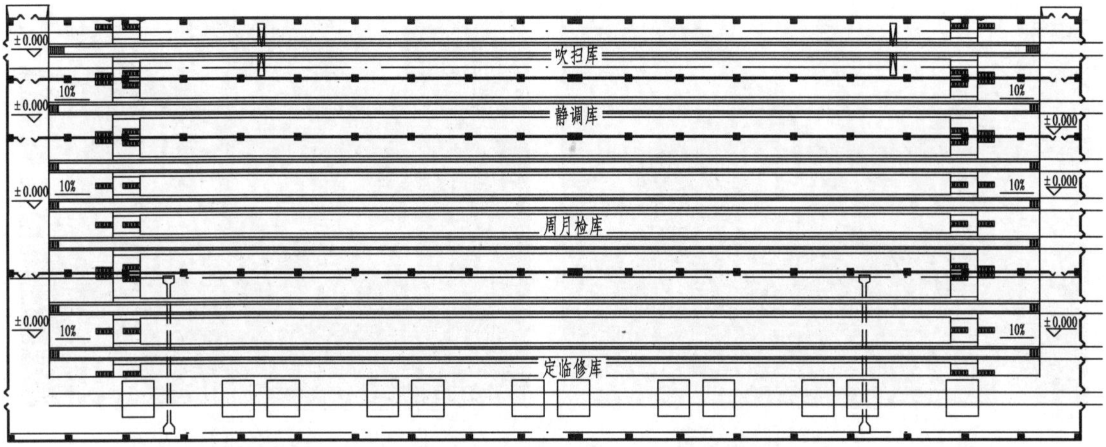

图 7.9-3 采用侧移式接触网的吹扫库平面图

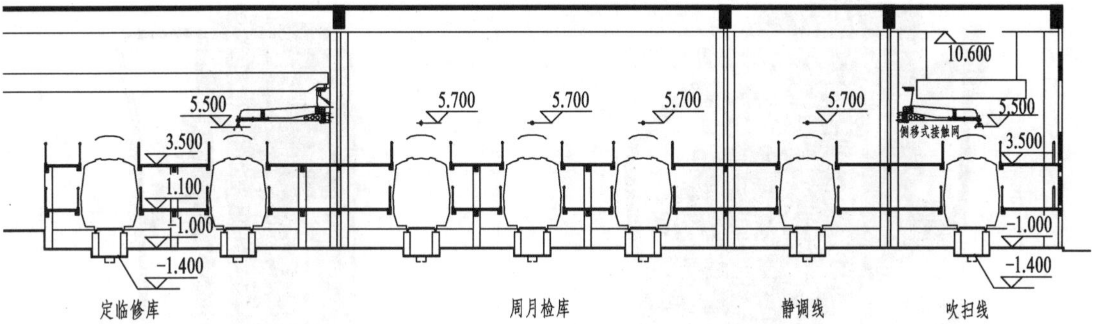

图 7.9-4 采用侧移式接触网的吹扫库剖面图

7.9.4.3 室外吹扫线

室外吹扫线在国内是很少见的，图 7.9-5 为室外吹扫线平、剖面示意图，相较于吹扫库简单很多。

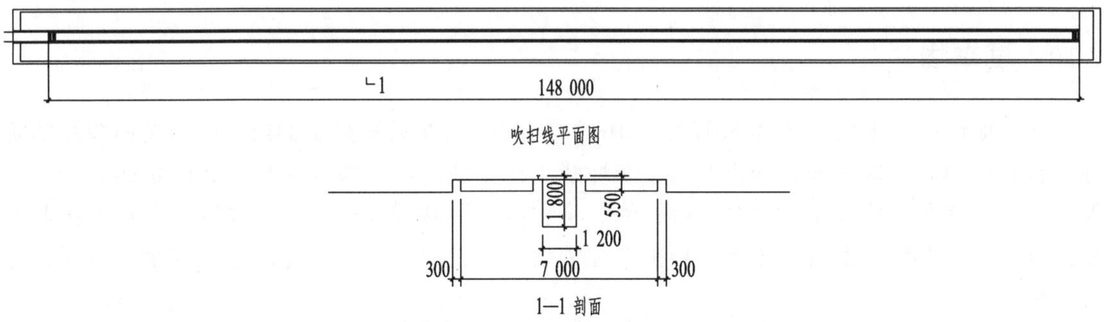

图 7.9-5 室外吹扫线平、剖面示意图

7.9.5 吹扫库主要工艺设备

吹扫库主要工艺设备有车底吹扫除尘设备、高压清洗机、工业吸尘器等，见图 7.9-6 ~ 图 7.9-9。

图 7.9-6 车底吹扫除尘设备

图 7.9-7 车底吹扫除尘小车

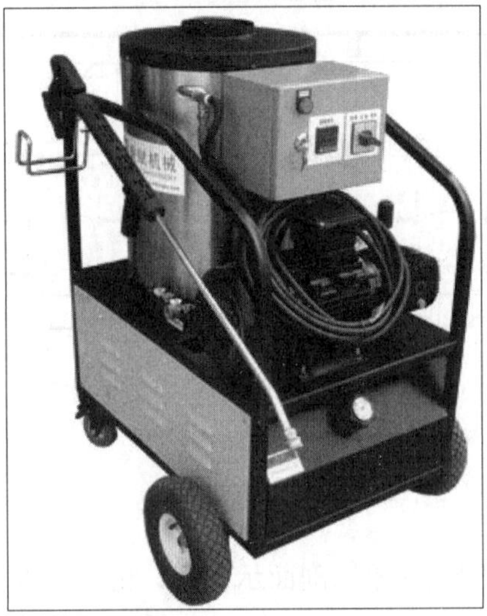

图 7.9-8 高压清洗机

图 7.9-9 工业吸尘器

7.10 试车线

在《地铁设计规范》（GB 50157—2013）中规定，“车场线是车辆段、停车场内线路的统称，包括运用和检修库线、调机及工程车库线、试车线、洗车线、吹扫线、镟轮线、平板车停放线、待修车和修竣车存放线、走行线、牵出线、回转线及国铁专用线等，应根据作业需要设置”。“车场线的配备和布置应根据功能需要、工艺要求进行，并应做到安全、方便、经济合理。”

7.10.1 试车线设计工艺要求

试车线为车辆定修、架修、大修等定期检修和重大临修后的列车或新购列车验收时进行全面动态性能检测而设，试车线的长度应根据列车的性能，包括运行速度、制动性能和参数以及试车综合作业要求计算确定，各种参数应以车辆技术条件为依据。试车线的其他技术标准与正线标准应一致。

在用地条件允许的前提下，试车线长度应满足最高试车速度要求；当条件受限时，试车线长度应能满足速度不低于 50 km/h 的试车要求，此时全速试车可考虑在正线进行。

试车线应为平直线路，困难时，在满足试车速度要求条件下可设适当曲线。

当试车速度大于 80 km/h 时，试车线应采用 60 kg/m 钢轨、9 号道岔。

试车线道床，地面线宜采用混凝土枕有砟道床。

试车线两端应采用缓冲滑动式车挡。

试车线两侧应设通透的隔离栅栏。

试车线宜在适当位置设置检查坑和试车设备房屋，试车线检查坑长度不应小于半列车长度加 5 m，检查坑深度应为 1.2 ~ 1.5 m，坑内应有照明和良好的排水设施。

试车线应设置试车人员上下车平台、检查坑及检查坑上下台阶、安全隔离护栏等，检查坑一侧宜设通行便道，在检查坑长度范围的中部通过开设台阶以方便试车人员进出检查坑作业。试车线一侧应设人行便道与场内道路连通。

试车线应根据列车的供电方式采用接触网或接触轨供电，并单独设隔离开关。

鉴于列车试车时冲出试车线的事故时有发生，根据故障导向安全的原则，试车线两端不应正对着建构筑物。

7.10.2 试车线长度和数量计算

7.10.2.1 试车线长度计算

试车线长度不应小于公式（7.10-1）的计算值。

$$L_s = L_0 + L_q + L_d + L_z + 2L_a + 2L_c \tag{7.10-1}$$

式中 L_s——试车线长度（m）；

L_0——列车长度（m）；

L_q——牵引距离（m）；

L_d——惰行距离（m）；

L_z——制动距离（m）；

L_a——安全距离（m）；

L_c——车挡安装距离（m）。

对于最高速度为 80 km/h 的地铁列车，试车线长度的经验数据为不小于 1 300 m。

7.10.2.2 试车线数量计算

试车线的数量不应小于下列公式（7.10-2）的计算值。

$$S = 250/(\text{年检修列车数} \times 3) \tag{7.10-2}$$

式中 S——试车线数量（条）；

250——年工作日（d）；

3——每列车动态调试时间（d）。

7.10.3　试车线设计案例

试车线属于检修设施，只设置在车辆段内，停车场很少设置试车线。

试车线通常设置在车辆段的边缘地区，以避免影响段内交通，见图 7.8-2；试车线应靠近检修库设置，以避免调车作业时切割出入线，见图 7.8-1。

在设置有灯泡形回转线的车辆段，也可通过灯泡线连接检修库线和试车线，见图 7.4-2。

当车辆段位于山地附近时，试车线可以以隧道的形式深入山体中，见图 7.10-1。

试车线可以有曲线段，曲线段应尽量靠近试车线的端部，见图 7.5-3。

试车线应设置检查坑和护栏，见图 7.10-2。

图 7.10-1　部分位于隧道内的试车线

图 7.10-2　试车线检查坑和护栏

7.11　地铁车辆的运输和装卸

地铁车辆在车辆厂制造完毕后需要运到地铁车辆段或停车场，如果是采用公路运输，到车辆段后还要卸车，因而车辆段需要设置卸车线和配备卸车设备。

7.11.1　地铁车辆的运输方式

地铁车辆由车辆制造厂运送到地铁车辆段的方式有多种，包括铁路运输、公路运输、水路运输和空中运输。

7.11.1.1　地铁车辆铁路运输

铁路运输可分为两类，一类是地铁车辆段内设有与国铁连接的专用线，列车可以经过铁路直接运送到地铁车辆段内，另一类是地铁车辆段内没有与国铁连接的专用线，列车先由车辆制造厂经铁路运送到地铁车辆段附近的国铁货运站，再通过公路运送到地铁车辆段。图 7.11-1 为由铁路运送的地铁列车。

7.11.1.2　地铁车辆公路运输

当车辆制造厂离地铁车辆段距离不远或无铁路运输条件时，可以采用公路运输，公路运输通常是采用大型平板车运载的方式，见图 7.11-2。

图 7.11-1　铁路运输中的地铁列车

图 7.11-2　公路运输中的地铁车辆

图 7.11-3　海运的地铁列车

图 7.11-4　空运的地铁列车

7.11.1.3　地铁车辆水路运输

我国进出口的地铁车辆通常采用的是海路船运的方式，见图 7.11-3。

7.11.1.4　地铁车辆空中运输

虽然地铁车辆空运费用很高，但偶尔也会采用这种方式运输地铁车辆，见图 7.11-4。

7.11.2　地铁车辆的卸车方式

地铁车辆由运输车辆上卸下的方式有多种，最常用的是用两台汽车吊卸车，见图 7.11-5。其他装卸车方法见图 7.11-6 ~ 图 7.11-8。

图 7.11-5　使用 2 台汽车吊卸车

图 7.11-6　利用斜坡卸车

图 7.11-7　使用车间内 2 台起重机装车

图 7.11-8　使用移动式架车机卸车

7.11.3　地铁车辆的卸车位置

最主要的卸车位置在车辆段内专门设置的卸车线上，见图 7.11-5。也有因车辆段还不具备卸车条件，利用车站轨排口和正线高架区间卸车的情况，见图 7.11-9 和图 7.11-10。图 7.11-11 为地下车辆段卸车方式。

图 7.11-9　在车站轨排口卸车

图 7.11-10　在高架桥上卸车

图 7.11-11　地下车辆段卸车

7.11.4　卸车线

地铁车辆卸车线用于由公路运送到车辆段或停车场的地铁车辆的卸车，卸车线通常设置在具有列车调试能力的车辆段内。

地铁工程的设计年限分为初期、近期和远期，地铁车辆不是一次运到车辆段内的，而是在投入运营的几十年内分批采购的，因此，卸车线也是车辆段内的永久设施之一。

7.11.4.1 卸车场地的技术要求

卸车线所在的场地坡度为零，应满足防水要求，地面强度应满足 1 辆载重汽车通过的需求，除卸车轨道外不应有其他设施，如接触轨、接触网、车挡、灯杆等，卸车场地应有照明设施。

车辆段内通向卸车场地的道路应平缓、不应有陡坡，道路宽度应不小于 10 m，道路的转弯半径应不小于 25 m，道路净空应不小于 5.5 m。

7.11.4.2 卸车场地尺寸

卸车线的有效长度应不小于列车的长度加牵引机车的长度。

卸车场地的尺寸应不小于 45 m×20 m。

7.11.4.3 卸车场地设计案例

图 7.8-2 中的卸车线位于车辆段出入口附近，卸车线不电化，且正对着静调库，是比较理想的位置，车辆卸下、连挂成列后，可以直接推入静调库调试。

图 9.7-1 中的卸车线位于材料棚之后，与检修库并列布置，卸车后，列车要经过 1 次折返才能进入静调库调试。

图 7.11-12 中，卸车线位于镟轮库前，由于镟轮线通常不电化，可以利用镟轮线作为卸车线，应该注意的是卸车线只能利用镟轮库前的线路，因为镟轮库的建成通常都晚于第 1 列列车运抵车辆段的时间。本案例中，卸车后，列车要经过 1 次折返才能进入静调库调试。

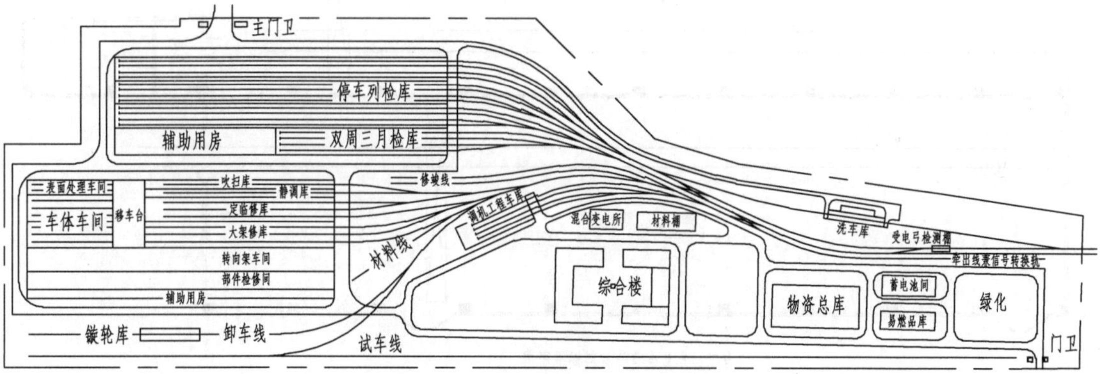

图 7.11-12 位于镟轮线上的卸车线

7.12 材料棚

在《地铁设计规范》(GB 50157—2013) 中，要求“物资总库、物资分库应设有各种仓库、材料棚和必要的办公、生活房屋，并应设有材料堆放场地。大、架修车辆段内的物资总库宜设立体仓储设备”。

7.12.1 材料棚设计工艺要求

材料棚属于物资总库，通常设置在车辆段内。

材料棚应有轨道通入，以方便各类物资的运输与装卸。

材料棚应设置起重重量不小于 5 t 的起重机。

7.12.2 材料棚尺寸

材料棚的长度不应小于车辆段配置的轨道平车的长度。

材料棚的宽度不宜小于 15 m。

材料棚的面积宜为 1 000 m^2。

7.12.3 材料棚在车辆段的位置

材料棚可以和调机车库、工程车库等合建，见图 7.8-1；也可以单独设置，见图 7.8-2。

7.12.4 材料棚设计案例

7.12.4.1 材料棚与工程车库合建

图 7.12-1 所示为材料棚与工程车库合建的平面图，材料棚参数见表 7.12-1。

表 7.12-1 材料棚参数表

棚长/m	棚宽/m	面积/m^2	梁底标高/m	起重机吨位/t	起重机轨顶标高/m
64	15	960	9.2	5	7.5

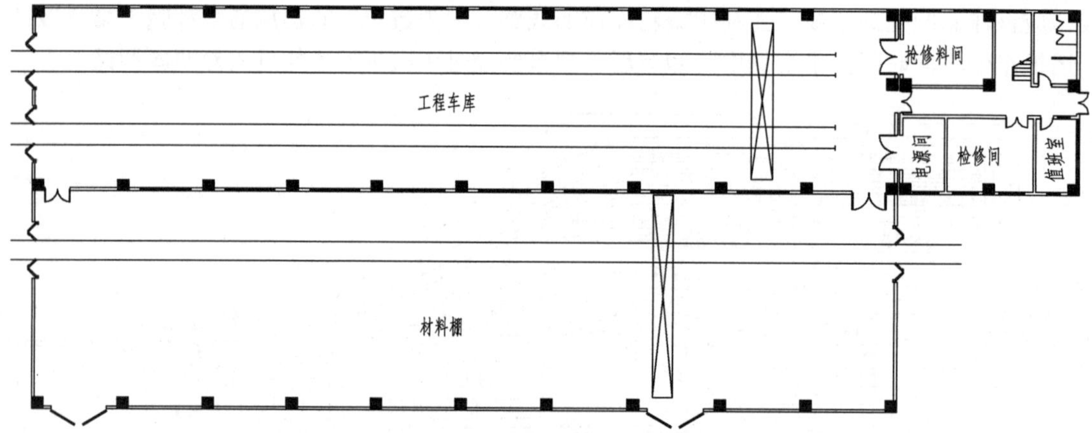

与工程车库合建的材料棚平面图

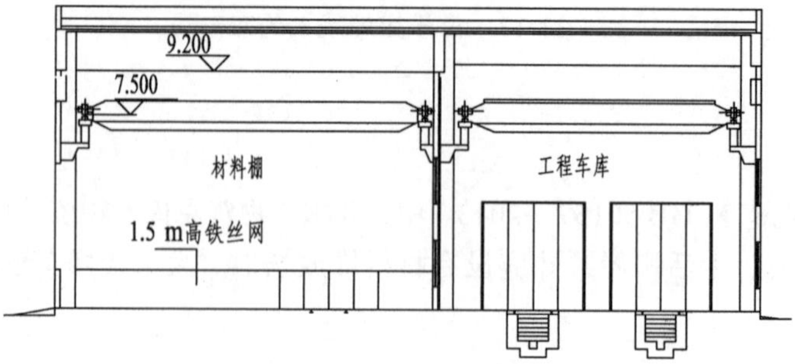

与工程车库合建的材料棚剖面图

图 7.12-1 与工程车库合建的材料棚平、剖面图

7.12.4.2 材料棚单独设置

图 7.12-2 所示为单独设置的材料棚，材料棚参数见表 7.12-2。

表 7.12-2　材料棚参数表

棚长/m	棚宽/m	面积/m^2	梁底标高/m	起重机吨位/t	起重机轨顶标高/m
60	17.4	1044	7.2	3	6

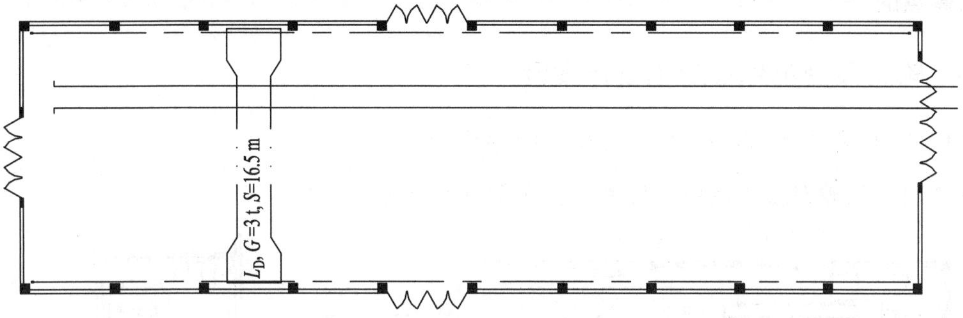

单独设置的材料棚平面图

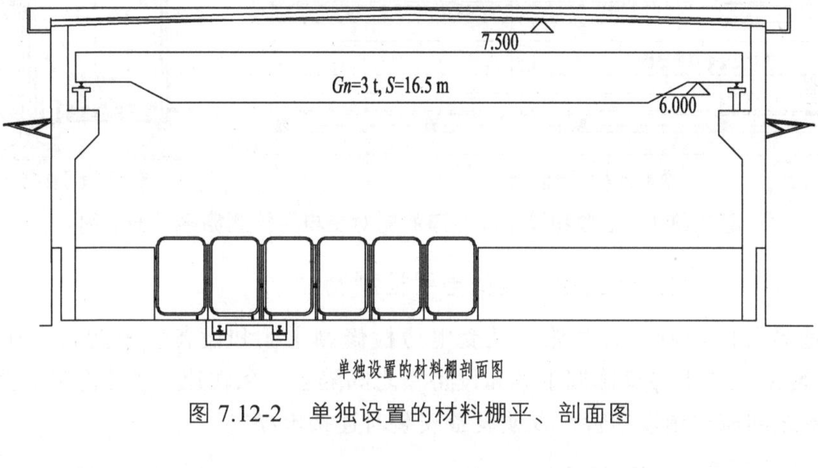

单独设置的材料棚剖面图

图 7.12-2　单独设置的材料棚平、剖面图

7.13　轮对及受电弓检测棚

轮对及受电弓检测棚承担地铁车辆轮对及受电弓的动态监测任务，配备全套轮对及受电弓在线检测设备。

7.13.1　轮对及受电弓检测棚设计工艺要求

轮对及受电弓检测棚应设置在车辆段入段（场）线上，线路应为平直线，长度应根据不同设备要求按 30 ~ 80 m 设置。

应满足相关设备对整体道床、设备基础、电缆沟、预埋电缆管（槽）、平交道硬化地面以及排水设施等条件要求。

宜根据需要设置相应的计算机间、设备间及标定工具间等房屋。计算机间应按计算机专用机房标准设置，温度和湿度应满足要求，地面宜铺设抗静电地板，检测棚应有防雷措施。

检测设备用房宜布置在非轨行区，并应与道路连通。

7.13.2　轮对及受电弓检测棚在车辆段的位置

轮对及受电弓检测棚应设置在车辆段入段（场）线上，见图 7.8-1、图 7.4-1。

也有因入段线长度不够，不能布置轮对受电弓检测棚，而将其布置在洗车线上的情况，见图 7.5-7，由于列车并不是每天都要清洗的，洗车周期通常为 3 ~ 7 d，因此将轮对受电弓检测棚布置在洗车线上，不能达到每天均可对轮对及受电弓进行动态监测的目的，这种布置方式是有缺点的。

7.13.3 轮对及受电弓检测棚设计案例

7.13.3.1 主棚和设备间合建的轮对及受电弓检测棚

图 7.13-1 为轮对及受电弓检修棚主棚和设备间合建的案例。

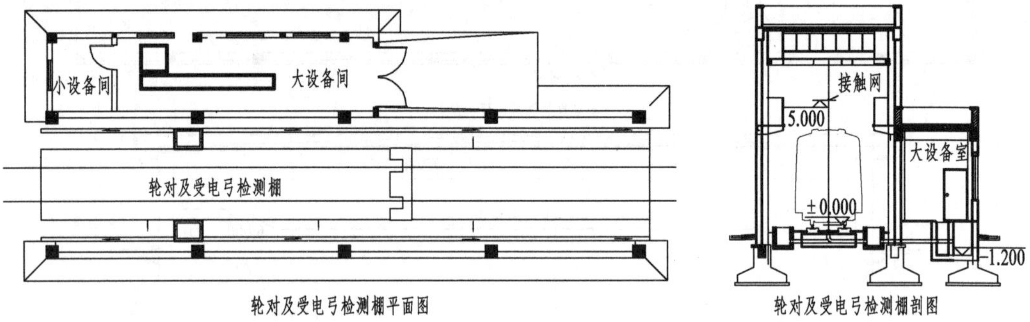

图 7.13-1 主棚和设备间合建的轮对受电弓检测棚平、剖面图

7.13.3.2 主棚和设备室分建的轮对及受电弓检测棚

由于用地条件的限制，有时轮对及受电弓检修棚主棚和设备室不能合建在一起，如图 7.13-2 所示，轮对及受电弓检修棚主棚和设备室之间隔着一条轨道，这时轮对及受电弓检修棚主棚和设备室之间需要预埋钢管，以便设备安装时连接电缆。

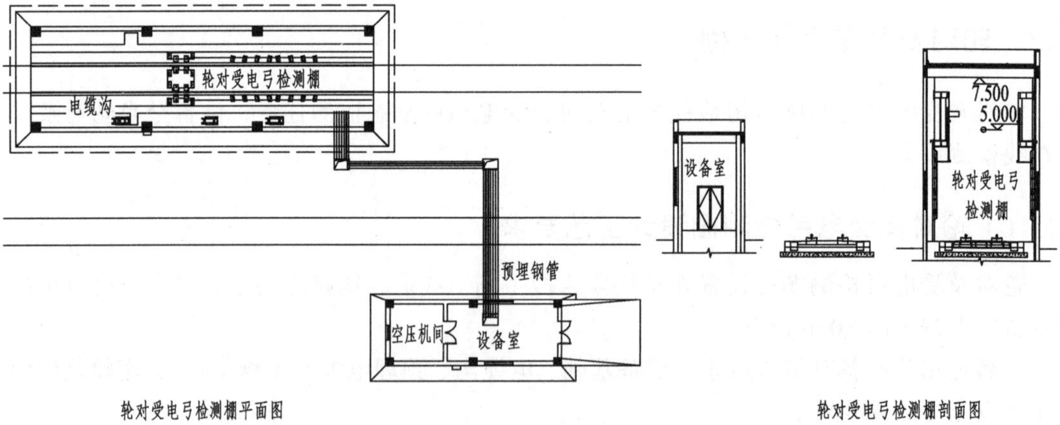

图 7.13-2 主棚和设备室分建的轮对受电弓检测棚平、剖面图

7.14 易燃品库

在《地铁设计规范》（GB 50157—2013）中，要求“不同性质的材料和设备宜按分库存放设计；存放易燃品的仓库宜单独设置，并应符合现行国家标准《建筑设计防火规范》GB 50016

及《高层民用建筑设计防火规范》GB 50045 的有关规定”。

7.14.1 易燃品库设计工艺要求

易燃品库应符合防爆、防雷等安全要求。

易燃品应设置围蔽设施。

易燃品库应独立修建，并按不同火灾危险性等级分库存放。

易燃品库墙体上部应设高位长条窗，使易燃品库内的空气形成对流。

油品库应考虑叉车进出，库房门尺寸按 3 m×3 m 设计，其他库房门宽不小于 1.50 m。

7.14.2 易燃品库尺寸

易燃品库的总面积宜不小于 300 m^2。

7.14.3 易燃品库在车辆段的位置

易燃品库只设置在车辆段中，由于对易燃品库到其他建构筑物的距离有一定的要求，其位置通常设在车辆段的边缘地区，见图 7.11-12。

7.14.4 易燃品库设计案例

7.14.3.1 易燃品库案例一

图 7.14-1 所示为易燃品库案例一的平、剖面图，易燃品库参数见表 7.14.1，此案例中，易燃品库设置有围墙。

表 7.14-1 易燃品库参数表

库长/m	库宽/m	房间数量	总面积/m^2	梁底标高/m
21.6	5.1	6	110.16	3.8

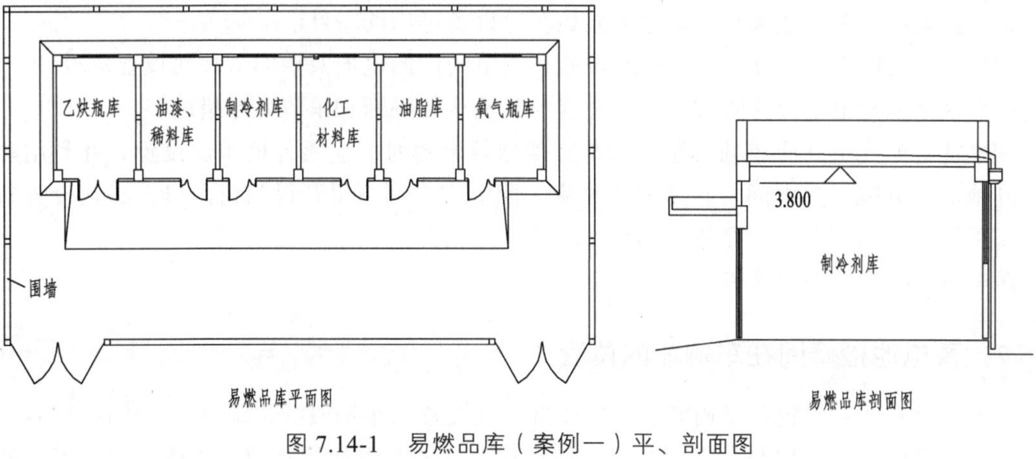

图 7.14-1 易燃品库（案例一）平、剖面图

7.14.3.2 易燃品库案例二

图 7.14-2 所示为易燃品库案例二的平、剖面图，易燃品库参数见表 7.14.2。

表 7.14-2　易燃品库参数表

库长/m	库宽/m	房间数量	总面积/m²	梁底标高/m
32.3	8.9	11	287.47	2.7

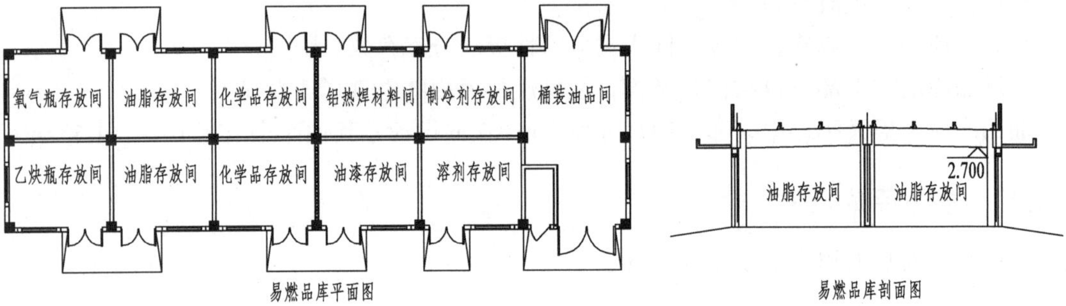

图 7.14-2　易燃品库（案例二）平、剖面图

7.15　蓄电池检修间

在《地铁设计规范》(GB 50157—2013) 中，要求“大架修段除设置上述定修段各种生产房屋外，尚应根据车辆检修要求设大架修架落车库、检修库、静调库和转向架、电机、电器、钩缓、受电弓、空调、制动及蓄电池等部件检修分间，并根据需要设油漆库”。

7.15.1　蓄电池检修间设计工艺要求

蓄电池间的规模应满足地铁车辆蓄电池检修和充电需要，并宜满足调车机车、工程车、蓄电池叉车、搬运车和汽车蓄电池的检修和充电要求。

蓄电池间应设有电源室、蓄电池检修室、充电室和值班室。

蓄电池间宜配置蓄电池充电监测设备、蓄电池恒流充放电设备、蓄电池状态检测仪等。

蓄电池间应具备电瓶叉车、蓄电池搬运车等设备进出的条件。

检修室和充电室应有通风、给排水设施，充电间内的电器及照明应按防爆要求设计。

酸性蓄电池充电室应为防酸地面，并应与其他房屋隔断和采取防爆措施。

酸性蓄电池充电间应单独设置，当与其他建筑合建时，应靠外墙单层设置，并利用防火墙与其他部位分隔。充电间与相邻的值班室、配电室之间不得开设门窗洞口，必须设置时，应采用甲级防火门、窗，并设独立的对外出口。

蓄电池间配备防爆起重机。

7.15.2　蓄电池检修间在车辆段的位置

蓄电池检修间只设置在车辆段中，也通常单独设置在车辆段的边缘地区，见图 7.11-12。

蓄电池检修间也可以与检修库合建，但这种合建的蓄电池检修间只能检修碱性蓄电池；或者酸性蓄电池检修间面积不超过整个库区面积的 5%，见图 7.15-1。

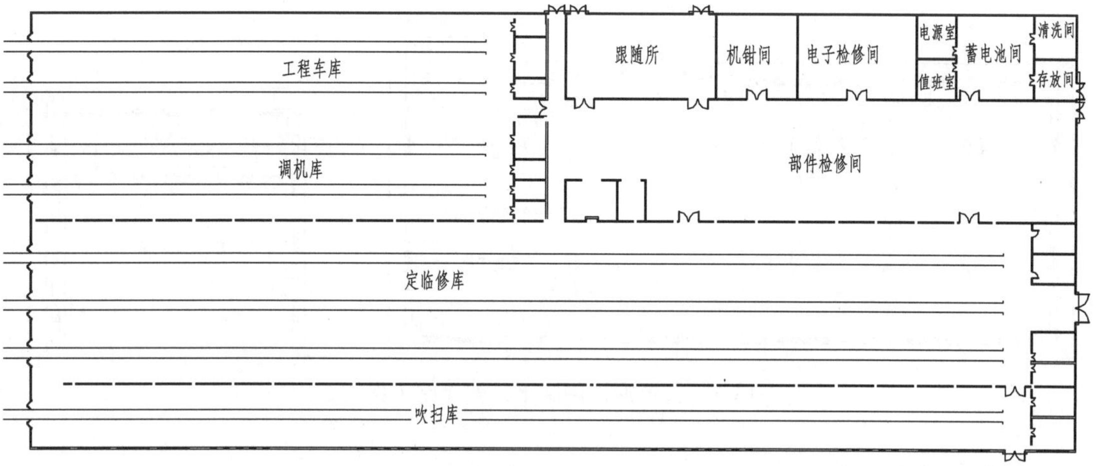

图 7.15-1　与检修库合建的蓄电池检修间

7.15.3　蓄电池检修间设计案例

7.15.3.1　蓄电池检修间案例一

图 7.15-2 为酸、碱性蓄电池检修间，其参数见表 7.15-1。

表 7.15-1　蓄电池检修间参数表

库长/m	库宽/m	总面积/m^2	起重机	梁底标高/m
40	12	480	—	4.5

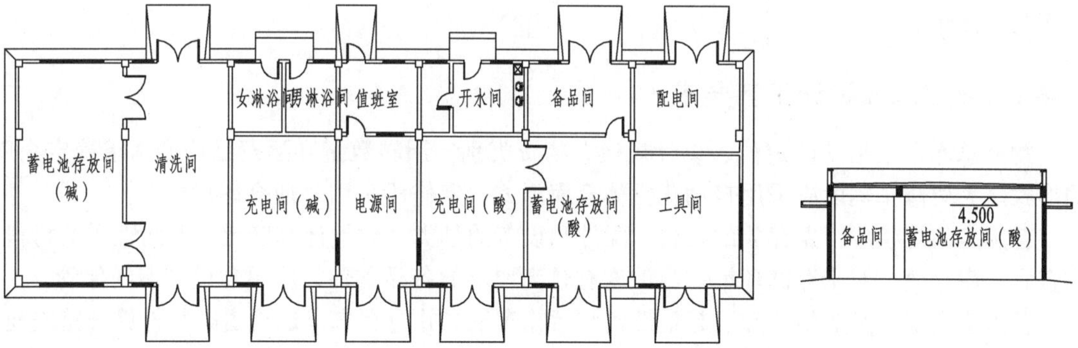

图 7.15-2　蓄电池检修间平、剖面图（案例一）

7.15.3.2　蓄电池检修间案例二

图 7.15-3 为碱性蓄电池检修间，其参数见表 7.15-2。

表 7.15-2　蓄电池检修间参数表

库长/m	库宽/m	总面积/m^2	起重机吨位/t	梁底标高/m
24	9.5	228	1	4.5

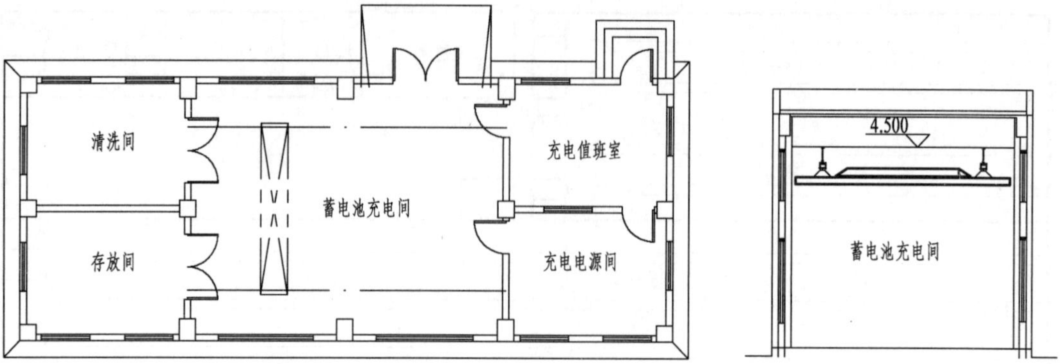

图 7.15-3 蓄电池检修间平、剖面图（案例二）

7.16 物资总库

在《地铁设计规范》（GB 50157—2013）中，要求“车辆基地设计应包括车辆段（停车场）、综合维修中心、物资总库、培训中心和其他生产、生活、办公等配套设施。”

物资总库和车辆段一样是组成车辆基地的一个主要部分，物资总库承担着地铁系统材料、配件、设备和机具及劳保用品等的采购、存放、发放任务和管理工作。

物资总库通常与大、架修车辆段共址建设。

车辆段内设有材料、备品仓库，储备车辆检修常用材料、零配件，材料、备品来源于本车辆基地物资总库，通常设于检修车间内。

物资总库是地铁物资管理的一个子系统，由主仓库（物资总库）、车间备品库、易燃品库、材料棚、材料堆场和必要的办公、生活房屋等设施组成，下文的“物资总库”指的是作为主仓库的单体建筑。

7.16.1 物资总库设计工艺要求

物资总库宜根据功能定位、设计规模、物资类别、周转数量和运营维修的需求确定仓库的形式。大架修车辆段应采用自动化立体仓库形式，定修段采用普通仓库形式。

各库房的规模应根据存放的材料、配件和设备的种类、数量计算确定，不同性质的材料、物资宜分库存放。对于存储环境、温湿度有较高要求的备品备件，应单独设立房间保管。

各库房应配备必要的装卸、起重设备和运输车辆，并应有汽车运输道路与外界公路连通。

根据用地条件，物资总库宜单设出入口，以围墙分隔。

物资总库宜靠近生产区域设置，并应有便捷的运输通道。

物资总库宜设置装卸收发区、仓储区、管理用房、叉车充电存放间和盥洗室等。仓储区宜包括常用物品仓储区、恒温物品仓储区、大件物品仓储区等。仓库大门及装卸区的设置应能承受 10 t 卡车和平板车的进出和装卸作业。

物资总库应根据需要配备装卸、起重设备和汽车、蓄电池车等运输车辆。

2 层及以上的物资总库应设置货运电梯。

物资总库内适当位置设置监控设备。

物资总库的设备控制室应临近立体仓库作业区布置，控制室面向货架区采用玻璃窗分隔，以便观察。

大件存放区起重机起重吨位宜为 10 t。

立体仓库需做密封设计，一楼房间设置窗户时应考虑加装防盗网或采用高窗。

7.16.2 物资总库尺寸

大架修基地的物资总库，宜按 5 500 m^2 控制，其中大件存放区与立体仓库区各 2 500 m^2，办公区 500 m^2。办公房间的规模：操作控制室 40 m^2、三个恒温存放库各 100 m^2（存放劳保用品、仪器仪表、电子电器）、办公房间 60 m^2。

定修段的物资总库，按照 3 500 m^2 控制，其中大件存放区和立体仓库区各 1500 m^2，办公区 500 m^2。

7.16.3 物资总库在车辆段的位置

物资总库应临近车辆段主出入口和检修库设置，见图 7.11-12、图 7.8-2。

7.16.4 物资总库设计案例

7.16.4.1 物资总库设计（案例一）

图 7.16-1 为物资总库，其参数见表 7.16-1。

表 7.16-1 物资总库参数表

库长/m	库宽/m	总面积/m^2	大件存放区面积/m^2	立体仓库面积/m^2	起重机吨位/t	梁底标高/m	起重机轨顶标高/m
127.8	45	6 318	1 728	2 808	5	9.0	6.5

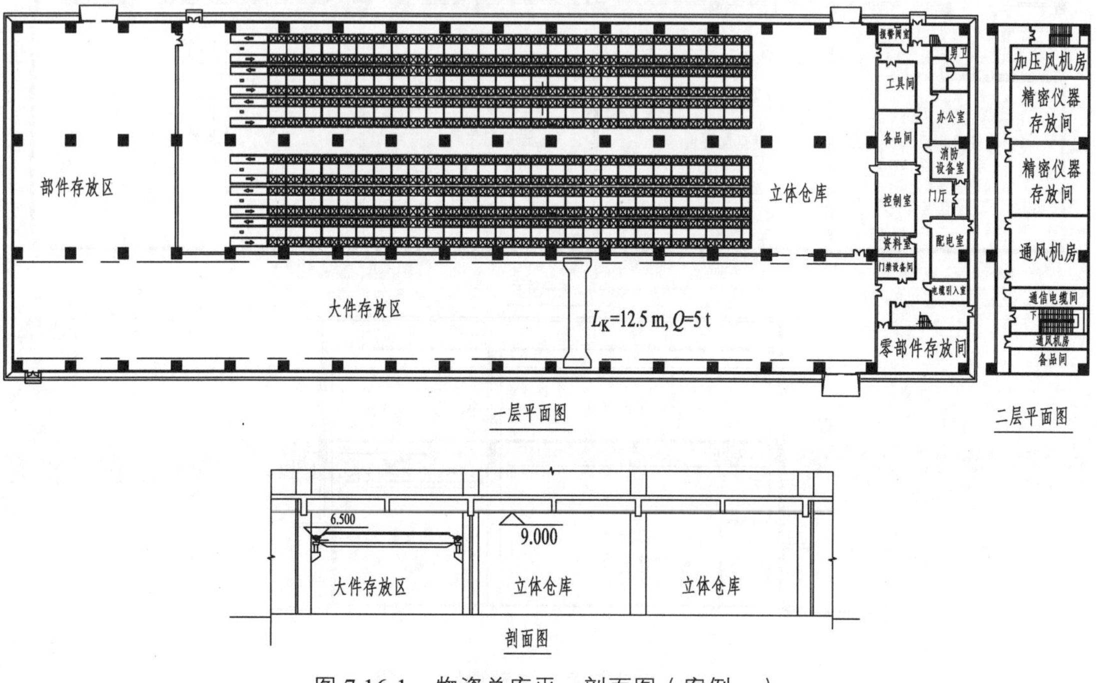

图 7.16-1 物资总库平、剖面图（案例一）

7.16.4.2 物资总库设计（案例二）

图 7.16-2 为二层的物资总库，其参数见表 7.16-2。

表 7.16-2 物资总库参数表

库长/m	库宽/m	总面积/m^2	大件存放区面积/m^2	立体仓库面积/m^2	起重机吨位/t	梁底标高/m	起重机轨顶标高/m
66	24	3 168	475	780	5	7.9	6.3

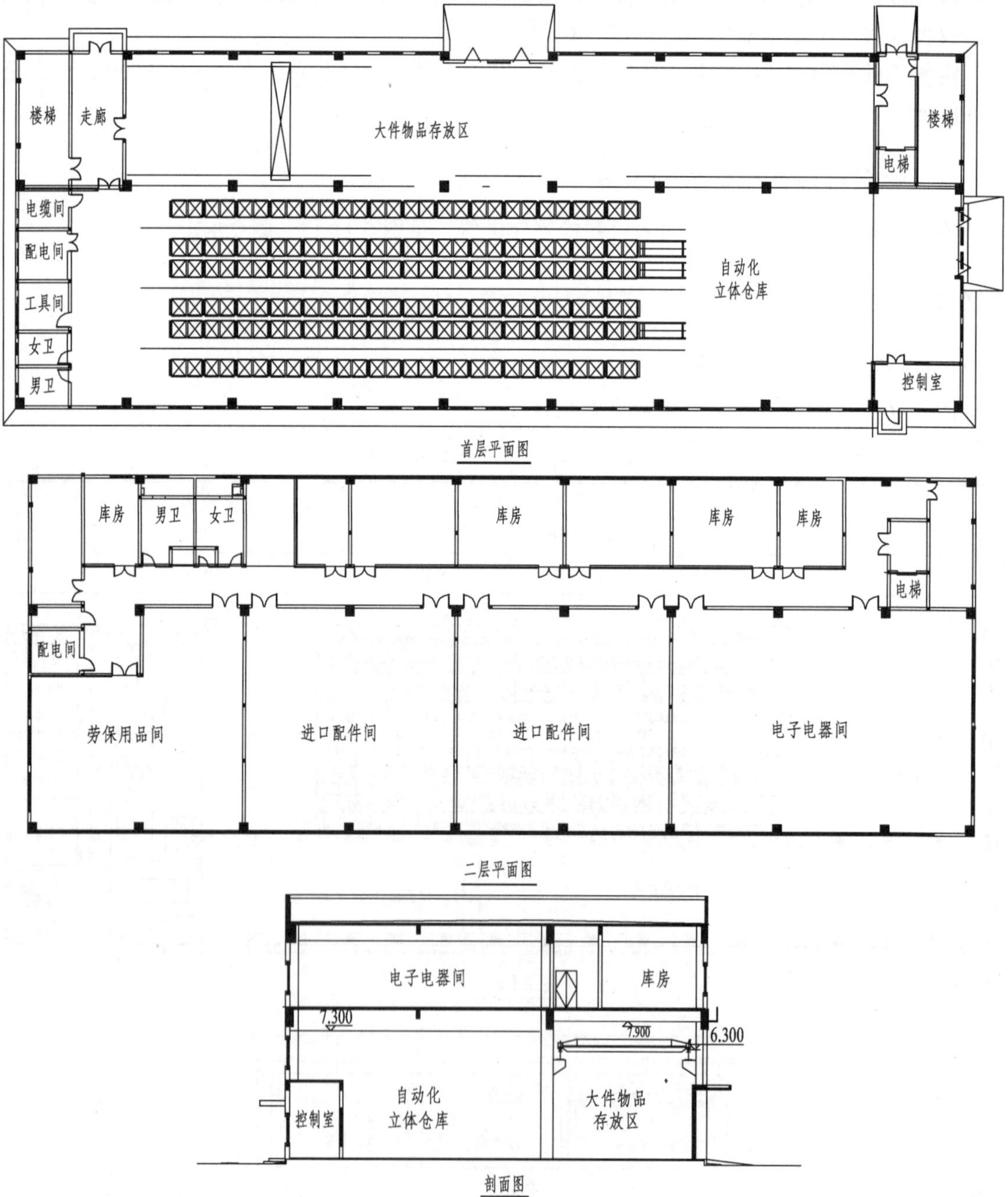

图 7.16-2 物资总库平、剖面图（案例二）

7.16.4.3 物资总库设计（案例三）

图 7.16-3 为物资总库，其参数见表 7.16-3。

表 7.16-3 物资总库参数表

库长/m	库宽/m	总面积/m^2	大件存放区面积/m^2	立体仓库面积/m^2	起重机吨位/t	梁底标高/m	起重机轨顶标高/m
86	53	3 340	788	1 588	5	7.9	6.6

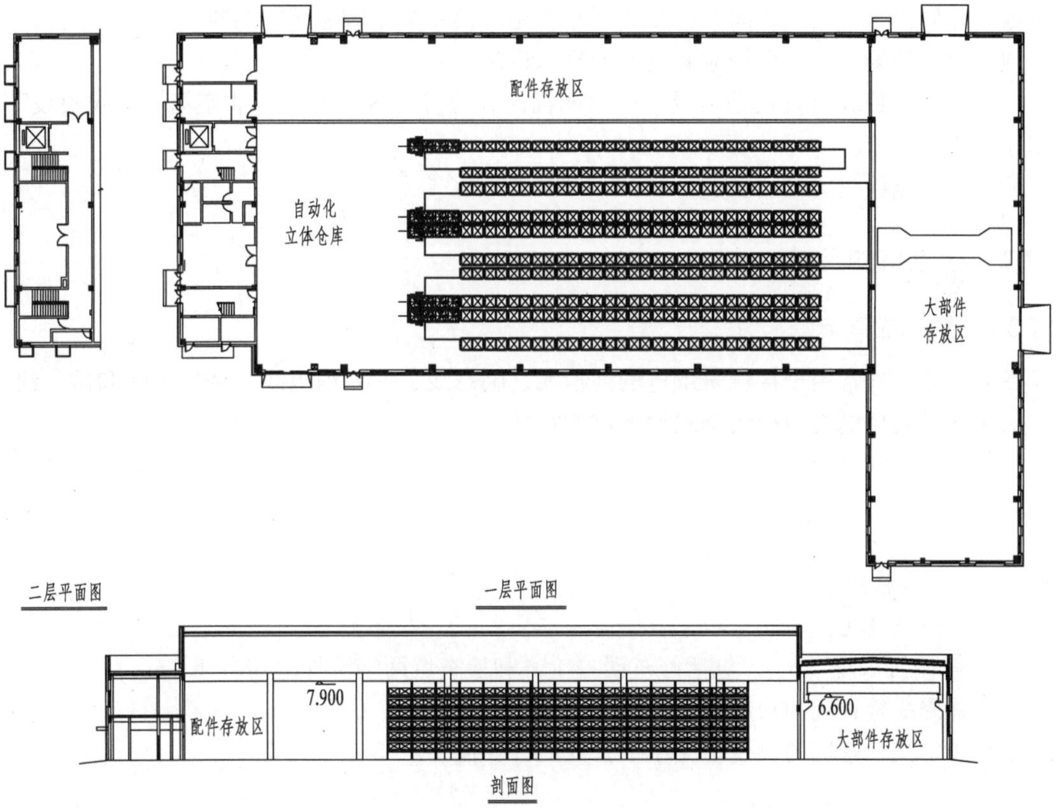

图 7.16-3 物资总库平、剖面图（案例三）

7.17 检查坑

在《地铁设计规范》（GB 50157—2013）中，要求“列检列位应设检查坑”“双周/三月检库内线路应设柱式检查坑”“定修列位宜设通长宽型检查坑”“临修列位应设检查坑”“静调库的长度、宽度和检查坑的设计可参照定修库设计”“调机车库的规模应按远期配备调车机车台数确定，库内宜有一个台位的检查坑”“试车线宜在适当位置设置检查坑和试车设备房屋”。

检查坑是车辆段的重要设施，几乎所有运用和检修设施中都设置有检查坑，用于车辆下部设备的检查、修理和清洁。

检查坑分为壁式检查坑、柱式检查坑、宽型检查坑和半柱半壁式检查坑。

壁式检查坑用于调机车线、临修线、解列编组线、接触轨供电的停车列检线和试车线，柱式检查坑用于列检线、周月检线、静调线、吹扫线，宽型检查坑用于定修线，半柱半壁式检查坑用于接触轨供电的列检线。

7.17.1　检查坑设计工艺要求

股道内侧检查坑坑深宜为 1.3 ~ 1.5 m，股道外侧检查坑坑深宜为 0.6 ~ 1.0 m。

股道内侧检查坑两端应设阶梯，股道外侧检查坑两端应设坡道，坡道坡度为 8% ~ 10%，坡道应有防滑措施，采用接触轨供电时，在安装接触轨侧的股道外侧不宜设检查坑。

股道外侧检查坑坡底之间不应小于列车首尾的第一个轮对之间的距离。

股道内、外侧检查坑内均应有良好的排水设施。

应在股道内侧检查坑设动力及安全照明插座，检查坑内的灯具、插座箱、配线敷设不应突出于检查坑坑壁。

股道内外侧检查坑之间应设台阶。

7.17.2　检查坑的尺寸

7.17.2.1　壁式检查坑的尺寸

壁式检查坑通常用于接触轨供电的列检线、临修线、解列编组线、调机车线和试车线。

（1）接触轨供电的列检线壁式检查坑的尺寸。

接触轨供电的列检线壁式检查坑的长度不应小于公式的计算值。

$$L_{\mathrm{tj}} = L + 4 \qquad (7.17.2\text{-}1)$$

式中　L_{tj}——列检线壁式检查坑长度（m）；

L——列车长度（m）；

4——附加长度（m），包括停车误差 1 m 和检查坑两端阶梯踏步各 1.5 m。

（2）临修线检查坑的长度。

临修线壁式检查坑的长度不应小于公式的计算值。

$$L_{\mathrm{lj}} = L + 10 \qquad (7.17.2\text{-}2)$$

式中　L_{lj}——临修线壁式检查坑长度（m）；

L——列车长度（m）；

10——附加长度（m），包括停车误差 1 m、检查坑两端阶梯踏步各 1.5 m 和车辆间推出一台转向架的长度 6 m。

（3）解列编组线壁式检查坑的长度。

解列编组线检查坑的长度同临修线壁式检查坑的长度。

（4）调机车线检查坑的长度。

调机车线壁式检查坑的长度不应小于公式（7.17.2-3）的计算值。

$$L_{\mathrm{dj}} = NL + 4 + (N-1) \times 5 \qquad (7.17.2\text{-}3)$$

式中　L_{dj}——调机车线壁式检查坑长度（m）；

N——调机车线停放的调机车数量；

L——调机车长度（m）；

4——附加长度（m），包括停车误差 1 m、检查坑两端阶梯踏步各 1.5 m 和车辆

5——调机车之间的距离（m）。

（5）试车线壁式检查坑的长度。

试车线壁式检查坑的长度不应小于公式（7.17.2-4）的计算值。

$$L_{sj} = 0.5 \times L + 5 \tag{7.17.2-4}$$

式中 L_{sj}——试车线壁式检查坑长度（m）；

5——附加长度（m）。

（6）壁式检查坑的宽度和深度。

壁式检查坑的深度为 1.3 ~ 1.5 m；宽度为 1.2 m。

7.17.2.2　柱式检查坑的尺寸

柱式检查坑通常用于接触网供电的列检线、周月检线、静调线、吹扫线，有些接触轨供电的停车列检线也采用柱式检查坑。

（1）列检线柱式检查坑的长度。

接触轨供电的列检线柱式检查坑的长度不应小于公式（7.17.2-5）的计算值。

$$L_{1j} = L + 16 \tag{7.17.2-5}$$

式中 L_{1j}——列检线柱式检查坑长度（m）；

L——列车长度（m）；

16——检查坑外侧两端坡道底边长度之和 16 m。

（2）周月检线、静调线、吹扫线检查坑的长度。

周月检线、静调线、吹扫线检查坑的长度同列检线柱式检查坑。

（3）柱式检查坑的宽度和深度。

柱式检查坑轨道内侧宽度应为 1.2 m，轨道内侧深度宜为 1.3 ~ 1.5 m，轨道外侧深度宜为 0.6 ~ 1.1 m，轨道外侧两端应设坡道。

7.17.2.3　宽型检查坑的尺寸

宽型检查坑用于定修线。

（1）定修线宽型检查坑的长度。

定修线宽型检查坑的长度不应小于公式（7.17.2-6）的计算值。

$$L_{dj} = L + N_d \times 1 + 16 \tag{7.17.2-6}$$

式中 L_{dj}——定修线宽型检查坑长度（m）；

L——列车长度（m）；

N_d——列车单元数；

1——列车单元解钩后之间的距离（m）；

16——检查坑外侧两端坡道底边长度之和（m）。

（2）定修线宽型检查坑的宽度和深度。

定修线宽型检查坑股道内侧宽度应为 1.2 m，轨道内侧深度宜为 1.3 ~ 1.5 m，轨道外侧深度宜为 0.6 ~ 1.1 m，股道外侧检查坑宽宜按车辆宽度加 1.0 m 设计，坑深宜为 0.6 ~ 1.0 m。

7.17.2.4 半柱半壁式检查坑的尺寸

半柱半壁式检查坑用于接触轨供电的列检线。

（1）半柱半壁式检查坑长度。

半柱半壁式检查坑长度同柱式检查坑。

（2）半柱半壁式检查坑宽度和深度。

半柱半壁式检查坑轨道内侧宽度应为 1.2 m，轨道内侧深度宜为 1.3 ~ 1.5 m，在安装接触轨侧的轨外不宜设检查坑。不设接触轨侧的深度宜为 0.6 ~ 1.1 m，两端应设坡道。

7.17.3 检查坑设计案例

7.17.3.1 壁式检查坑设计案例

图 7.17-1、图 7.17-2 和图 7.17-3 分别是接触轨供电列检线、调机车线和临修线的壁式检查坑，图 7.17-4 为嵌在壁式检查坑内的照明灯具。

图 7.17-1 列检线壁式检查坑

图 7.17-2 调机车线壁式检查坑

图 7.17-3 临修线壁式检查坑

图 7.17-4 嵌在壁式检查坑内的照明灯具

7.17.3.2　柱式检查坑设计案例

图 7.17-5 为接触网供电的列检线柱式检查坑，由于最外侧的列检线靠近辅助房间，其检查坑为半柱半壁式检查坑。图 7.17-6 为接触轨供电的列检线柱式检查坑，其轨道两侧均为低位检查坑，接触轨为架空敷设。图 7.17-9 为嵌在轨道支柱间的电源开关箱。图 7.17-10 为股道内外侧检查坑之间设置的台阶。

图 7.17-5　接触网供电列检线柱式检查坑

图 7.17-6　接触轨供电列检线柱式检查坑

图 7.17-7　周月检线柱式检查坑

图 7.17-8　吹扫线柱式检查坑

图 7.17-9　柱式检查坑内的电源开关箱

图 7.17-10　股道内外侧检查坑之间的台阶

7.17.3.3　宽型检查坑设计案例

图 7.17-11 为定修线宽型检查坑。

图 7.17-11　定修线宽型检查坑

7.17.3.4　半柱半壁式检查坑设计案例

图 7.17-12 为接触轨供电列检线半壁半柱式检查坑。当股道一侧为辅助用房的出入口时，检查坑也采用半壁半柱式的形式，见图 7.17-13。

图 7.17-12　接触轨供电半壁半柱式列检线检查坑

图 7.17-13　定修线半壁半柱式检查坑

7.17.3.5　试车线检查坑设计案例

图 7.17-14 和图 7.17-15 为试车线检查坑，试车线检查坑附近应设置上车平台，检查坑侧面应设置便于工作人员进入检查坑的通道和台阶。

图 7.17-14　试车线检查坑侧的上车平台

图 7.17-15　试车线检查坑侧台阶

8 全自动运行车辆段设计

8.1 全自动运行地铁简介

城市轨道交通全自动运行指的是列车的全自动运行和车站设备的全自动运行。完全的全自动应包括无人值守的列车无人驾驶和无人值守的车站设备全自动控制，以实现行车自动化、检修智能化、乘客服务自助化。

根据《国际标准》(IEC62290—2)(铁路应用—城市有轨交通管理与控制系统—部分 2—功能需求规格)，将 GoA3、GoA4 定义为全自动驾驶模式。GoA3 又被称为 DTO (Driverless Train Operation)，即为有人值守的全自动驾驶，列车启停、车门开关全部由系统自动完成，但是车上必须配备有一位司机以应对突发事件。GoA4 又被称为 UTO (Unattended Train Operation)，即为无人全自动驾驶，GoA4 为最高等级的全自动驾驶，列车运行完全由系统自动实现，列车上不设司机。

表 8.1-1 自动模式各等级功能划分表

列车运行基本功能		STO	DTO	UTO
		GoA2	GoA3	GoA4
确保列车安全移动	确保线路安全	系统负责	系统负责	系统负责
	确保列车解编安全	系统负责	系统负责	系统负责
	确保安全速度	系统负责	系统负责	系统负责
驾驶	控制加速和制动	系统负责	系统负责	系统负责
监视路轨	防止障碍物冲突	司机负责	系统负责	系统负责
	防止人车冲突	司机负责	系统负责	系统负责
监视列车上下客	控制客室门	司机负责	司机负责或系统负责	系统负责
	防止乘客在列车与站台间、列车与列车间	司机负责	司机负责或系统负责	系统负责
	确保列车安全发车	司机负责	司机负责或系统负责	系统负责
列车操作	投入或退出运营	司机负责	司机负责	系统负责
	监视列车状态	司机负责	司机负责	系统负责
确保检测与应急情况管理	列车诊断、烟火检测、脱轨检测、应急情况的处理	司机负责	司机负责	系统负责和/或 OCC 员工负责

8.2 自动运行的范围

8.1.1 列车全自动运行范围

列车全自动运行系统应具备全运行区域（正线、车场全自动运行区）列车自动唤醒和休眠、自动检车、自动出入车库、自动清洗、自动调车、区间自动运行、自动开关车门、自动折返、部分故障自动恢复、列车状态实时监控、列车信息远程上传、列车图像实时上传或调阅等功能。并具有常规运行、降级运行和灾害工况等多重运行模式，具备更高的安全性、可靠性、可用性和可维护性。

8.1.2 车站全自动运行范围

车站机电设备，如卷帘门、电梯、照明、空调、乘客信息系统、广播、视频监控等按照综合监控设计，将车站设备进行一体化管理，可按时刻表进行自动和集中控制，实现车站的自动开站与关站。车站应具备视频监控、火灾报警、列车紧急停车、站台门操作、卷帘门开启等控制功能。

8.3 全自动运行模式下场、段方案

除了满足常规有人驾驶车辆段、停车场检修、工艺的运营需求外，还应满足下列需求：

（1）设置无人驾驶区域（也称作全自动运行区）和有人驾驶区域（也称作非全自动运行区），无人驾驶区域一般为停车、列检、洗车等自动运行的区域，有人驾驶区域一般为静调、镟轮、周月检、定临修、架大修、试车线等非全自动运行的区域。两个区域划分界面应清晰并应设置物理隔离。

（2）对无人驾驶区域和有人驾驶区域的转换作业，应配有转换区段。转换区段应设于无人驾驶区域内，配套设置司机登乘平台，并具备司机上下车的安全措施（包括从有人驾驶区域至登乘平台的通道）。

（3）无人驾驶区域停车列检库除了停车功能外，还应兼顾日检的功能。

（4）对于进入无人驾驶区域停车列检库作业的工作人员，应设有保护区安全防护措施，保护区的划分应体现安全与效率兼顾的原则。

（5）停车库内应满足信号 ATO 自动停车的安全防护距离要求，并宜满足相关测试的长度要求。

（6）对司机在段、场停车列检库的上、下车作业，应配套设置司机登乘平台，并具备司机上下车的安全措施（包括从有人驾驶区域至登乘平台的通道）。为保证司机上下车的绝对安全，司机通道与一般作业人员通道应严格分离，互不交叉。

（7）为了保证工作人员进入停车列检库各分区的安全和便捷，需设置横向通道。通道位置与辅跨内调度派班室位置相对应，可设在库前、库中和库尾。

（8）周月检股道宜设于有人驾驶区域，如条件不允许，须纳入无人驾驶区，建议该区域每 1 股道设置一个 SPKS（信号系统的区域封锁开关，区段封锁）分区，在保障作业区工作人员安全的同时，提高作业效率。

（9）洗车库应设于无人驾驶区域，并满足自动洗车的要求。

（10）试车线应设围蔽设施，配套设置司机登乘平台，并具备司机上下车的安全措施（包括从有人驾驶区域至登乘平台的通道）。

8.4 总平面图设计要点

（1）全自动运行区与非全自动运行区的功能相对独立，不宜间隔设置，防止作业干扰。

（2）设置无人驾驶区域和有人驾驶区域，无人驾驶区域一般为停车、列检、洗车、转换轨等自动运行的区域；有人驾驶区域一般为静调、镟轮、周月检、定临修、大架修、试车线等非自动运行的区域。周月检库既可设置在无人驾驶区域，也可设在有人驾驶区域。

（3）全自动运行区与非全自动运行区、轨行区与非轨行区之间设置防护围栏，围栏出入口设置门禁。

（4）洗车库既可与停车列检库合建，也可单独设置，贯通式、尽端式和往复式均可。

（5）周月检库若为全自动运行区，应与停车列检库合建。

（6）试车线按全自动运行区设置防护，试车线设置检查坑。

（7）转换轨有效长度按“1 列车长度+防护长度+1 辆调车机车长度”计算。转换轨可兼作牵出线。

（8）咽喉区内全自动运行区与非全自动运行区的线路应从不同的道岔接入。

（9）所有全自动运行区和非全自动运行区之间的出入口都应设置门禁。

8.5 停车列检库设计要点

（1）停车列检线长度按信号专业要求计算。停车列检线信号专业长度要求见图 8.5-1。

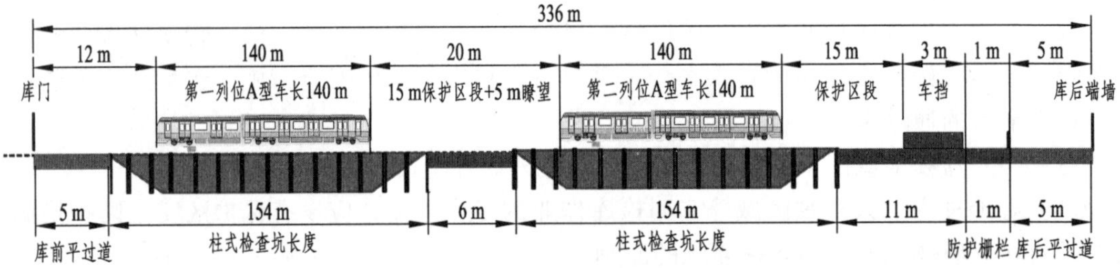

图 8.5-1 停车列检线信号专业长度要求

（2）列检线按每 2、3 股道设置防护分区，跨宽按要求计算，同一跨内防护分区间的相邻线间距可按不小于 6.4 m 的标准计算。

（3）列位间可不设接触网隔离开关或分段绝缘器。

（4）1 线 1 列位停车库不设地下通道，可由库后通道进入各个防护区。1 线 2 列位和 1 线 3 列位的停车库在库中间设地下通道或高架通道。

（5）通道位置与辅跨内调度派班室位置相对应，用作司机、车内清扫人员、车辆检修人员从非全自动运行区进出全自动运行区的安全通道，地下通道应有照明和排水设施，出口处护栏不应侵入限界。

（6）库前、后部不设司机室登乘平台，登乘平台设置于中间通道两侧相对于列车司机室门（客室门）对应处，登乘平台与地下通道相联，司机和车内清扫人员未经授权不允许进入列检区。

（7）停车列检库设置库门，库门设置门禁与信号联锁。

（8）全自动驾驶车辆前端设置排障器，主要用于排除线路上的杂物，排障器高度为距离轨面 115 ~ 120 mm，而摩擦车挡高度为 150 mm，因此，停车列检线不应采用摩擦车挡和月牙形车挡，而应采用固定式液压车挡。

8.6 周月检库设计要点

（1）周月检线长度按信号专业要求计算。

（2）周月检线按每 1 股道设置防护分区，跨宽可按常规进行计算。
（3）周月检线通常为 1 线 1 列位，可不设地下通道，可由库后通道进入防护区。
（4）周月检线应采用固定式液压车挡。
（5）周月检线设中高平台，中平台可作为司机和车内清扫人员的登乘平台。
（6）周月检库设置库门，库门与信号联锁。
（7）如需设通向防护分区的通道，与停车列检库同。

8.7 洗车库设计要点

（1）洗车线长度按信号专业要求计算。
（2）库宽可按常规计算。
（3）辅助房间与主库之间设门不宜超过 2 个。
（4）洗车库设置库门，库门与信号联锁。
（5）寒冷地区洗车库长度应能满足室内洗车的要求。

8.8 转换轨（牵出线）设计要点

（1）转换轨长度按信号专业要求计算（注意应考虑调车机车的长度）。
（2）应有道路通向转换轨。
（3）转换轨处设置登乘平台和雨棚。

8.9 试车线设计要点

（1）试车线长度按信号专业要求计算。
（2）应有道路通向试车线。
（3）试车线处设置登乘平台和雨棚。

8.10 与常规车辆段不同点

全自动运行车辆段与常规车辆段的不同点见表 8.10-1。

表 8.10-1　全自动运行车辆段与常规车辆段不同点归纳表

	名称	与常规车辆段不同点
1	总平面图	1. 分为全自动运行区和非全自动运行区。 2. 除轨行区和非轨行区之间设防护围栏外，全自动运行区和非全自动运行区分区之间也应设防护围栏。 3. 停车列检库、洗车库、转换轨位于全自动运行区，周月检库可设在全自动运行区内，也可不设在非全自动运行区，其他位于非全自动运行区。 4. 停车列检库、周月检库和洗车库可作为建筑组合，洗车库也可独立设置。 5. 咽喉区内全自动运行区与非全自动运行区的线路应从不同的道岔接入

续表

	名称	与常规车辆段不同点
2	停车列检库	1. 可分为停车库和列检库。 2. 停车列检线长度按信号专业要求计算。 3. 每 2～3 股道设置一个防护分区。
2	停车列检库	4. 库内设地面、地下或高架通道通向各防护分区。 5. 列位间可不设接触网隔离开关或分段绝缘器。 6. 登乘平台设置于地面、地下或高架通道两侧相对于列车司机室门（客室门）对应处，登乘平台与地下通道相联，司机和车内清扫人员未经授权不允许进入列检区。登乘平台上设水源。 7. 停车列检库设置库门，库门与信号联锁。 8. 停车列检线采用固定式液压车挡
3	周月检库	1. 周月检线长度按信号专业要求计算。 2. 周月检线按每 1 股道设置防护分区。 3. 周月检线通常为 1 线 1 列位，可不设地下通道，可由库后通道进入防护区。 4. 应采用固定式液压车挡。 5. 如设通向防护分区的通道，与停车列检库同
4	洗车库	1. 洗车线长度按信号专业要求计算。 2. 辅助房间与主库之间设门不宜超过 2 个。 3. 洗车库设置库门，库门与信号联锁
5	牵出线	1. 牵出线具有转换轨功能。 2. 牵出线长度按信号专业要求计算。 3. 有道路通向牵出线。 4. 牵出线处设置登乘平台和雨棚
6	试车线	1. 试车线长度按工艺专业和信号专业要求计算。 2. 有道路通向试车线。 3. 试车线处设置登乘平台和雨棚
7	不落轮镟库	不宜与停车列检库或洗车库合建，应单独设置或与检修库合建
8	大架修库、定临修库、静调库、吹扫库、调机车工程车库	与常规车辆段一致
9	综合维修中心	增加全自动运行系统的维修设施和设备
10	培训中心	增加培训设备
11	物资总库	与常规车辆段一致
12	司机公寓、食堂	司机人数减少，司机公寓、食堂规模相应减少
13	管线综合	信号、通信、门禁、监控线缆增加
14	备用控制中心	可能增加

9

全自动车辆段设计

地铁系统引入全自动运行技术后，势必会对车辆段的设计产生很大的影响。

车辆段是用于停放和维修地铁列车的场所，按检修修程的需要可分成 4 个类别，即大架修车辆段、定修车辆段、停车场、辅助停车场。

每个类别的运用、检修设施主要组成如下：

大架修车辆段主要由大架修库、定临修库、静调库、吹扫库、不落轮镟库、试车线、周月检库、停车列检库、洗车库等组成。

定修车辆段主要由定临修库、静调库、吹扫库、不落轮镟库、试车线、周月检库、停车列检库、洗车库等组成。

停车场主要由周月检库、停车列检库、洗车库等组成，也可根据需要设置临修库、不落轮镟库和试车线。

辅助停车场主要由停车列检库、洗车库组成。

地铁车辆段设施又可以分为 2 大类，运用设施和检修设施。

运用设施是保证正线正常运营必不可少的设施，主要包括停车列检库、周月检库、洗车库。

检修设施的作用是维修地铁车辆，主要包括大架修库、定临修库、不落轮镟库、静调库、吹扫库、试车线等。

常规车辆段车场线路主要分为运营部分和检修部分，各检修库的组合与分区没有很严格的规定，全自动运行系统的引入，打破了固有、传统的设计观念，需要重新研究新的理念用来规范全自动运行车辆段的设计。

9.1 全自动运行防护分区

9.1.1 设置防护分区的目的

地铁列车是在运营线路的轨道上运行的，列车全自动运行自然也是在轨道上进行，正常运营期间，全自动运行区纳入控制中心管理，区域内包括列车运行均由控制中心控制全自动完成，需要采取安全防护措施保证人身和行车安全，即需将列车运行的轨道物理分隔为全自动运行区和非全自动运行区两个区域，在全自动运行区内不应有人员进入或停留，不允许非地铁列车（调车机车、工程车等轨道车辆）、卡车、电瓶车等进入或停留。

9.1.2 运营线路的防护分区

运营线路是地铁列车全自动运行的主要线路，是全自动运行区，通过区间隧道、高架桥栏板，地面线护栏、车站站台门等完成物理分隔，人员不经授权不得进入全自动运行的正线区域。

9.1.3 车辆段的防护分区划分

全自动运行车辆段是将正线对列车的运营控制权由车站延伸至车辆段的全自动运行区，不仅需要满足车辆段常规所具备的列车停放、整备、清洁、检测、定期检修、调试等功能，还要具备自动“唤醒”待班列车，启动列车并运行至正线的功能。

9.1.3.1 车辆段设置防护分区划分的原则

在车辆段内，并非所有的列车作业都需要全自动运行，所以需要分成全自动运行区和非全自动运行区，这两个区域也是由轨道组成的。

全自动运行区和非全自动运行区的划分原则是线路是否属于列车全自动运行区域。

9.1.3.2 出入线和停车线、列检线

车辆段内的出入线、停车线是为了保证列车全自动运行不可或缺的线路，自然应归入全自动运行区。

由于地铁列车需要日常检查，部分停车线增加了检查设施，成为列车检查线（列检线），列检线也归入全自动运行区，实际上列检线是具有列车检查条件的停车线。

9.1.3.3 洗车线

列车外皮清洗属于车辆段日常频繁的工作，列车自动运行能提高洗车效率，因此将洗车线也归入全自动运行区。

除停车线、列检线和洗车线肯定属于全自动运行区外，其他车场线均属于非全自动运行区或在某种条件下可以归入全自动运行区，或需要按全自动运行区的要求进行防护。

9.1.3.4 牵出线（转换轨）

对于大架修车辆段、定修车辆段和具有临修线和不落轮镟线的停车场，列车检修时，需要从位于全自动运行区的停车线、列检线进入位于非全自动运行区的各检修线，此种转线作业有两种方式，一是列车由停车线、列检线自动运行至牵出线，再由调车机车牵引、推送到各检修线，二是列车因故障无法自动行驶至牵出线，须由调车机车由停车线、列检线经牵出线牵引、推送至各检修线。对于第一种方式，列车是自动行驶到牵出线的，牵出线可归入全自动运行区，由于列车自动行驶到牵出线后，列车要进行驾驶模式的转换，这条牵出线也被称作转换轨，也即转换轨的作用是进行驾驶模式转换和人工驾驶权力的交接。对于第二种方式，出入牵出线的列车和调车机车均为人工驾驶。

实际上转换轨不是严格意义上的全自动运行区，在列车驶入转换轨时，转换轨上已经有承担调车作业的调车机车进入、等待。这里可以将转换轨处定义为驾驶模式转换区，并按全自动运行区的分区要求进行防护。

9.1.3.5 周月检线

对于周月检线是否划归全自动运行区，各城市的地铁系统不尽相同，应从检修工艺的角度分析其是否应该属于全自动运行区。

对于周月检车辆检修工艺，各城市地铁不尽相同，可以分为相对复杂和相对简单的周月检检修工艺。

相对复杂的周月检检修工艺包括在周月检库内更换部分易损部件、更换空调和受电弓、周月检后的列车需要去试车线进行动态调试。

对于相对简单的周月检检修工艺，更换空调和受电弓的工作不在周月检库进行，需要更换空调和受电弓时，要将列车转线至临修库。执行周月检后的列车不要求进行动态调试。

相对于列车的列检工作全部在列检线上完成，列车的周月检工作有部分需要在周月检库之外进行，如动态调试、更换空调和受电弓，这些工作均需经过全自动运行的咽喉区，经牵出线到达目标检修线。

周月检库内更换蓄电池、易损部件时，需要用手推车由防护区外进入防护区。

如果在周月检库内更换空调或受电弓，还需电瓶车或卡车由防护区外进入防护区内。

如果从严格要求在全自动运行区域内不应有与全自动运行无关的作业的角度看，周月检线不宜设置在全自动运行区内。

目前许多城市采用“均衡修”替代周月检，由于均衡修是利用当天列车运行的窗口期检修列车，其检修作业相当于列检，因此对于采用均衡修的车辆段，周月检库相当于均衡修库，应当划入全自动运行区，以减少列车的调车作业。

9.1.3.6　试车线

试车线的情况也类似于转换轨，虽然没有划归全自动运行区，但在试车线上有列车自动运行的动态试验项目，因此也应按全自动运行区进行防护。

9.1.3.7　列车调头线

调头线是指能提供地铁列车调头转向的线路，用于平衡车轮轮缘偏磨，在车辆段内有列车调头功能的一般是回转线（灯泡线）和三角线。

对于回转线（灯泡线），由于被回转线包围的区域内通常会有很多建筑物，如果回转线设为全自动运行区，人员和车辆进出回转线内的建筑物会不方便，所以，应将回转线归入非全自动运行区。

通常三角线位于检修区内，也应归入非全自动运行区。

列车进行调头作业时，列车自动运行到转换轨处，完成模式转换后，由人工驾驶在回转线或三角线上完成列车调头作业。

9.1.3.8　地铁线路线路分区情况小结

地铁线路线路分区情况见表 9.1-1。

表 9.1-1　地铁线路分区属性划分表

序号	名称		属性	备注
1	正线		全自动运行区	
2	车场线	出入线	全自动运行区	
3		停车列检线	全自动运行区	
4		洗车线	全自动运行区	
5		周月检线	全自动运行区	也可归入非全自动区
6		牵出线	驾驶模式转换区	按全自动运行区防护
7		试车线	非全自动运行区	按全自动运行区防护
8		调头线	非全自动运行区	
9		其他线路	非全自动运行区	

9.2 全自动运行车辆段总平面图布置

全自动运行技术引入国内时间还不是很长，相应于全自动运行列车的检修工艺还没有完善，以下所讨论的车辆段设计方案、设施设备的配置还是基于现有的各修程车辆检修工艺进行的。

全自动运行车辆的主要部件配置与常规车辆没有明显的差异，影响车辆段工艺设计的不同点有两个：一是全自动运行列车司机室不设侧门，司机及检修人员由客室经司机室后门进入司机室，在设计时应注意车辆登乘平台应正对客室门；二是全自动运行列车前部设有排障器，由于排障器距轨面距离较近，库内线路终端不采用摩擦式车挡和月牙形车挡。

对于 4 类不同的车辆段，如果采用全自动运行技术，总平面图布置有所不同。

共同点是出入段线、通向停车列检库的轨道区属于全自动运行区，全自动运行区和非全自动运行区的线路宜从不同的道岔接轨；全自动运行区与非全自动运行区功能相对独立，不宜间隔设置，防止作业干扰；防护区之间应采取物理隔离措施，出入口处应设置安全连锁或门禁。

9.2.1 大架修车辆段总平面图布置

对于大架修车辆段，停车列检库、洗车库、转换轨为全自动运行区，周月检库既可以和停车列检库合建，归入全自动运行区，也可以和大架修库或定临修库合建，归入非全自动运行区。

洗车库既可以和停车列检库合建，也可以单独设置，归入全自动运行区。其他轨行区归入非全自动运行区，见 9.2-1 和图 9.2-2。

图 9.2-1 为倒装式大架修车辆段，周月检库与停车列检库合建，归入全自动运行区。

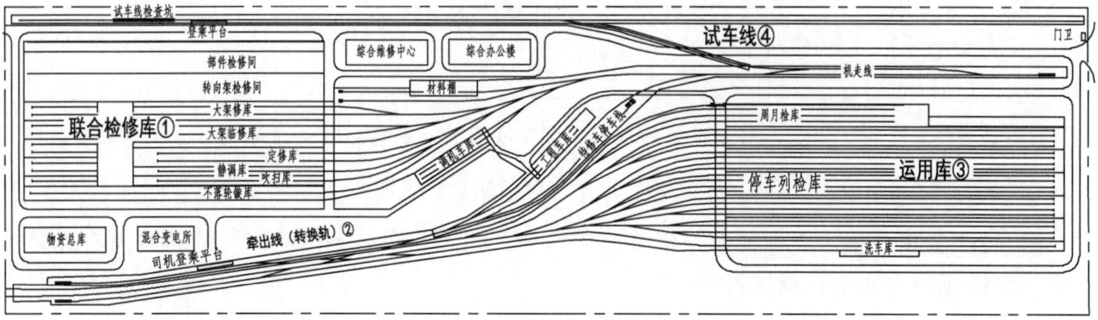

①—非全自动运行区；②—驾驶模式转换区；③—全自动运行区；④—试车线。

图 9.2-1 倒装式大架修车辆段防护分区图

图 9.2-2 为并列顺装式大架修车辆段，周月检库与停车列检库合建，归入全自动运行区。

9.2.2 架修车辆段、定修车辆段总平面图布置

架修车辆段、定修车辆段和大架修车辆段同属于检修车辆段，总平面布置原则基本相同。

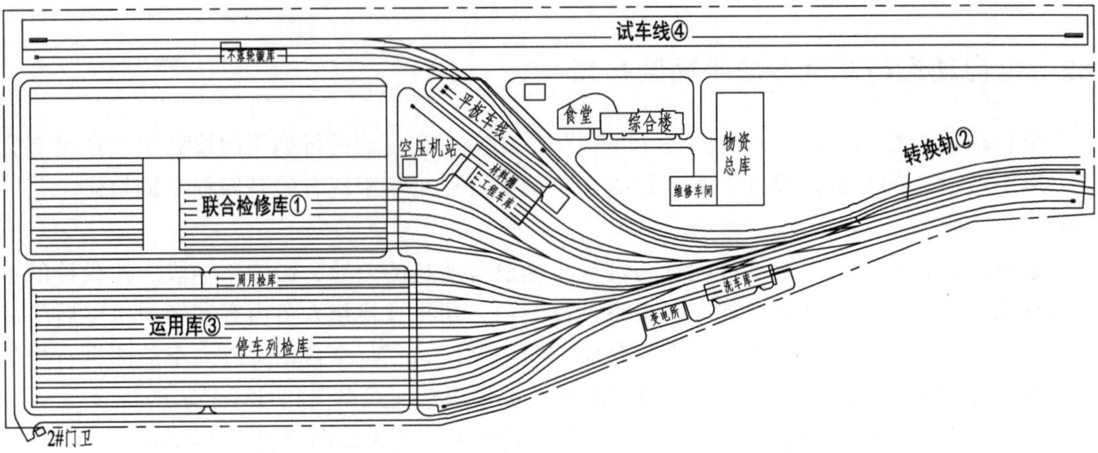

①—非全自动运行区；②—驾驶模式转换区；③—全自动运行区；④—试车线。

图 9.2-2　并列顺装式大架修车辆段防护分区图

对于定修车辆段，停车列检库、洗车库、转换轨为全自动运行区，周月检库既可以和停车列检库合建，归入全自动运行区，也可以和定临修库合建，归入非全自动运行区。洗车库既可以和停车列检库合建，也可以单独设置，归入全自动运行区。

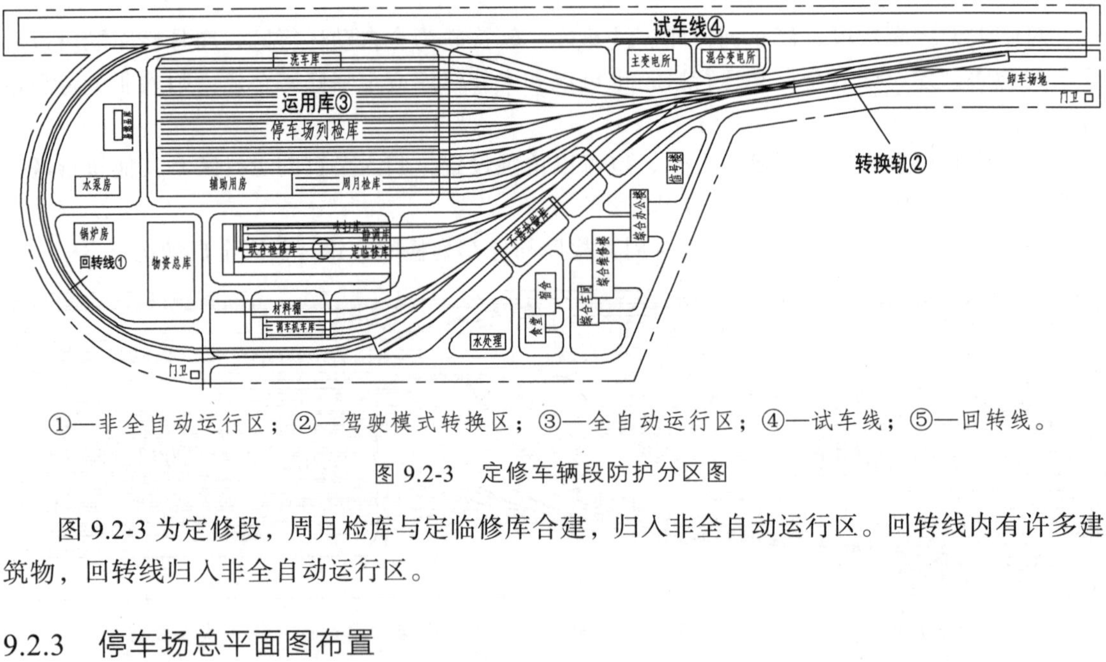

①—非全自动运行区；②—驾驶模式转换区；③—全自动运行区；④—试车线；⑤—回转线。

图 9.2-3　定修车辆段防护分区图

图 9.2-3 为定修段，周月检库与定临修库合建，归入非全自动运行区。回转线内有许多建筑物，回转线归入非全自动运行区。

9.2.3　停车场总平面图布置

对于停车场，停车列检库、洗车库、转换轨为全自动运行区，停车场通常只有停车列检库和周月检库，周月检库可以和停车列检库合建，归入全自动运行区。洗车库既可以和停车列检库合建，也可以单独设置，归入全自动运行区。停车场的工程车库、临修库、镟轮库既可以和停车列检库合建，也可以单独设置，但应归入非全自动运行区。

图 9.2-4 为停车场，周月检库归入非全自动运行区，洗车库单独设置在咽喉区一侧，不落轮镟库与停车列检库和周月检库合建，但不落轮镟库属于非全自动运行区。

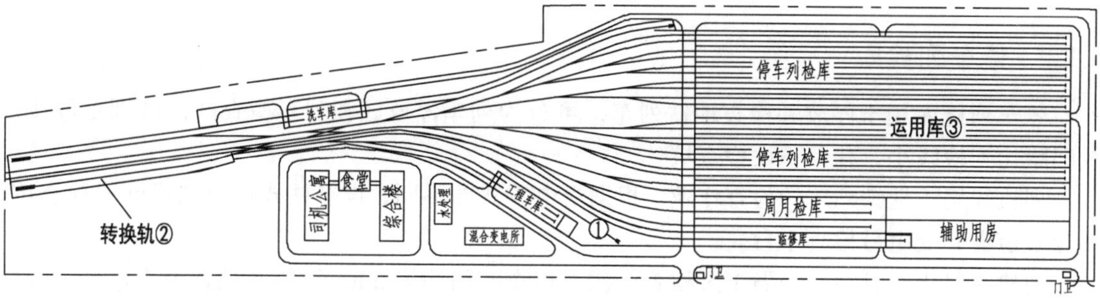

①—非全自动运行区；②—驾驶模式转换区；③—全自动运行区。

图 9.2-4　停车场防护分区图

9.2.4　辅助停车场总平面图布置

对于辅助停车场，通常只有停车列检库和洗车库，可以合建，归入全自动运行区。

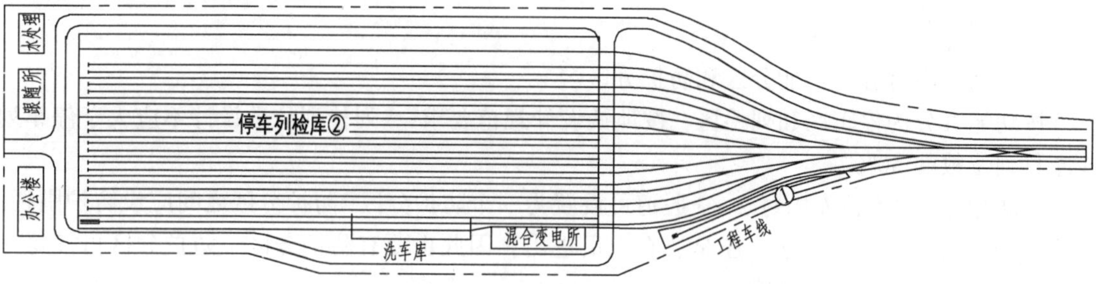

①—非全自动运行区；②—全自动运行区。

图 9.2-5　辅助停车场防护分区图

图 9.2-5 为辅助停车场，没有设置转换轨。工程车线用于停放正线检修工程车，不承担停车场内调车作业，属于非全自动运行区。

9.2.5　防护分区防护围栏

在常规总平面设计中，车辆段按是否有轨道可分为轨行区和非轨行区。对于全自动运行的车辆段，防护区的分区就是将轨行区分为全自动运行区和非全自动运行区，按照地铁设计规范的要求，“车辆基地内出入线、试车线、洗车线和镟轮线及车场线群外侧应设通透的隔离栅栏”，即轨行区与非轨行区之间应设护栏，对于全自动运行的车辆段，除满足上述要求外，轨行区内的全自动运行区和非全自动运行区之间也要加设护栏，护栏出入口处应设置门禁。

9.3　全自动运行车辆段运用检修设施设计

受全自动运行技术影响较大的车辆段运用检修设施包括停车列检库、周月检库、洗车库、转换轨（牵出线）、试车线。

由于列车采用无人驾驶，司机的数量会大幅减少，车辆段定员随之减少，与司机定员有关的司机公寓、食堂的规模也会相应减小；司机模拟驾驶设施会增加新的功能；其他设施与常规车辆段基本相同。

9.3.1 停车列检库

停车列检库用于停放和检查地铁列车，可分为列车停放区和列车检查区，区别是停车线线间距比列检线小，并且不设检查坑。

列检线用于地铁列车的检查作业，根据受电方式的不同，设有柱式检查坑或壁式检查坑，部分股道设有受电弓检查平台。

列检一般为双日检，每隔 1 天检查一次，检查时间约为 2 h，以目视检查为主，分为带电（DC 750 V 或 DC 1 500 V）检查和断电检查。

出入停车列检库的车辆包括地铁列车、调车机车、手推车、电动擦地车等。

出入停车列检库的人员包括检修人员、管理人员、设备维修人员、司机、清洁人员等。

对于全自动运行的车辆段，应为进出停车列检库的车辆和人员设置不同的通道、出入口，并设置不同的权限。

9.3.1.1 停车列检库分区

停车列检库可分为功能分区和防护分区。

按功能可分为停车区和列检区，按地铁设计规范要求，“列检列位数设计不应大于停车列检库总列位数的 50%”。

按防护分区，列检库内每 2 ~ 3 股道可设置为一个防护分区，防护分区之间应设防护围栏。停车库内虽然没有列检作业，还是会有人员进出，因此也要有防护分区，防护分区可按每一跨为一个防护分区的方式设置。

应设置人行地下通道或高架通道通入每个防护分区。

9.3.1.2 停车列检库的列车停放能力

对于采用全自动运行技术的地铁系统，参与每日正线运营的列车应能全部停放到停车列检库内。

现行《地铁设计规范》规定“停车列检库设计的总列位数，应按本段（场）配属列车数扣除在修车列数和双周/三月检列位数计算确定”。

如果双周/三月检位于全自动运行区，双周/三月检线可作为停车线使用，双周/三月检列位数与停车列检库列位数之和应等于运用列车数与备用列车数之和。

如果双周/三月检不是位于全自动运行区，双周/三月检线不能作为停车线使用，则停车列检库的停车列位数应不小于运用列车数与备用列车数之和。

9.3.1.3 停车列检库的尺寸

（1）停车列检线的长度。

停车列检线的长度除应满足地铁设计规范的要求外，还应满足信号 ATO 自动停车的安全防护距离要求。

1 线 1 列位停车列检库，列车车头距库门为 12 ~ 15 m，列车尾部至车挡的距离为 15 ~ 20 m。

1 线 2 列位停车列检库，列车车头距库门为 12 ~ 15 m，列车车钩之间的距离为 12 ~ 25 m，列车尾部至车挡的距离为 15 ~ 20 m。

1 线 3 列位贯通式停车列检库，列车车头距库门为 12 ~ 15 m，2 列车车钩之间的距离为 12 ~ 25 m。

（2）停车列检库的宽度。

停车列检库的宽度取决于停车列检线的线间距和每跨的停车列检线数量，除应满足地铁设计规范的要求外，列检线之间如设有防护围栏，车体与围栏之间的距离宜按地铁设计规范中“车体与侧墙之间的通道宽度”计算。

9.3.1.4　停车列检库的出入口和通道

停车列检库应设置各种出入口和通道，供不同种类的车辆和人员出入和通行。

（1）停车列检库库前出入口和通道。

库前设置出入口，供地铁列车和调车机车出入，出入口设置库门，库门为电动门并应与信号系统联锁。

（2）停车列检库库中出入口和通道。

1 线 2 列位和 1 线 3 列位的停车列检库，库中部应设置地面通道，供车辆和人员通行，入口处设置库门并设置门禁，库中通道防护围栏处设置栅栏门，栅栏门通常闭锁。

对于 1 线 2 列位和 1 线 3 列位的停车列检库，应在库中设人行地下通道或高架通道，地下通道或高架通道对应于各防护分区处设置出入口，出入口处设门，门上设门禁。地下通道或高架通道在防护区外的出口应临近调度派班室。

停车列检库库内供工作人员进出各防护区的通道分为地下通道和地上通道，采用接触网供电的停车列检库检修通道通常设置为地下形式的通道，见图 9.3-1。采用接触轨供电的停车列检库检修通道可以采用地上通道即以天桥的形式设置在库内轨道上方，见图 9.3-2。

（3）停车列检库库后出入口和通道。

对于尽端式停车列检库，库后应设供手推车、电动擦地车等车辆出入的库门，库后通道防护围栏对应于各防护分区处，也应设置通常闭锁的栅栏门，供手推车、电动擦地车等车辆作业时出入各防护分区。

（4）1 线 1 列位停车列检库出入口和通道。

对于 1 线 1 列位的停车列检库，可不设置地下通道，应在库后设地面人行通道，在库后各分区防护栏处设置栅栏门，栅栏门设置门禁，供人员和车辆出入。

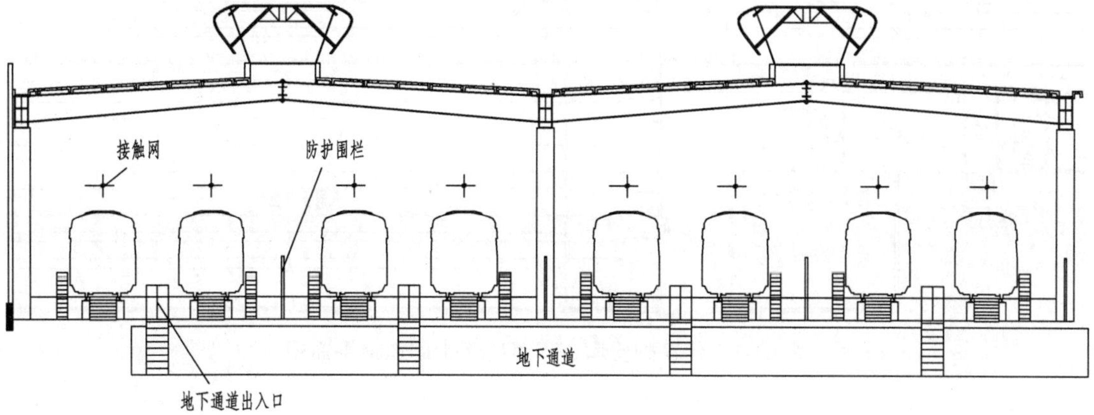

图 9.3-1　地下通道示意图

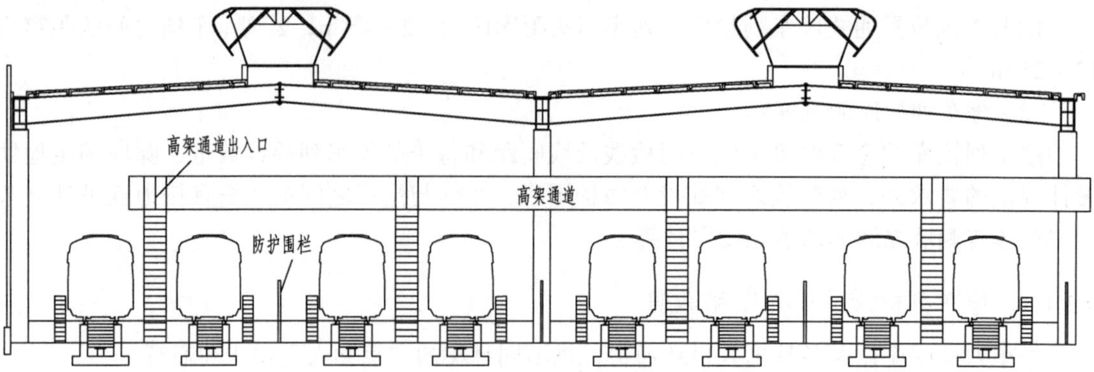

图 9.3-2　地上通道（高架通道）示意图

9.3.1.5　停车列检库各类人员的工作区域划分

进入停车列检库的人员包括司机、检修人员、管理人员、设备维修人员、清洁人员等。

进入停车列检库各类人员的工作区域可按以下 2 种方式进行设计。

（1）各类人员工作区域不受限制。

各类人员可到达整个防护分区的所有地方，此种方式只需在地下通道出口处设置门禁，各条列检线对应客室门处设置登乘平台，见图 9.3-3。

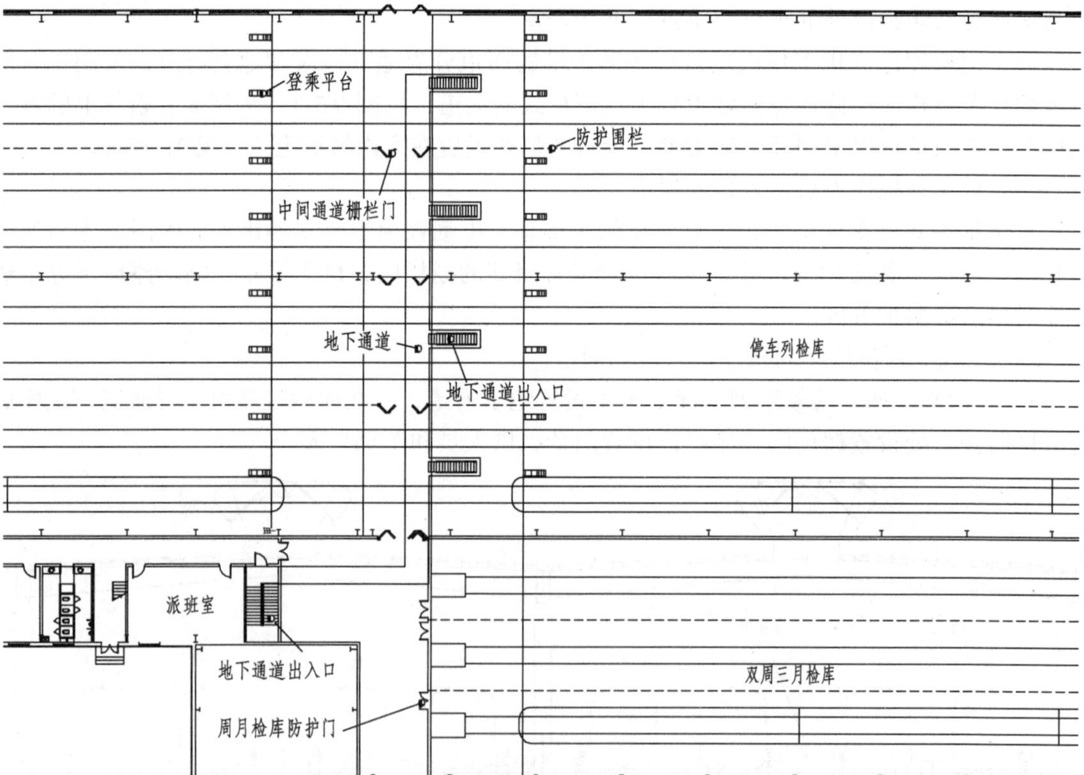

图 9.3-3　停车列检库、周月检库中间通道平面图

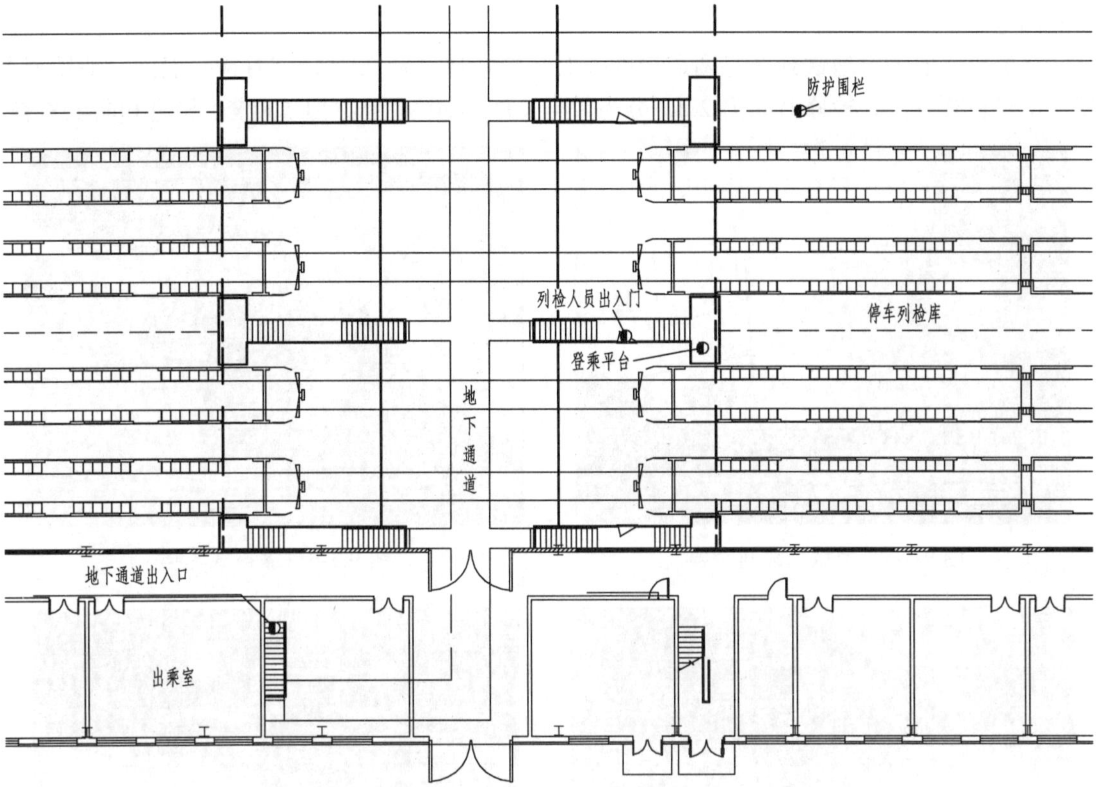

图 9.3-4　各种人员的专用通道和出入口

（2）各类工作人员工作区域受限制。

司机只允许进入客室和司机室，检修人员和管理人员、设备维修人员允许进入防护分区的所有场地，清洁人员只允许进入客室。

对于此种方式，防护分区应设置各种人员的专用通道和出入口，见图 9.3-4。

对于不能从地下通道进入的检修用手推车和清洁用电动擦地机等，可在授权后由库后防护围栏的出入口处进入各防护分区。

列检工艺一般要求升弓通电对列车进行测试检查，接触网通断电程序与常规停车列检库相同。

9.3.1.6　停车列检线车挡

全自动运行列车前端设置有用于排除轨道上杂物的排障器，排障器距离轨面 115 ~ 120 mm 高，如图 9.3-5 所示，而摩擦车挡高度约为 150 mm，如图 9.3-6 所示，采用摩擦车挡或月牙形车挡（见图 9.3-6）会损坏列车端部的排障器，所以不能采用摩擦式车挡或月牙形车挡，可采用固定式液压缓冲挡车器，如图 9.3-8 所示。

车辆段库内各条线路均不宜采用摩擦式车挡或月牙形车挡。

9.3.2　周月检库

周月检库用于对地铁列车进行双周检、三月检修程作业，库内设有柱式检查坑和高、低作业平台，有的周月检库还设有用于更换空调机组和受电弓的伸缩臂起重机和用于列车静调的静调电源柜。

双周检一般为对地铁列车每两周检查一次，检修时间为 0.5 d，三月检一般为对地铁列车每三个月检查一次，检修时间为 2 d，分为带电（DC 750 V 或 DC 1 500 V）检查和断电检查。

图 9.3-5　地铁列车排障器

图 9.3-6　摩擦式车挡

图 9.3-7　月牙形车挡

图 9.3-8　固定式液压缓冲挡车器

出入周月检库的车辆包括地铁列车、调车机车、手推车、电动擦地车等。

出入周月检库的人员包括检修人员、管理人员、设备维修人员、司机、清洁人员等。

对于全自动运行的车辆段，应为进出周月检库的车辆和人员设置不同的通道、出入口，并设置不同的权限。

周月检库如划归非全自动运行区，工艺设计与常规周月检库相同。

周月检库如划归全自动运行区，如采用常规周月检检修工艺，除满足全自动运行的要求外，也应满足常规周月检工艺的要求。

9.3.2.1　周月检库分区

周月检线一般为 1 ~ 4 条，由于周月检作业库停时间较长，三月检库停时间达到 2 天，每条周月检线宜单独设置防护分区，可利用中高平台增加防护围栏作为物理防护，实现每条周月检线为 1 个防护分区。

9.3.2.2　周月检库的尺寸

（1）周月检线的长度。

周月检线的长度除满足地铁设计规范的要求外，还应满足信号 ATO 自动停车的安全防护距离要求。

1 线 1 列位周月检库列车车头距库门为 12 ~ 15 m，列车尾部至车挡的距离为 15 ~ 20 m。

1 线 2 列位周月检库 2 列车车头距库门为 12 ~ 15 m，列车车钩之间的距离为 12 ~ 25 m，列车尾部至车挡的距离为 15 ~ 20 m。

（2）周月检线的宽度。

周月检库的宽度取决于周月检线的线间距和每跨的周月检线数量，库宽与常规周月检库相同。

9.3.2.3 周月检库入口和通道

周月检库应设置各种出入口和通道，供不同种类的车辆和人员出入和通行。

（1）周月检库库前出入口和通道。

库前设置出入口，供地铁列车和调车机车出入，如有更换空调机组或受电弓作业，会有电瓶车或卡车进出。出入口设置库门，库门为电动门并与信号系统联锁。

（2）周月检库库后出入口和通道。

周月检线一般为 1 线 1 列位，可在库后设置地面通道，供车辆和人员通行、进出各防护分区，防护围栏对应于各防护分区处，应设置带有门禁的门，供人员和手推车、电动擦地车作业时出入各防护分区。

（3）周月检库库中出入口和通道。

如为 1 线 2 列位周月检线，库中部应设置地面通道，入口处设置库门并设置门禁，库中通道防护围栏处设置栅栏门，栅栏门通常闭锁。

对于 1 线 2 列位周月检库，应在中间通道处设置地下通道或高架通道通向各防护分区。

9.3.2.4 进入周月检库人员的工作区域

进入周月检库的人员包括司机、检修人员、设备维修人员、管理人员、清洁人员。建议不对各类人员设置工作限制区域。

周月检工艺一般要求升弓对列车进行测试检查，接触网通断电程序与常规周月检库相同。

9.3.3 洗车库

洗车库用于地铁列车外皮清洗，库内设有自动洗车机。

进出洗车线的车辆包括地铁列车、调车机车。

地铁列车清洗外皮时需进出洗车线，如洗车时列车发生故障，需由调车机车去洗车线救援。

进出洗车线的人员包括洗车机操作人员、设备维修人员、清洁人员。

洗车机操作人员、设备维修人员、清洁人员应由辅助房间与主库之间的门进出洗车线作业。

9.3.3.1 洗车库分区

一般每个车辆段或停车场只有 1 条洗车线，可设为 1 个防护分区，如车辆段或停车场设置有 2 条洗车线，可视情况划分为 1 个或 2 个防护分区。

9.3.3.2 洗车库的尺寸

洗车线的长度除满足地铁设计规范的要求外，还应满足信号 ATO 自动停车的安全防护距离要求。

洗车库的库长和库宽可按常规洗车库设计。

洗车库设置库门，库门与信号系统联锁。

辅助房间与主库之间设门不宜超过 2 个，应设门禁。

9.3.4 试车线

试车线用于地铁列车动态调试。

进出试车线的车辆包括地铁列车、调车机车。

进出试车线的人员包括司机、车辆检修试车人员、信号专业试车人员、设备维修人员、清洁人员。

9.3.4.1 试车线分区

一般每个车辆段只有 1 条试车线，可设为 1 个防护分区，如车辆段设置有 2 条试车线，可视情况划分为 1 个或 2 个防护分区。

9.3.4.2 试车线的长度

试车线长度按信号专业要求计算。

9.3.4.3 对试车线的其他要求

应有道路通向试车线。

试车线按全自动运行区的要求设置防护围栏，围栏出入口处设置门禁。

试车线上设置登乘平台，平台应有遮雨设施。

9.3.5 转换轨

9.3.5.1 转换轨的作用

地铁车辆段牵出线主要是用于完成地铁列车由停车列检库往返各条检修线、周月检线和洗车线的转线调车作业。

在全自动运行车辆段，需要有一段轨道用于列车往返全自动运行区至非全自动运行区时的驾驶模式转换，这条轨道被称为转换轨，通常可利用常规车辆段的牵出线作为转换轨，也可以单独设置转换轨。

进出转换轨的车辆包括地铁列车、调车机车。

进出转换轨的人员包括司机、设备维修人员、清洁人员。

各类人员由转换轨防护围栏出入口处进出转换轨。

9.3.5.2 转换轨的设置

（1）车辆段转换轨的设置。

大架修车辆段、定修车辆段存在较多的全自动运行区和非全自动运行区之间的列车转线作业，配置有牵出线，可兼作转换轨使用。

（2）停车场转换轨的设置。

停车场也存在较多的调车作业，配置有牵出线，可兼作转换轨使用。

对于只有停车列检线和洗车线的辅助停车场，不存在调车作业，可以不设牵出线，是否设置转换轨还有待研究。理论上讲，辅助停车场的轨道区全部属于全自动运行区，不存在非全自动运行区，因此可不设转换轨。

9.3.5.3 转换轨长度

转换轨长度按信号专业要求计算，并应考虑调车机车的长度。

9.3.5.4 对转换轨的其他要求

应有道路通向转换轨。

转换轨按全自动运行区的要求设置防护围栏，围栏出入口处设置门禁。

转换轨上设置登乘平台，平台应有遮雨设施。

9.4 列车在车辆段运行的工况

分析列车在全自动运行区与非全自动运行区之间的转线工况，有助于信号控制系统和车辆检修工艺的设计。

9.4.1 列车由停车列检库往返各条检修线的工况

9.4.1.1 列车由停车列检库往返各条检修线工况 1

列车功能正常，可以全自动运行。

调车机车由调机车库行驶到牵出线处等待，待修列车自动行驶到牵出线处，调车机车司机下车挂钩（曲线牵出线处需人工对钩），调车机车推送待修列车至目标检修线。

完成检修后的列车需返回停车列检库时，首先调车机车由调机车库行驶到检修线，联挂列车后，牵引至牵出线，调车机车与列车解钩，列车自动返回停车列检库，调车机车返回调机车库。

在此工况中，列车在牵出线上完成模式转换，牵出线即起到了牵出线作用，又起到了转换轨的作用，由于仍有调车机车和调车机车司机在此牵出线上停留和作业，因此，此区域不是严格意义上的全自动运行区，称其为驾驶模式转换区更为合适。

9.4.1.2 列车由停车列检库往返各条检修线工况 2

列车功能不正常，不能全自动运行，需要调车机车牵引。

调车机车由调机车库行驶到牵出线处，换向后行驶到停车列检库内，联挂待修列车后，再回到牵出线处，换向后推送至目标检修线。

完成检修后的列车返回停车列检库时，调车机车由调机车库行驶到检修线，联挂列车后，牵引至牵出线，换向后将列车推送到停车列检库内，解钩后，调车机车退回牵出线处，然后返回调机车库。

或者调车机车牵引列车至牵出线后，调车机车与列车解钩，列车自动运行至停车列检库。

此工况中，调车机车参与了全部转线作业，牵出线只起到牵出线作用。

9.4.2 列车由停车列检库往返周月检线的工况

如果周月检库设置在非全自动运行区，列车在停车列检库与周月检线之间的往返工况与列车从停车列检库往返各检修线之间工况有所不同。

9.4.2.1 列车由停车列检库往返周月检线工况 1

列车功能正常，可以全自动运行。

待检列车由停车列检库自动行驶到牵出线处，转换模式后，司机由防护围栏门进入牵出线、由登乘平台进入客室后再进入司机室，人工驾驶列车进入目标周月检线。

检查完毕的列车由周月检库人工驾驶至牵出线，司机离开列车，走出牵出线防护围栏，列车模式转换后，自动行驶到停车列检库。

此工况中，调车机车没有参与调车作业，牵出线只起到转换轨的作用。

9.4.2.2 列车由停车列检库往返周月检线工况 2

列车功能不正常，不能全自动运行，需要调车机车牵引。

调车机车由调机车库行驶到牵出线处，换向后行驶到停车列检库内，联挂待修列车后，再回到牵出线处，换向后推送列车至目标周月检线。

完成检修后的列车返回停车列检库时，由于经检修后的列车功能已恢复正常，列车由周月检库人工驾驶至牵出线，司机离开列车，走出牵出线防护围栏，列车模式转换后，自动行驶到停车列检库。

此工况中，牵出线既起到了牵出线作用，又起到了转换轨作用。

9.4.3 列车由停车列检库往返尽端式洗车库

在停车列检库和尽端式洗车库往返的列车均具备全自动运行能力，虽然列车洗车作业需经牵出线换向后，再在停车列检库和尽端式洗车库之间往返，但此过程，列车完全是全自动运行，此工况为列车在全自动运行区运行。此时的牵出线区域才是严格意义上的全自动运行区。